GROTER D

Ander werk van Fearne Cotton

Wees eerlijk tegen jezelf en luister naar wat je écht wilt (2021)

FEARNE COTTON

GROTER DAN WIJ ZIJN

Vertaald door Wilma Paalman

VOLT

Amsterdam · Antwerpen

FSC
www.fsc.org
MIX
Papier van verantwoorde herkomst
FSC® C004472

First published as *Bigger Than Us* in 2022 by Ebury Press,
an imprint of Ebury Publishing. Ebury Publishing is part of
the Penguin Random House group of companies.

Oorspronkelijke titel *Bigger Than Us*

Omslagontwerp © Heike Schüssler 2022
Omslagbewerking DPS Design & Prepress Studio
Foto auteur © Stephanie Sian Smith
Binnenwerk Perfect Service

ISBN 978 90 214 6417 6 / NUR 770
www.uitgeverijvolt.nl

Voor Lyndell Mansfield,
ik houd van je, Pinky.

INHOUD

Inleiding 9

DEEL 1: LIEFDE

Sjamanen 29

Meditatie en yoga 59

De wet van aantrekking 90

DEEL 2: BEWUSTZIJN

Energie 125

Enneagrammen 154

Astrologie en de beweging van de planeten 177

DEEL 3: COMMUNICATIE

Gebed 211

Tekens 236

Rituelen en ceremonies 258

Mediums en intuïtie 283

DEEL 4: ELKE DAG IETS GROTERS

Verbinding 313

Verdieping 328

Dankjewels 333

INLEIDING

Het schrijven van dit boek heeft mijn leven veranderd. Ik heb als een dorstige spons kennis in me opgezogen en ik heb bereidwillig veranderingen in mijn leven doorgevoerd om diepere verbinding te ervaren en, hopelijk, een boek te schrijven dat voor jou van betekenis is. Maar ik had niet verwacht dat dit zo'n ingrijpende uitwerking op mij zou hebben. Ik had niet voorzien dat dit binnen zo'n korte tijd tot zo veel verandering zou leiden. Ik ben ervan overtuigd dat dit ook voor jou zo kan zijn. Daarvoor hoef je je alleen maar open te stellen voor de lessen van de wijze denkers aan wie ik je ga voorstellen.

Ik sta op een keerpunt in mijn leven. Ik voel de mist, waar ik als begindertiger in verdwaald raakte, langzaam optrekken. Dit boek markeert het begin van een proces van het afwerpen van oude lagen, zonder dat ik van tevoren wist hoe noodzakelijk dit voor me was, waardoor zich onvermoede perspectieven en een welkome lichtheid hebben geopenbaard. Ben je er klaar voor om samen met mij dieper te graven? Laat ik dan beginnen met uitleggen hoe ik op dat keerpunt ben gekomen en waar de weg vooruit naartoe voert.

We weten inmiddels allemaal wel zo ongeveer hoe we voor ons lichaam en voor onze geest moeten zorgen. Je lichaam vaart wel bij een uitgebalanceerd voedingspatroon, voldoende beweging en het inzicht dat roken wel cool lijkt op film maar funest is voor je longen. Je geest blijft gezond bij het onderhouden van zinvolle relaties met anderen, van dingen doen die je graag doet en van het beperken van je gebruik van sociale media. Maar hoe zit het met dat andere? Met... ja, hoe moet je het noemen? Je ziel? Je spirituele geest? Je bewustzijn? Je levensenergie? Het maakt me niet uit hoe je het noemt, omdat ik ook niet weet welke naam ik erop moet plakken, ik weet alleen dat het er is. Ik geloof – nee, zonder slag om de arm, ik wil hier stellig in zijn – ik WEET dat ik meer ben dan alleen lichaam en geest. Er is een ander, ongrijpbaar deel van mij dat ik veel te vaak negeer, het deel van mij dat met volkomen vreemden een diepe verbondenheid kan voelen, het deel van mij dat puur intuïtie is en het antwoord al weet ook al durf ik daar niet op te vertrouwen, het deel van mij dat bij de geboorte van mijn kinderen een boog van kleuren zag oplichten, het deel van mij dat pure vreugde ervaart wanneer ik me in de aanblik van de lucht verlies, het deel van mij dat in duizenden stukjes uiteenbreekt bij het horen van een nummer dat me echt raakt. Hoe goed zorg ik voor dat deel van mezelf? Daar kom ik later op terug, tijdens de complexe, diepgravende en hopelijk stimulerende tocht die we samen gaan ondernemen.

Behalve dat ik dat deel van onszelf wil stimuleren dat zo gigantisch door ons lichaam en onze denkende geest wordt overschaduwd, wil ik ook 'het alles' buiten onszelf ontdekken – een god, een hogere macht, het universum: noem ook dit hoe je wilt – en hoe we daarmee in contact staan of misschien zelfs communiceren. Om het ingewikkelder te maken – maar daar gaan we later uitgebreid en dieper op in – beschouwen veel spirituele leiders deze kosmische energie of hogere macht als iets wat zich in onszelf bevindt in plaats van buiten onszelf.

DE VERBINDING MET HET LEVEN HERVINDEN

Ik denk dat het nu, meer dan ooit tevoren, tijd is om ons bezig te houden met dat deel van onszelf en met het ontdekken van nieuwe manieren om ons denken te verruimen. We hebben met ons allen nog nooit zo diep in de problemen gezeten, dat is zeker. We kunnen er soms niet eens de vinger op leggen, maar altijd hijgt er een gevoel van ontevredenheid in onze nek. Vermoedelijk is er nooit eerder een moment in de geschiedenis geweest dat we zo gestrest waren, zo door angst en zorgen overspoeld, zo terneergeslagen, zo onzeker, zo ontmoedigd soms. De technologische ontwikkelingen zijn ongekend: we kunnen videobellen met iemand aan de andere kant van de aardbol, we kunnen online schoenen bestellen en dezelfde dag nog thuisbezorgd krijgen, we kunnen satellieten in een baan om de aarde brengen om ons te helpen de weg te vinden van werk naar huis, en we hebben de wereld aan medicijnen tot onze beschikking wanneer ons lichaam in crisis verkeert, maar toch is er dat gevoel van ontevredenheid, het gevoel dat we iets missen. We hebben meer dan enige generatie vóór ons, maar het gevoel van gemis wordt alleen maar groter. Ik denk dat die gevoelens van onlust geworteld zijn in het verlies van verbondenheid met ons onderbewustzijn. Ik heb hier veel over gepraat met mijn dierbare vriendin Sarah Wilson (activist, schrijver en geweldige persoon). We zijn allemaal 'de verbinding kwijt'. We weten dat we onze planeet aan het vernietigen zijn, we weten dat we niet altijd even oprecht en vanuit ons hart met andere mensen omgaan, we weten dat we ons meer door angst dan door liefde laten leiden, en dat we ons stuntelend en struikelend afvragen waarom we ons zo uit evenwicht voelen. Het is een gevoel dat niet te verhelpen is met een nieuwe work-out, een ander voedingspatroon of wat mindfulness alleen. Daarvoor is meer nodig, iets groters, iets ruimers, iets krachtigers. Verbinding.

Met verbinding bedoel ik niet eens in de week contact leggen met een goede vriend of vriendin om te horen hoe het gaat (niet dat daar iets mee mis is, integendeel). De verbinding die ik bedoel, is voelen dat we allemaal één zijn – niet slechts als individuele mensen (en zelfs dat gevoel lijken we dagelijks kwijt te zijn, getuige de verkeersagressie, de verdeeldheid, de conflicten en de oorlogen), maar ook met de natuur. Er is in wezen geen scheiding of onderscheid. Misschien voelt dat nu niet zo voor jou, maar het is iets wat we in dit boek gaan verkennen door te ontdekken wat onze ziel nodig heeft om te gedijen en hoe we de verbinding met het leven kunnen hervinden.

DE ENORMITEIT VAN HET LEVEN

De titel van dit boek – *Groter dan wij zijn* – is bedoeld als een geruststelling, het idee oproepend dat we met z'n allen opgelucht kunnen vaststellen dat er iets groters speelt. Daarmee wil ik de menselijke ervaring, mijn leven of jouw leven, niet minder maken dan het is. Ik wil daarmee enkel een manier van denken presenteren die ons in staat stelt voorbij de kleine ergernissen en problemen van het leven te kijken om weer oog te krijgen voor de enormiteit van het leven. Als we ons er weer van bewust worden dat we ons op een in de ruimte rondtollende bol bevinden, en ook nog eens de ENIGE bol waarvan we weten dat er leven aanwezig is, een bol met een eigen zon en maan en andere planeten die allemaal gelijktijdig en nauwkeurig in prachtige patronen door de ruimte en om elkaar heen dansen en op hun plaats worden gehouden door een energie die we niet kunnen waarnemen – dan is het misschien niet meer zo belangrijk dat we iets hebben verprutst op ons werk of iets stoms hebben gezegd waarvan we spijt hebben. Door oog te hebben voor die energie kunnen we uit ons eigen hoofd komen en ons verwonderen over de magie die zich voortdurend overal om ons heen ontvouwt. Het leven is echt ENORM.

Mijn hoofd tolt nu van de gedachten en vragen, maar ho, wacht eens, dat is mijn denkende geest die zich weer op de voorgrond dringt.

MEER MAGIE

Vijf jaar geleden zou ik als de dood zijn geweest om een boek als dit te schrijven. Ik zou vol schroom zitten te typen en me afvragen wat elke willekeurige cynicus ervan zou vinden. Ik heb me altijd inferieur gevoeld aan cynici. Ik noemde hen 'cool', 'scherp' en beschouwde hen als 'intellectueler' dan ik, maar eerlijk gezegd ben ik daar inmiddels wel overheen gegroeid. Ik geniet ervan om me in spiritualiteit te verdiepen, en in alles wat zich binnen in onszelf en buiten onszelf bevindt. De magie, de verbondenheid, het onverklaarbare. IK VIND HET GEWELDIG! Ik ben een heuse spirituele junkie die zich door niets of niemand laat tegenhouden. Wat ik maar wil zeggen, is dit: als je cynisch tegen dit soort dingen aankijkt, heb ik daar geen problemen mee. Dit boek is niet bedoeld om je ergens van te overtuigen; ik hoop je wat opties en hulpmiddelen aan te reiken die je zouden kunnen helpen meer betekenis, magie en doel in je leven te vinden.

Het hebben van een doel in het leven verbinden we vaak met het hebben van macht en kansen, maar dat is niet het soort doel waar ik het over heb. Ik heb het over een doel en een betekenis die uit jezelf voortvloeien. Een innerlijk weten dat je voortstuwt naar een diepere ervaring van het leven. Dit boek gaat over wat zich onder de afleidingen en uiterlijkheden van het leven bevindt. Het gaat over het ontdekken van een wereld achter het denken, piekeren en voortdurend aan staan van de moderne wereld. Het gaat over verbanden leggen en zin ontdekken waar je geen zin vermoedde. Bij dit proces reik ik voorbij de oppervlakte en zoek ik de diepgang. Dit boek is geen traktaat over het branden van wierook en het baden in helende gongklanken (al komt ook dat wel aan de orde als daar reden toe is). Het is een aansporing tot nieuwsgierigheid, tot het ontwikkelen van de bereidheid het leven in al zijn kleurige, levendige en altijd veranderlijke schoonheid te ervaren. Ik hoorde onlangs een term die precies weergeeft wat er mis is met de toenemende vercommercialisering van spiritualiteit: 'spiritualiteit light', het vrijelijk plukken uit tal van spirituele rituelen zonder inzicht te vergaren in de wortels of betekenis van die rituelen. Zo zijn er genoeg mensen die aan yoga doen om een strak lichaam te krijgen zonder ooit de diepe verbondenheid van het ademwerk en de mentale rust van de beoefening te hebben ervaren (en geloof me, dat zeg ik zonder over wie dan ook een oordeel te vellen, want ik zit net als jullie midden in dit leerproces). Zo zijn er mensen die thuis salie branden in de hoop dat daarmee alle negatieve energie op magische wijze uit hun leven verdwijnt, zonder zich af te vragen of ze die negatieve energie misschien niet zelf aantrekken en waarom dat zo is. Om deze tocht samen te maken hoef je geen toiletbril van rozenkwarts aan te schaffen of een windorgel boven je hoofd te hebben hangen. Het enige dat je nodig hebt, zijn een open geest en een beetje nieuwsgierigheid.

DE SNELHEID VAN HET LEVEN

Een van de dingen waar ik vooral achter wil proberen te komen, is of het ook maar enigszins mogelijk is om in de hectiek van ALLEDAG een spiritueel leven te leiden. Binnen de kortste keren kan ik vanuit een ontspannen meditatieve staat in pure woede uitbarsten over een pakketje dat niet op tijd is bezorgd. Wat een ironie! Het ene moment zit ik helemaal in het nu en even later gebruik ik de tijd als een wapen om mezelf mee te pijnigen. Als ik eerlijk ben, laat mijn spirituele bewustzijn zich vrijwel alleen gelden gedurende de momenten dat ik er actief tijd voor vrij maak. Maar hoe zit het dan met de rest van de tijd, wanneer we geconfronteerd worden met de knoeiboel van het dagelijkse moderne leven: een overvolle inbox, kinderen die gillen en schreeuwen en eisen dat ze naar You-

Tube mogen kijken, ook al heb je net nog nee gezegd, een file terwijl je al een halfuur te laat bent voor je werk, een vriend die jou ervan beschuldigt dat je hem verwaarloost. Hoe kun je op dergelijke momenten je spirituele bewustzijn aanboren? Ik sta op een punt in mijn leven waarop ik weet dat het volgen van een spiritueel pad mij goed doet en het is tijd om daarnaar te handelen. Spiritualiteit wordt vaak beschouwd als iets extra's, iets voor erbij, maar het is mij steeds duidelijker geworden dat het het leven IS. Het is geen bijgerecht met het leven als hoofdgerecht. Het is de COMPLETE maaltijd – voorgerecht, hoofdgerecht en nagerecht; de rest zijn slechts smaakmakers.

Ik wil meer vrede, een diepere verbondenheid, vertrouwen in het leven, geloof in plaats van gepieker, meer betekenisvolle momenten, de knoeiboel aanvaarden voor wat die is en er zelfs BETEKENIS in zien. Ik weet dat ik dat alleen kan bereiken door nog dieper in de theorieën, methodieken en praktijken te duiken die er al VEEL langer zijn dan het internet en de moderne wetenschap.

HET GEWONE BUITENGEWOON MAKEN

Dat deze manier van denken niet nieuw voor me is, heb ik te danken aan Lin Cotton, mijn moederschip in de ruimte. Over geen enkel onderwerp heb ik zo veel met haar gepraat als over spiritualiteit. Mijn moeder is op een nooit eindigende zoektocht naar betekenis en vooral magie. Om haar zorgen en angsten te sussen geeft ze veelal de voorkeur aan een magische duiding boven statistieken of een puur praktische verklaring. Ik heb gezien hoe ze met een geconcentreerde blik in lichtvlekken op foto's minuscule, verborgen beeltenissen kan ontdekken die haar inspireren of tot leidraad dienen. In tal van toevallig door de camera gevangen, zwevende lichtvlekken kan ze de wazige contouren onderscheiden van haar overleden hond Wilf. Zo kijk je misschien zelf niet naar foto's, maar als een dergelijke blik iemand rust en een gevoel van verbondenheid schenkt, waarom zou je er dan je vraagtekens bij zetten of het veroordelen? Mijn moeder heeft me altijd aangemoedigd om anders naar de dingen te kijken, om mijn eigen mening over de dingen te vormen en om oog te hebben voor het buitengewone, en ik ben haar daar eeuwig dankbaar voor. Op jonge leeftijd heeft mijn moeder mij onbedoeld met mediteren in aanraking gebracht, al had ik daar toen geen flauw idee van. Ze had een cassettebandje (en alle lezers die jonger zijn dan vijfentwintig jaar hebben inderdaad gelijk als ze denken dat ze mijn generatie niet hoeven te benijden om onze afhankelijkheid van cassettebandjes die om de haverklap vastliepen en in de war raakten) dat ze vaak afspeelde en waar we samen naar luisterden. We lagen dan met z'n tweetjes op onze jarentachtigbank – oudroze, met bloemenmotief – en droomden weg op een luisterervaring die me tot op de dag van vandaag glashelder voor de geest staat. Op fluistertoon leidde de verteller de luisteraar door een houten deur aan het eind van een betegelde gang en achter die deur bevond zich een huis met meerdere kamers, waar je een voor een binnen werd geleid. Elke kamer had een andere kleur. De eerste was rood en bevatte tal van rode voorwerpen, die je mocht aanraken en bekijken. De volgende kamer was oranje en de vele interessante voorwerpen in die kamer waren zonnig van kleur. Ik genoot ervan om in gedachten door dit denkbeeldige huis te dwalen en uiteindelijk naar buiten te worden geleid, naar een strand onder een met sterren bezaaide hemelkoepel. Ik kan me de beelden die ik me als kind op die momenten in mijn fantasie vormde levendiger herinneren dan echte gebeurtenissen uit mijn leven indertijd. Ik realiseerde me toen niet dat dit denkbeeldige huis symbool stond voor de chakra's, hun kleuren en hun betekenissen. Als achtjarige vond ik het gewoon een heerlijk ontspannende en superleuke ervaring, maar het bleek een prachtige, weldadige kennismaking met hoe je je geest in een meditatieve staat kunt brengen. Deze ervaring heeft me bovendien op een onderbewust niveau geleerd om buiten de geijkte kaders te kijken. Om het schijnbaar onmogelijke te bereiken, om het magische te ontdekken en om het gewone buitengewoon te maken.

MYSTIEK IN PINNER

Ik ben opgegroeid in een buitenwijk van Londen, in een rijtjeshuis in namaaktudorstijl, met een moeder die vier verschillende banen heeft gehad en altijd hard heeft gewerkt, en een vader die zich zijn werkende leven lang heeft bekwaamd in het schilderen van uithangborden (op een korte periode na, voor mijn geboorte, toen hij melkman was). Allemaal volstrekt gewoon. Een klassieke jarentachtig- en -negentigjeugd: met een gevulde broodtrommel naar school, thuis ellenlange gesprekken aan de telefoon met vriendinnen en in de vakantie naar de camping. Maar mijn moeder had altijd oog voor het buitengewone, en was er vaak zelfs wanhopig naar op zoek. In de High Street van Pinner, boven een winkeltje waar ze kristallen en windorgels verkochten, bevond zich een praktijkruimte. In de loop der decennia was de naam van die winkel uit mijn geheugen gewist en ik moest dan ook met mijn moeder bellen, die me feilloos wist te vertellen dat die winkel natuurlijk Dreamcatcher heette. In de praktijkruimte erboven kon je diverse behandelingen krijgen, van reiki en helende energie tot regressie- en reïncarnatietherapie, terwijl ondertussen de brave mensen van Pinner hun wekelijkse boodschappen haalden bij de mega-Tesco aan de overkant van de straat. Rond mijn zestiende had ik mijn eerste ervaring met Pinners spirituele portaal. Mijn moeder was me voorgegaan en raadde mij een reïncarnatiesessie aan. Om boven in de praktijkruimte te komen moest ik me bij binnenkomst in de winkel eerst een weg banen langs een torenhoge berg kristallen en onder een waterval door duiken van windorgels, waarmee het plafond helemaal bezaaid was. Een vrouw van middelbare leeftijd met feloranje krulhaar vroeg me te gaan liggen en mijn ogen te sluiten. Ik weet niet meer precies wat er toen gebeurde, maar ik stel me zo voor dat ze met haar handen langs, boven en rondom mijn lichaam streek. Zonder dat ze me aanraakte, voelde ik een soort energie van haar afstralen zoals je ook wel tijdens een reikibehandeling kunt ervaren. Ik waarschuw even voor het deel van het verhaal dat nu volgt, dat als fascinerend dan wel als lachwekkend kan worden ervaren. Het eerste vorige leven dat ze voor mij liet herleven, speelde zich begin twintigste eeuw af. Ik had een tweelingbroer en samen vormden we een trapezeduo. Perfect op elkaar afgestemd zwierden we boven een bewonderend publiek door de lucht. Tot ik op een keer mijn grip verloor en de handen van mijn dierbare broer als natte zeep door mijn vingers glipten en hij zijn dood tegemoet viel. Tragisch, uiteraard, en wellicht vergezocht, maar ik vond het hele proces toch geweldig, en ook al was ik door het verhaal zelf niet honderd procent overtuigd, mijn interesse in regressietherapie was gewekt. Wie weet is er wel een zijdelings verband met mijn niet-aflatende behoefte om zeker te weten dat het met iedereen in mijn leven goed gaat en dat ze niet in gevaar zijn. Zou kunnen toch?

Korter geleden sprak ik de fantastische Rhonda Byrne, de auteur van *The Secret*, en ze vertelde me vol passie hoe onze ‘energie’ (vul naar keuze in: spirituele geest/ziel of waar je je ook maar prettig bij voelt) nooit kan sterven. Je hoeft niet in reincarnatie te geloven om je voor deze overtuiging open te stellen, omdat per slot van rekening niemand met zekerheid kan zeggen wat er met onze energie gebeurt wanneer ons fysieke lichaam sterft. Vindt ze misschien een thuis in een andere fysieke vorm of gaat ze op in de energie van het universum?

Mijn moeder (nee maar, daar heb je Lin weer, wat zal ze blij verrast zijn) heeft me ook tijdens onze avondwandelingen de ogen geopend voor alternatieve mogelijkheden. We snakten ernaar de alledaagsheid van ons bestaan in een buitenwijk te doorbreken, dus in plaats van na het eten van onze Linda McCartney-worstjes op de bank te ploffen om *Coronation Street* te kijken, struinden we in de schemering door de straten van het naburige Ruislip. Mijn moeder reikte naar de sterren die boven de huizen schitterden en de gesprekken die we dan hadden, voerden als vanzelf naar de weidse uitgestrektheid van de onvoorstelbare mogelijkheden van het leven. Op een keer hield ze plotsklaps stil en keek ze om zich heen. Ik volgde haar voorbeeld en probeerde te ontdekken wat haar aandacht had getrokken.

'Voel je het?' fluisterde ze. Ik keek in de verte en concentreerde me nog wat harder en toen... ja, toen voelde ik het, alsof er iets verschoof. Hier neemt het verhaal weer een nogal zonderlinge wending, maar zoals je inmiddels zult weten houd ik daar wel van. De lucht leek dikker en de tijd leek tot stilstand te zijn gekomen. Dat geïsoleerde moment hield ons in zijn ban, mijn moeder en mij en die zonderlinge energetische verschuiving die we allebei voelden en misschien zelfs zagen. Er leek een purperen waas over alles heen te hangen. De cynici onder jullie zullen ongetwijfeld zeggen dat er ergens in de buurt een vreugdevuur was ontstoken of dat er een dichte mist aan het opzetten was, maar het voelde anders. Tegen die cynici zeg ik dat jullie me net zo dierbaar zijn als degenen die nu instemmend zitten te knikken omdat ze zelf iets vergelijkbaars hebben meegemaakt. We kunnen natuurlijk alles puur wetenschappelijk willen duiden, maar misschien kunnen we ook een beetje ruimte overlaten voor het magische en het volkomen zonderlinge, voor het onverklaarbare. Tijdens onze wandeling die zomeravond voelden we iets onverklaarbaars. Een onzichtbare beweging en een allesomvattende verschuiving van het een of ander. De heerlijke combinatie van iets buitengewoons te midden van het doodgewone.

IETS GROTERS

Deze twee momenten uit mijn kindertijd en jeugd die ik hier heb uitgelicht, zijn zeker niet mijn enige ongewone ervaringen. Dergelijke vaak onverklaarbare momenten of verbindende ervaringen lopen als een zilveren draad door het weefsel van mijn leven, en herinneren me aan de schoonheid, het bijzondere en de enormiteit van het leven. Ik zou deze momenten beter willen doorgronden en ik hoop bij dat proces zo veel mogelijk te leren. Misschien dat jij vergelijkbare ervaringen hebt gehad en dat ik je kan helpen daar inzicht in te krijgen. Of misschien is dit alles nieuw voor je. Wat SUPERSPANNEND dan! Ik verheug me voor je, voor wat je allemaal gaat lezen en hopelijk ook ervaren.

Wees gerust, dit is geen zweverig boek dat exclusief is gewijd aan de mystieke ervaringen uit mijn Pinner High Street-tijd. Spiritualiteit houdt veel meer in dan wat bizarre ervaringen en een plaatselijke winkel in kristallen. Er is veel te verkennen en er valt veel te leren. En ik ben een gretige leerling, pen en papier in de aanslag, ogen open, altijd paraat. **Ik voel me bevoorrecht dat een groot aantal ervaren, wijze en ongelooflijk scherpzinnige individuen met zeer diverse achtergronden en ervaringen hun inzichten en kennis met mij hebben gedeeld. Zij zullen ons door de theorieën en praktijken kunnen gidsen die ons kunnen helpen de verbinding te hervinden met het leven, met onszelf en met anderen.** Zij zullen ons met hun kennis adviseren hoe we zorg kunnen dragen voor onze energie/ziel/spirituele geest, waardoor we ons zullen herinneren dat we met alles en iedereen verbonden zijn. Ik hoop dat dit boek duidelijk zal maken dat spiritualiteit voor iedereen is, waar je ook vandaan komt, waar je ook mee bezig bent, waar je ook wel of niet in gelooft op dit moment.

Ook al koester ik mijn leven lang al min of meer een obsessie voor dit soort dingen, ik ben nog lang niet uitgeleerd en ik heb alles nog lang niet helder op een rijtje. Ik heb een kaftan vol vragen en sta te springen van opwinding, dus zullen we maar snel beginnen?

Ben je er klaar voor om voorbij het menselijke lichaam en de denkende geest te kijken om rond te neuzen in dat andere deel? Ben je er klaar voor om iets te ervaren wat groter is dan wij zijn?

DEEL 1

LIEFDE

Is er iets wat groter is dan liefde? Liefde is allesomvattend en is de katalysator van het leven zelf. Zonder liefde kan het leven dor, broos en genadeloos aanvoelen. Liefde is veiligheid, troost, geruststelling, motivatie, gemeenschapsvormend, wonderen verrichtend. Het is altijd en overal aanwezig, dus waarom lijkt het dan soms zo volslagen onvindbaar?

Wanneer je je eenzaam, depressief of vol woede voelt, ben je blind voor de kracht en het vermogen van liefde. Bij de minste negatieve afleiding lijkt het voor je ogen in het niets op te lossen. En het leven is zo vol afleiding dat je zomaar zou kunnen vergeten dat liefde je reddingsboot is, in elke situatie – zolang je maar onthoudt dat wat je drijvende houdt niet per se een bron van liefde buiten jezelf hoeft te zijn, maar dat er ook altijd die bron is in jezelf.

We zijn geneigd liefde als iets eendimensionaals te beschouwen. Rode rozen, een romantisch etentje en op de achtergrond een ondergaande zon. We vergeten dan dat liefde de drijvende kracht is achter elke ontluikende bloem en elke lach. We herkennen vaak alleen de romantische liefde en de liefde voor onze familie als zodanig, terwijl liefde zo enorm veel meer aspecten heeft.

Liefde is zo krachtig dat wanneer we ons ervoor afsluiten, we ruimte scheppen voor een kwaadaardigheid die tot verdeeldheid, lijden en strijd leidt. Wanneer we blind zijn voor de liefde om ons heen en in onszelf, verliezen we de verbinding. Wie zichzelf veracht of anderen veroordeelt, sluit zich af voor al het goede dat het leven te bieden heeft.

Zelfliefde is de afgelopen decennia een veel gebezigde term geworden, maar in hoeverre staan we werkelijk open voor de kracht van de liefde voor onszelf? Ik denk te weinig, omdat de wereld alleen maar verdeelder is geworden – een wereld waarin we sociale media gebruiken om onszelf met anderen te vergelijken, waarin we anderen in hokjes stoppen, als minder beschouwen en uitsluiten. We zijn de liefde uit het oog verloren die we nodig hebben om van onszelf en van anderen te houden.

Mijn relatie met liefde is in de loop der jaren veranderd. Er is een tijd geweest waarin ik liefde beschouwde als iets om me dronken aan te laven. Ik smachtte naar kussen en aanrakingen en naar de sensatie om mijn hart van lust op hol te voelen slaan. Een bedwelmende liefde waar mijn hart sneller van ging kloppen was naast de stabiele, duurzame liefde voor mijn familie de enige liefde waarnaar ik verlangde en die ik als liefde herkende. Zelfliefde was mij lange tijd vreemd. Ik nam aan dat ik mezelf leuker zou vinden als anderen me leuk vonden, een heleboel anderen misschien zelfs wel. Toen ik als presentatrice een groter publiek begon te trekken, verwachtte ik dat mijn zelfkritiek zou afnemen. Als anderen zo dol waren op mijn onverzadigbare enthousiasme, waarvan ik zelf het gevoel had dat het met me op de loop ging, zou ik misschien ook wel blijer worden met deze eigenschap. Als mijn karakteristieke neus en bolvormige ogen lof oogstten, zou ik misschien minder kritisch in de spiegel kijken. Het was voor mij een harde leerschool om erachter te komen dat het zo niet werkt en pas sinds heel kort ben ik de kracht van zelfliefde en zelfacceptatie echt gaan begrijpen.

Hoe je zover komt, is een ander verhaal. Mijn zelfonderzoek voelt soms als een achtbaan. Er zijn momenten geweest waarop ik een behoorlijke hekel aan mezelf had en ik snak ernaar een punt te bereiken waarop ik mezelf kan aanvaarden zoals ik ben. Ik ga ervan uit dat wanneer ik eenmaal zover ben, ik betere relaties zal onderhouden, meer respect zal tonen voor de planeet en een blijvend inzicht zal hebben verworven in de liefde in al zijn verschijningen.

Ik geloof dat liefde de spil is wanneer het erom gaat een spiritueel leven te leiden en verbinding en betekenis te ervaren. Het is vaak het antwoord op veel van onze problemen, maar even vaak zien we die liefde niet. Niet in onszelf, omdat we onszelf die liefde niet waard vinden, en niet in anderen, omdat we alleen onze verschillen zien. Om te helpen de liefde te ontdoen van zijn glimmend rode verpakking, om hem dieper te kunnen voelen, om hem helderder te zien en om de kracht ervan beter te begrijpen duik ik in een aantal verschillende onderwerpen met enkele fantastische mensen die ik in de loop der jaren heb leren kennen. Zij gidsen ons met liefde een deel van de weg naar een dieper en betekenisvoller leven.

SJAMANEN

Liefde is gecompliceerd, maar essentieel voor de verbinding met het iets wat groter is dan wij zijn. We voelen vaak een gemis aan liefde en misschien is dat gemis deels te wijten aan de moderne wereld. We hechten meer waarde aan succes, het vergaren van spullen en macht dan aan de overvloed aan liefde waarover we zouden kunnen beschikken als we dat wilden. Van oudsher is het de taak van sjamanen geweest om met rituelen en behandelingen anderen te helpen de aansluiting te vinden bij die wereldwijde en innerlijke liefde. Ik heb de mystiek rondom sjamanisme altijd al fascinerend gevonden. Er wordt ons zo vaak voorgehouden dat we in het leven maar één optie hebben. Als het gaat om gezondheid, geluk en verbondenheid krijgen we maar een zeer beperkt aantal keuzes aangereikt; welke dat zijn, wordt bepaald door regeringen, de media en megabedrijven. We maken ons hun boodschappen en regels onbewust eigen, zonder in de gaten te hebben dat onze eigen overtuigingen daardoor veranderen. Het is voor mijn welzijn, voor mijn mentale herstel in wording en voor mijn gevoel van verbondenheid met de enormiteit van het leven essentieel geweest dat ik me heb opengesteld voor esoterische theorieën en ideeën die van de gebaande paden afwijken. Er is geen betere plek om te beginnen dan met sjamanen en hoe zij tegen liefde en het leven aankijken.

HET PRILLE BEGIN

Sjamanisme is een van oorsprong Siberische term, maar de praktijk van het sjamanisme werd en wordt wereldwijd binnen tal van culturen beoefend. De geschiedenis van het sjamanisme in India en onder de oorspronkelijke bevolking van Noord- en Zuid-Amerika voert tienduizenden jaren terug, zoals blijkt uit dertigduizend jaar oude rotstekeningen van sjamanistische rituelen, Maar ook in onder meer Tibet en andere delen van Azië, in Midden-Europa, Scandinavië en Afrika zijn bewijzen gevonden van wijdverbreide sjamanistische praktijken. Waar en wanneer precies het sjamanisme is ontstaan, weten we niet, maar we weten wel dat het een spirituele weg is die door velen is bewandeld en waar inheemse volken vaak strijd voor hebben moeten voeren, omdat de kracht en het belang ervan niet altijd werden en worden begrepen, waardoor de praktijk ervan is verboden, ondermijnd of misbruikt. Hedendaagse sjamanen helpen mensen om verbinding te vinden met de natuur, de wereld van de geesten, de menselijke gemeenschap en zichzelf. Maar wat is sjamanisme? Hoe voeren sjamanen hun eeuwenoude rituelen uit en hoe zien die eruit?

KALM EN VERBONDEN

Het werk van een sjamaan kan in de praktijk verschillen, maar de meeste sjamanen zullen zich kunnen vinden in de omschrijving dat hun werk helend is. Een sjamaan doorloopt een jarenlange leerschool om met behulp van paranormale vermogens, acupunctuur, energiewerk, klankschalen, kruiden, tincturen en reflexologie of andere esoterische praktijken en rituelen fysieke, emotionele en mentale pijn, problemen en trauma's te helen. Hoe een sjamanistische behandeling eruitziet, is afhankelijk van de gevolgde praktijk en misschien zelfs van de geografische locatie. Sjamanen werken in samenhang met het grotere iets, hun manier van werken is nauw verbonden en altijd in harmonie met de kracht van het land en de natuur. De sjamaan treedt in direct contact met wat voor het menselijk oog verborgen blijft: de geestenwereld, de levende energie en paranormale verschijnselen. Het is een krachtige combinatie van ceremoniële en helende rituelen op het fysieke vlak, vervlochten met een diepgaand inzicht in de enormiteit van het leven.

Ik heb in de loop der jaren een aantal in Groot-Brittannië praktiserende sjamanen leren kennen die mij enorm hebben geholpen bij mijn onderzoek naar mijn weerstand tegen het aanvaarden van liefde. Om je te helpen het sjamanisme beter te begrijpen zal ik je in dit boek voostellen aan een van hen, Wendy Mandy. Ik hoorde voor het eerst over Wendy via *Under the Skin*, de briljante podcast van Russell Brand. Hun gesprek wekte mijn nieuwsgierigheid en fascinatie en al luisterend voelde ik een gevoel van rust over me komen, een gevoel van kalmte en verbondenheid. Wijze woorden hebben dat effect op mij. De kleine dagelijkse zorgen en onzekerheden vervliegen; in de aanwezigheid van wijsheid en waarheid houden ze geen stand. Alle onzin en alle narigheid vallen van me af. Het toeval, of wellicht het lot, wilde dat kort na het beluisteren van deze podcastaflevering een goede vriendin van mij, ademwerkcoach Rebecca Dennis, me voorstelde om een sessie te doen bij een vriendin van haar, een sjamaan. En wie was die vriendin? Precies: dé Wendy Mandy.

Wendy heeft geen website en als je haar naam googelt, word je niet veel wijzer. Dat intrigeerde me nog meer. Je komt via via met haar in contact, op een heerlijk ouderwetse manier, maar een afspraak met haar maken is behoorlijk lastig want ze is al maanden van tevoren volgeboekt. Ik had het geluk dat Rebecca en Russell allebei een goed woordje voor me hebben gedaan, waardoor ik maar een maandje hoefde te wachten op mijn sessie. Wendy heeft het grootste deel van haar leven gewoond en gewerkt te midden van diverse volkeren verspreid over de wereld – de Kogi in Colombia, de Samburu in Noord-Kenia en de Yawanawa in Brazilië, om er maar een paar te noemen. Wendy is een boek aan het schrijven over al deze buitengewone volkeren met wie ze in de loop der jaren heeft samengewerkt en kennis heeft gedeeld. Ik verheug me erop het te kunnen lezen.

ENERGIE EN KRACHT

De praktijkruimte van Wendy staat propvol met schitterende boeken over elk onderwerp van natuurgeneesmiddelen tot astrologie. Naast een kast met haar favoriete ratels en klankschalen staat een behandelbed, onder een plafond dat beschilderd is met rood- en blauwgekleurde afbeeldingen van vliegende schepselen. Het is een hypnotiserende ruimte die je aandacht opeist en je interesse wekt, en waar je blik van de ene curiositeit naar de andere dwaalt. Ik ga op het bed liggen met een handdoek over mijn blote benen, waardoor ik me niet helemaal op mijn gemak voel omdat ik altijd last heb van koude voeten en ik kan zien dat ze daar aan het uiteinde van het bed blauwig van de kou zijn. Ik bedenk dat ik mijn teennagels wel had kunnen lakken, maar ach, het gaat om belangrijkere dingen vandaag.

Wendy, die bij mijn eerdergenoemde ijsklompjes van voeten naast het bed plaatsneemt, begint er meteen leven in te masseren – een hemelse gewaarwording. Ik vind het HEERLIJK om een voetmassage te krijgen. Ik begin te snorren als een kat, mijn ogen vallen dicht en ik kom nauwelijks nog uit mijn woorden, alsof ik stoned ben. Mijn lichaam ontspant zich volkomen terwijl Wendy me wat vragen stelt en ik mijn lijst afratel van dingen waar ik me druk over maak en dingen waar ik spijt van heb, dingen die ik dag na dag, wellicht onnodig, rondzeul. Wendy is tegelijk klein en enorm. Haar frêle postuur lijkt nauwelijks in staat haar energie en kracht te omvatten. Het stroomt over in de ruimte en geeft me een gevoel van veiligheid. Mijn eigen stortvloed aan onzekerheden wordt opgevangen door haar kennis van en inzicht in het leven. Poeh, wat een opluchting. Al is het maar voor nu, ik voel een last van me afvallen.

Na die hemelse voetmassage, die eindeloos lang lijkt te duren en tegelijk veel te snel voorbij is, komt Wendy naast me staan en ze plaatst twee vingers op drukpunten van mijn hartmeridiaan. Ik ben bekend met deze techniek omdat een goede vriend van mij, Gerad Kite, een vijfelementenacupuncturist, zijn behandeling ook altijd begint met het checken van de energiestroom van de hartmeridiaan. Voor zover ik begrijp, voelt de acupuncturist op deze manier of er blokkades zijn. Nog wat licht in mijn hoofd door de massage van mijn voeten ben ik niet bedacht op de prik van een acupunctuurnaald tussen mijn ribben en het draaien voor de juiste plaatsing, waarbij er een krachtige tinteling door me heen trekt, alsof er binnen in mij een vuurwerk afgaat waarvan de vonken tot in alle uithoeken van mijn lichaam schieten. Mijn ogen zijn nu als schoteltjes zo groot. Dit gebeurt nog een keer of vijf, telkens op een ander punt van mijn lichaam – mijn schouders, mijn voeten (OEF!) en de holte tussen mijn scheenbeen en kuitspier. In de war en wanhopig proberend te blijven volgen wat de naalden met mijn lichaam doen, weet ik niet of ik moet lachen of huilen, of misschien wel allebei tegelijk.

Ondertussen ondervraagt Wendy me over de problemen uit het verleden die ik heb opgenoemd toen mijn voeten zo zalig werden gekneed. Ze is voortdurend aan het graven om te proberen te achterhalen waar de wortel van de pijn zit, de knoop die ontward moet worden.

Dan komen de ratels. Ik sluit mijn ogen terwijl Wendy een grote, luidruchtige ratel boven mijn lichaam heen en weer beweegt. Met mijn oren volg ik het geluid, dat soms overweldigend is. Het geratel dringt in mijn hele lichaam door en doet mijn plexus solaris tintelen. Ik krijg de opdracht me mezelf voor de geest te halen op de leeftijd waarop de ontwikkeling van bepaalde zelfbeperkende gedachten is begonnen, en om dat beeld door het geratel te laten verjagen. Wanneer het oorverdovende ratelen ophoudt, adem ik van opluchting diep uit, maar nog voordat ik helemaal uitgeademd ben, weergalmen er ineens hemelse klanken. De klankschaal die dit prachtige geluid voortbrengt, wordt op mijn buik geplaatst zodat ik de trillingen tot in mijn botten kan voelen. Mijn buik is een gevoelig deel van mijn lichaam. Ik denk dat dat voor velen van jullie ook geldt. Het is een zacht stukje, waarin mijn kinderen zijn gegroeid en dat ik verberg in wijde en hoog getailleerde broeken. Ik word daar niet graag aangeraakt, zelfs niet door mijn arme man, maar dit is anders. Dit voelt prettig. Dit voelt als bescherming en alsof er iets oplost, misschien wel een aantal van die onzekerheden. Ik open mijn ogen en door een waas zie ik Wendy aan het voeteneinde zitten, waar ze zojuist mijn niet meer zo blauwe voeten heeft ingewreven met haar eigengemaakte rozenolie. Wanneer ik me weer van mijn omgeving bewust ben, is mijn eerste gedachte: wat is er in hemelsnaam gebeurd?

Ik kom langzaam overeind terwijl ik Wendy wat scherper in beeld krijg. Behalve in mijn hoofd voel ik me ook in mijn hart wat lichter. Ik ga zwevend de deur uit, de straat op, de drukte van Londen in, alsof ik onder een ijskoude douche stap. Mijn ogen moeten zich aanpassen aan het licht en aan de snelheid waarmee mensen langs me lopen. Ik voel me als een mol die zijn hoofd voor het eerst boven de grond uitsteekt en de gekte daar aanschouwt. In de taxi naar huis heb ik de ruimte om me af te vragen waarom ik zo zelden kies voor de rust en verbondenheid die ik zojuist heb ervaren. Ik ben geneigd om de drukte en het tempo van de moderne wereld te volgen. Mijn lichaam gloeit nog na van de behandeling en ik beloof mezelf rust te verkiezen boven stress, en vaker de verbinding te zoeken.

IN GESPREK MET WENDY

Waar: in de keuken van Wendy, te midden van planten, foto's van vrienden van over de hele wereld en kleine flesjes rozenolie. Zodra ik die geur van rozen opsnuif, voel ik me ontspannen.

Ik: Wendy, wat is een sjamaan nu precies?

Wendy: Een sjamaan is iemand die zich tussen werelden in beweegt. Wat voor werelden dat zijn? Enerzijds de fysieke wereld waarin we ons nu bevinden, met deze tafel, dit aanrecht, dit water, de wereld waarin alles een fysiek aspect heeft. Anderzijds de werelden die we niet kunnen waarnemen. We gebruiken slechts zo'n vijf procent van onze zintuigen, ons werkelijke potentieel is zo veel groter dan we ons realiseren. We benutten maar een miniem deel van ons waarnemingsvermogen. Een sjamaan zoals ik heeft zich door ervaring en door allerlei leerprocessen losgemaakt van die beperkte waarneming en andere waarnemingen ontsloten. Hierdoor kan ik zien en voelen hoe planten met ons praten, hoe dieren met ons praten en hoe elementalen met ons praten, de geesten van de natuurlijke wereld. Deze wereld is een stip in het universum, dat op zijn beurt een stip is te midden van de universa. Een kind weet dat. Een kind kan op zijn rug in het gras liggen en naar het uitspansel boven zich kijken en zich afvragen: 'Wat zijn die sterren?' We zijn die manier van kijken kwijtgeraakt omdat we in deze ruimte-tijdwerkelijkheid alleen maar achter onszelf aan jagen. We maken te weinig tijd vrij om ons te verbazen en te zijn.

Ik: Die verruimde manier van denken die jij gebruikt en in je werk toepast, is die voor ons allemaal beschikbaar?

Wendy: Ja. Niet zo lang geleden heb ik een elfjarige jongen behandeld, een drugsdealer. Toen hij binnenkwam, was hij onder invloed van skunk, de rotzooi die ze als marihuana op straat verkopen, maar die met een hoop pesticiden wordt gekweekt en veel te sterk is en niets met natuurlijke marihuana te maken heeft, waardoor de gebruikers in een psychose kunnen raken. Hij zat dik in de ellende en was overduidelijk stoned toen hij op mijn behandelbed plaatsnam. Ik ging aan het werk met zijn voeten, waardoor hij ontspande, en toen ik de eerste naald plaatste, zei hij: 'Verdomd, wat is dat? Dat is beter dan drugs.'

En ik vroeg: 'Wat voel je?'

En hij zei: 'Ik voel me high.'

En ik weer: 'Op wat voor manier?'

En hij weer: 'Ik weet niet, een ontspannen soort van high?'

Dus toen vertelde ik hem: 'De vijfelementenacupunctuurbehandeling zorgt voor verbinding. Voel je dat? Je bent nu verbonden met iets. Kun je dat voelen?'

Hij zei: 'Yep, meestal moet ik eerst echt flink stoned worden om dat te voelen en dan voelt het nog steeds niet zoals dit.'

Maar om een lang verhaal kort te maken, hij is nu van de drugs af en krijgt daarbij een hoop steun en ik help hem om iemand te worden die anderen kan helpen niet hun toevlucht te nemen tot skunk om high te worden. Ze voelen dat ze iets missen en daarom roken ze die rotzooi in de hoop het iets te kunnen vinden waarvan ze weten dat het er is. Ze zijn op zoek naar de verbinding met hun spirituele zelf, maar pakken het op de verkeerde manier aan.

Ik: Doen we dat niet allemaal tot een bepaalde hoogte? Proberen we niet allemaal om een gevoel van verbondenheid tot stand te brengen door ons dronken te drinken, door verslavende en van suiker verzadigde voedingsmiddelen te eten, door ons over te geven aan seks, aan het kopen van schoenen die we niet nodig hebben en ga zo maar door? Hoe is het zover met ons gekomen dat we de verbinding met de natuur en ons spirituele zelf zijn kwijtgeraakt?

Wendy: Absoluut. Daarover gaat het boek dat ik aan het schrijven ben. Een van de kernpunten is dat verlies van verbinding tussen mensen onderling en tussen mensen en de natuur. Onze relaties met elkaar en met de natuur zijn verstoord geraakt. Dat proces is twaalfduizend jaar geleden al begonnen. Onze dagelijkse omgang met elkaar heeft zijn natuurlijkheid verloren. We zullen veel moeten veranderen: ons onderwijssysteem, onze gezinsrelaties. Dat is wel gebleken toen we in lockdown zaten, toen we het zonder vangnet, zonder onze clan moesten stellen. Daarom zorgde de lockdown voor zo veel problemen, zoals de stijging van onlinekoopverslaving, pornoverslaving en alcoholconsumptie. We zijn gehypnotiseerd. En we zijn misschien wel het ergst verslaafd aan sociale media. We zullen moeten inzien dat dit een verslaving is die ten koste gaat van ons vermogen de verbinding met onszelf aan te gaan. Het is er het tegendeel van.

Ik: Hoe bedoel je dat, het tegendeel?

Wendy: Het gebruik van sociale media leidt tot afhankelijkheidsrelaties met een heleboel anderen die we niet kennen en leidt af van het aangaan van een relatie met jezelf. We kunnen mensen hun sociale media niet afpakken, maar we kunnen hun wel vragen om het gebruik ervan te beperken en tijd vrij te maken voor andere dingen. Daarvoor is discipline nodig. Begin de dag positief, zonder telefoon. Er zijn tal van manieren om dit te doen, bijvoorbeeld door te mediteren. Steeds meer mensen doen dit tegenwoordig. Het is de nieuwe spiritualiteit.

Ik: Is het noodzakelijk om een goede relatie met jezelf te hebben om een spiritueel leven te kunnen leiden?

Wendy: Ja, maar het gaat ook om discipline. Om een gewoonte af te leren moet je negen dagen gedisciplineerd aan de slag.

Voor een goede relatie met jezelf heb je discipline nodig. De discipline om af te komen van verslavingen die afleiden van jouzelf. Ga aan het werk en houd vol tot je de relatie met jezelf helder hebt en dan zie je het soort dingen dat ik zie. Mensen vragen me soms: 'Hoe word je sjamaan?' Het antwoord dat ik hun dan geef is: **daarvoor moet je eerst met compassie de verbinding met JEZELF aangaan. De kern van alles is compassie.**

Ik: Is angst het grootste struikelblok als het gaat om een goede relatie met jezelf opbouwen?

Wendy: Angst is de afwezigheid van liefde. Liefde is wat je voelt wanneer je mediteert. Je voelt bewustzijn, god, levenskracht, vreugde, hoe je het maar wilt noemen, maar dat is wat je voelt!

Ik: Wat probeer je te bereiken tijdens een sessie wanneer je mensen behandelt?

Wendy: Ik probeer diegene in contact te brengen met zijn of haar oorspronkelijke essentie, het wezenlijke dat alle kennis omvat, de baby die uit god/de bron van leven/liefde of hoe je het ook maar noemt, ter wereld kwam. Iedereen draagt dat in zich en ik wil dat weer voor hen ontsluiten. Ik probeer hen voorbij de verslavingen, voorbij de beïnvloedingen, voorbij hun jeugd, voorbij hun trauma's te leiden om die verbinding tot stand te brengen.

Ik: Welke rol spelen de fysieke elementen van je behandeling daarbij?

Wendy: Ik stem af via de voeten, omdat de voeten zich laten lezen als een kaart. Dit wordt reflexologie genoemd: je oren, je handen en je voeten vormen een kaart van reflexpunten.

Reflexologie is een behandelmethode die al duizenden jaren wordt toegepast. Aan je voeten kan ik je mentale, fysieke, spirituele en emotionele gesteldheid aflezen. Vervolgens voel ik de drukpunten van de hartmeridiaan aan de binnenzijde van je pols. Deze punten langs de hartmeridiaan werden zo'n tienduizend jaar geleden door de taoïsten voor het eerst beschreven. Je lichaam is een elektrisch mechaniek dat uit een massa bewegende deeltjes bestaat die een energetisch veld creëren. Via de drukpunten kun je afstemmen op de energiestromen en blokkades ontdekken. In feite doe je wat een goede loodgieter ook doet. Je probeert te achterhalen wat de oorzaak is van een bepaalde blokkade bij de persoon die je behandelt. De naalden gebruik je om de blokkades op te heffen. Ik ga rechtstreeks naar de essentie van degene die op mijn behandelbed ligt. Die essentie openbaart zich zowel in het positieve als in het negatieve, en is in die zin gepolariseerd. Jouw element, Fearne, is hout (in het Engels *wood*, en Wood is toevallig mijn achternaam sinds ik getrouwd ben). Hout is een van de vijf elementen die binnen de acupunctuur een rol spelen; de andere zijn aarde, metaal, vuur en water. Jij bent dus hout. Ieder individu belichaamt een van deze elementen. Laten we nu eens kijken naar de positieve en de negatieve aspecten van het element hout. Je bent een zeer dynamisch iemand, dynamisch als de lente, als een sneeuwklokje dat zich door de winterse sneeuw heen een weg naar boven werkt. Je bent een planner en een maker. MAAR omgekeerd ben je ook iemand die vastloopt, die woedend, gefrustreerd en bitter is. (Terzijde... daarmee is het beeld van mij wel aardig compleet, moet ik zeggen.)

Ik: JA, dat is precies hoe ik in het leven sta.

Wendy: Onze aandacht zal moeten uitgaan naar je emotionele schaafwonden. En bij jou, Fearne, komt de emotionele pijn voort uit het feit dat je je onterecht aangevallen voelt.

Ik: YEP!

Wendy: En verkeerd begrepen.

Ik: NOU EN OF! Het is vaak moeilijk om te weten wie je als individu bent, omdat je zo gewend bent aan de versies en projecties van jezelf van andere mensen dat je de aansluiting met wie je werkelijk bent verliest.

Wendy: Ik denk dat je het wel goed zult kunnen vinden met Mark (niet zijn echte naam, voor het geval 'Mark' zich er ongemakkelijk bij zou voelen dat ik het volgende, nogal hilarische verhaal hier deel), die zo meteen langskomt. Hij is de eigenaar van een restaurantketen en ik fungeer als zijn mentor. Hij is een enneagramtype 8. Weet jij welk type jij bent?

Ik: Jij bent al de derde deze maand die het over een enneagramtypering heeft. Maar ik heb nog geen test gedaan, dus ik heb geen flauw idee.

(Even tussendoor voor wie niet bekend is met enneagramtypering. Aan de hand van een enneagram kan je persoonlijkheidstype worden bepaald, waarvan er negen zijn, die onderling verbonden zijn. Maar het gaat dieper dan enkel een typebepaling. Het is een eeuwenoud persoonlijkheidsmodel dat vermoedelijk ergens rond de vijfde eeuw v.Chr. is ontstaan, maar waarvan de precieze oorsprong onbekend is. Ik kom hier later in dit boek op terug, beloofd (zie pagina 154-176).)

Wendy: Ik heb me er ooit in verdiept en er een tijdlang veel gebruik van gemaakt in mijn werk. Ik ben ook een type 8. Dat is iemand die het voortouw neemt door anderen te vragen: 'Vertel, wat is het plan.' Als je ooit schipbreuk lijdt, mag je hopen dat er een type 8 bij je op het reddingsvlot zit, omdat dat het type is dat van aanpakken weet. De keerzijde is dat een type 8 even kwetsbaar als sterk is. En dus gauw in de verdediging schiet. Als je als type 8 iemand in je leven toelaat die het je moeilijk maakt, dan wil je die letterlijk uitschakelen.

Ik: Ha! Dat klinkt bekend.

Wendy: De schaduwkant van een type 8 is TOTALE afwijzing. Elk enneagramtype heeft positieve kwaliteiten om te koesteren en negatieve kwaliteiten om van te leren, vergelijkbaar met de elementen binnen de vijfelementenacupunctuur. Wacht maar tot je Mark ontmoet. Wanneer hij straks binnenkomt, is hij een en al aanwezigheid: luid, grappig en mogelijk beschamend.

Ik: Ik ben benieuwd.

Wendy: We staan allemaal voor de taak alert te zijn op de dingen in ons leven die ons ervan weerhouden verbinding te ervaren met het grotere iets, de dingen die verbinding in de weg zitten. Die dingen zijn een naar soort witte ruis, die de verbinding met anderen, met de natuur en met jezelf tegenhoudt. En altijd gaat het om dingen die in het verleden met je zijn gebeurd. Als je een jaloerse moeder had, ben je geneigd moederfiguren in je leven toe te laten die niet altijd het beste met je voorhebben. Als je een afwezige vader had, zul je geneigd zijn mannen in je leven te halen die een bepaalde afstand tot jou bewaren. Door mijn achtergrond moet ik op mijn hoede zijn voor 'jongere broertjes'-figuren, omdat ik geneigd ben hen overal mee weg te laten komen. Iedereen heeft in het leven zo zijn bananenschillen waar hij of zij over kan uitglijden.

(De deurbel gaat.)

Ik ga rechtop zitten. O jee, denk ik, dat is vast Mark.

Wendy: Hallo, Mark!

Mark: Wat vind je daarvan, Wendy? Mijn broek is afgezakt.

Wendy: O NEE, HÈ!

Mark: Of ben je niet alleen?

Wendy: Nee.

Mark: Haha. Dan zal diegene de schrik van zijn leven beleven.

(Mark komt op dat moment de keuken binnengewaggeld met zijn broek op zijn enkels waardoor we vol zicht hebben op zijn boxershort. Mark houdt met beide handen een enorm krat vast dat tot barstens toe gevuld is met verse groenten, waardoor hij de eerdergenoemde broek niet zomaar snel kan optrekken. Wat te doen: wegkijken of mijn hulp aanbieden?)

Mark: Dit is niet expres, heus, geloof me. O mijn god, wat een toestand.

Ik: Aangenaam kennis te maken, Mark. Ik ben Fearne. Ik zou mijn broek maar optrekken.

Wendy: Ja, trek je broek op, alsjeblieft. In de andere kamer graag, Mark.

Ik: Een laatste vraag. Als er één ding is dat we zouden kunnen doen om een betere relatie met onszelf te cultiveren om op die manier de verbinding met het leven te ervaren, wat zou dat dan zijn?

Wendy: Compassie. Compassie. We hebben zo weinig compassie met onszelf. Stel dat ik net ruzie met mijn buren had. Dat ze een hoop lawaai maakten en dat ik enigszins door het lint ben gegaan. Wees dan eerst een beetje aardig voor jezelf. Denk: oké, het was niet tof dat ik door het lint ging. Kalmeer jezelf en schenk jezelf liefde. We zijn veel te streng voor onszelf. Geef jezelf gewoon even een kop thee en vijf minuten van je aandacht, zoals je dat ook bij je beste vriend of vriendin zou doen.

Ik: Dank je wel, Wendy. Dat zal ik moeten oefenen. Ik weet dat dat ECHT niet vanzelf gaat.

* * *

De boodschap die nagalmt, is dat een spiritueel leven, een leven van verbondenheid met anderen en de natuur, PAS MOGELIJK IS als we een goede relatie met onszelf onderhouden. Dit jaagt me angst aan, maar prikkelt me ook. Het lijkt een haalbaar streven, maar ik kan me niet aan het gevoel onttrekken dat ik mezelf bij tijden nihilistisch en onvriendelijk gezind ben. Om verbondenheid te kunnen ervaren zal ik mezelf moeten zien los te maken van sommige van die ingebakken negatieve zelfbeelden die ik mezelf dagelijks aanmeet. In het verleden heb ik wel eerder pogingen in die richting ondernomen, maar altijd zonder blijvend succes. Nu kan ik er niet meer onderuit. Ik wil mijn kinderen zo opvoeden dat ze van zichzelf houden en zichzelf volledig accepteren zoals ze zijn. Hoe kan ik dat van hen verwachten als ik in het dagelijks leven niet zelf het goede voorbeeld geef? Het is de hoogste tijd voor verandering.

DAG ÉÉN VAN MIJN 'ZELFCOMPASSIE-EXPERIMENT'

Zaterdag, half zeven 's ochtends.

Al binnen enkele seconden nadat ik mijn ogen heb geopend, merk ik dat mijn brein de negativiteit in schiet. Ik ben boos op mezelf omdat ik weer eens bij mijn kinderen in bed heb geslapen. De stem in mijn hoofd fluistert mijn zelf op bijtende toon toe dat ik niet zo zwak had moeten zijn en dat ik mijn nu achtjarige zoon allang over dit slaapgedoe heen had moeten helpen. Ik stop halverwege om de oorzaak van deze zelfkastijding te onderzoeken. Zoals ik al vermoedde, onderhoud ik geen vriendelijke relatie met mezelf. Is dat de blokkade die de verbinding met de schoonheid en magie van het leven tegenhoudt? Zou het dat gewoon zijn?

Ik laat mijn schouders zakken – dit zal niet makkelijk worden. Ik ga naar de keuken. Buiten is het nog donker; in het licht van de straatlantaarns zie ik kleine regendruppels vallen. De kinderen zijn al aan het ruziën over het tv-programma dat ze zullen kijken en ik voel me alweer boos worden op mezelf, een boosheid die me doet vergeten dat ik van plan was pannenkoekjes te maken voor het ontbijt en me in plaats daarvan voorhoudt dat ik ook hierin zwak ben, dat ik niet streng genoeg ben over wanneer ze wel en niet tv mogen kijken. Ik probeer deze innerlijke monoloog het zwijgen op te leggen met vriendelijkere woorden die me verzekeren dat het allemaal niet zo erg is. Dat ik als kind zelf altijd voor de tv hing en dat ik nu als volwassene veel liever een boek lees. Dat het zinloos is om me hier zorgen over te maken. Allemachtig, ik ben nu al doodop. Waarom maak ik het mezelf zo moeilijk?

BEGINNEN MET MIJN HANDEN

Terwijl ik mijn veel te sterke koffie doorroer, valt me de gehavende huid rond mijn duimen op, waar ik aan mijn huid loop te pulken en te bijten wanneer ik me onrustig voel. Het voelt troostend, ook al weet ik dat het in wezen een vorm van zelfvernietiging is. Daar zal ik mee moeten stoppen. Ik heb boven een megavoorraad handlotions en -crèmes die ik nooit gebruik en ik heb al in geen weken mijn nagels gelakt. Dit gaat niet om de schone schijn: ik denk dat mijn handen wel wat zelfliefde kunnen gebruiken. Als ik nu eens met mijn handen begin, dan kan ik van daaruit verder werken aan mijn relatie met mijn zelf en de stap maken naar dat andere deel, mijn ziel/spirituele geest. Stapje voor stapje kom ik er wel.

De volgende situatie waarin de zelfhaat me besluipt, zal velen vertrouwd voorkomen. Ik denk dat de zelfliefde van weinig mensen ertegen bestand is: sociale media. Dit is een soort lage brom van zelfhaat. Een brom die zo constant aanwezig is dat je hem bijna zou kunnen vergeten. Maar hij tast je vanbinnen langzaam aan, zo langzaam dat je er in eerste instantie niets van merkt. Het begint met nieuwsgierigheid, die meer en meer verandert in vergelijken en eindigt in algehele wanhoop. Ik sluit Instagram af en leg mijn telefoon met een te harde klap op het aanrecht. Mijn boosheid op mezelf richt zich nu op mijn gebrek aan discipline. Het is weekend. Waarom laat ik mezelf meevoeren in die draaikolk van zogenaamde levens/stellingen/gedachten/projecties van andere mensen? Meer. Wilskracht. Tonen. Dit is de discipline waar Wendy het over had. De discipline om af te komen van de verslavingen die ons ervan weerhouden verbinding te ervaren. In dit stadium durf ik niet te zeggen of deze innerlijke peptalk na mijn Insta-binge door liefde is ingegeven. Ik durf niet te zeggen of de discipline waar ik een beroep op doe voortvloeit uit de overtuiging dat ik beter ben dan dit. Ik ben bang dat het voortvloeit uit de overtuiging dat ik een zwakke, meelijwekkende persoon ben. O jee, dit is zo veel moeilijker, dit zit zo veel dieper dan ik gedacht had.

ONTDEKKING IN HET BUURTPARK

Terwijl in de namiddag van deze winterse dag de lucht verder bewolkt en het huis te klein begint te worden voor mijn kinderen, voel ik een wanhopige behoefte aan wat frisse lucht. De keuken is omgetoverd tot een speelpodium voor 'De vloer is lava' en ligt behalve met kruimels nu ook bezaaid met elk kussen dat mijn kinderen maar hebben kunnen vinden, zelfs mijn favoriete meer-decoratieve-dan-praktische kussens met kwastjes, om te dienen als veilige eilandjes te midden van de lava. WE MOETEN NAAR BUITEN. Na een moeizame zoektocht van twintig minuten naar precies die sokken die Rex 'nodig' heeft voor onze avonturentocht door het buurtpark stappen we dan eindelijk de grijze, vochtige buitenlucht in. Ik voel me opgelucht dat we de rommel en het luie zaterdaggevoel thuis hebben gelaten en hebben verruild voor een wereld van bomen, kwetterende halsbandparkieten en slootjes waar Rex het liefst overheen springt.

Tijdens de pandemie heb ik het gedrag van mijn kinderen in bepaalde opzichten zien veranderen: bij Rex leidde het vrijwel direct tot slaapproblemen en Honeys huiver voor honden heeft zich tot een ware doodsangst ontwikkeld. Ik kan me zo voorstellen dat de alom heersende zorgen en onzekerheid op tal van manieren op kinderen hebben ingewerkt, maar opnieuw leg ik de schuld bij mezelf. Wanneer er een kleine yorkshireterriër met kwispelende staart en heldere kraaloogjes op ons af komt lopen, dringt zich bij mij de vraag op wat ik anders had kunnen doen om de hele pandemie en de effecten ervan op mijn kinderen te voorkomen. Honey klautert als een koalabeertje tegen me op en gilt in mijn oren. Poppy, de hond waarvan de baas tevergeefs de naam loopt te roepen, reageert op de pure paniek alsof het blijdschap is en komt vrolijk dichterbij. Elke gil landt als een mokerslag op mijn zenuwstelsel en ik sta daar als verdoofd, vooral omdat ik me niet tot de situatie beperk, maar het drama alleen maar groter maak door mezelf er de schuld van te geven. Wat heb ik toch verkeerd gedaan dat mijn kleine meid zo ontzettend bang is? Op welke angst van mij is haar angst een reactie? Binnen de kortste keren gaat het over mijn eigen angsten. Er gebeurt iets kleins en ik blaas het direct op: 'Ik doe alles fout.' AHA, dat is dus het kernprobleem. Daar komt mijn zelfhaat dus vandaan. Ik denk dat ik de enige ben die dingen verkeerd doet en dat alle anderen geweldig zijn. Poeh, ik ben blij dat ik dit direct al de eerste dag van mijn experiment heb weten los te spitten. Nu hoef ik er alleen nog maar achter te komen hoe het verder moet.

Ik bespreek mijn ontdekking met mijn goede vriendin de auteur en activist Sarah Wilson, die mijn gevoel bevestigt. Met haar zonnige Australische accent zegt ze: 'Fearne, jij denkt dat iedereen het handboek van het leven heeft gekregen, maar dat ze jou hebben overgeslagen.' PRECIES! Dank je wel, Sarah.

* * *

Het wordt al eerder licht... de lente zit eraan te komen. Misschien maakt een blauwere lucht boven mijn hoofd het makkelijker om compassie met mezelf op te brengen. Bij het wakker worden beginnen mijn hersenen als vanzelf lijstjes te maken van wat ik die dag moet doen. Ik stop mezelf en vraag me af of dit een compassievolle manier is om een nieuwe dag te beginnen. Ik denk het niet. Zou zelfbekrachtiging niet beter werken om een positieve gemoedstoestand te bereiken? Ik heb elk boek van Louise Hay gelezen en ik weet dat ik me beter voel wanneer ik mijn brein train om nieuwe, positievere zenuwverbindingen te creëren, zoals je een jonge puppy traint, door positieve bekrachtiging: 'Ik houd van mezelf en koester mezelf, ik houd van mezelf en koester mezelf, ik houd van mezelf en koester mezelf.' Dat was de eerste zelfbekrachtiging die in me opkwam. Het was precies wat ik nodig had. Ik kan niet zeggen dat ik er heilig in geloofde, maar daar gaat het denk ik ook niet om. Ik lag me daar in bed af te vragen of het mogelijk is om zonder compassie met jezelf waarachtige verbondenheid te ervaren met de dingen en de mensen die je liefhebt. Zonder zelfliefde zou je je niet bewust zijn van het feit dat je dezelfde oorsprong hebt als het glinsterende water, als alle mensen die je liefhebt. En daarmee snijd je jezelf van al dat andere af. Een spiritueel leven moet wel gebaseerd zijn op het principe dat er geen scheiding bestaat. We zijn liefde, we zijn schoonheid, we zijn één.

Ik begin nu echt in te zien waarom ik deze missie van zelfliefde voorop moet stellen.

VIER JEZELF

De meeste dingen waar ik tegen aanloop, zijn slechte gewoontes. Dingen die ik me al doende eigen heb gemaakt en vervolgens tegen mezelf ben gaan gebruiken. Ik neem thuis een aflevering op van mijn podcast *Happy Place*, waarin ik een fijn gesprek voer met een geweldige gast. Bij het naluisteren druk ik zoals gewoonlijk als vanzelf op de pauzeknop om de stukjes te ontleden die ik naar mijn gevoel beter had kunnen doen. Maar ik zou het anders doen, dus in plaats daarvan haal ik twee keer diep adem, in en uit, terwijl ik mijn laptop sluit, mijn microfoon wegleg en me openstel voor een positieve kijk: deze aflevering had een goede energie. Mijn gast was open, ontspannen en opgewekt en misschien was dat deels wel aan mij te danken. Misschien had ik wel geholpen een ongedwongen en veilige sfeer te creëren die uitnodigde tot een diepgaand gesprek. Misschien dat ik mezelf daar wel een schouderklopje voor mag geven.

Ooit vierde ik elke triomf die ik behaalde, maar tegenwoordig vier ik zelden iets. Ik herinner me helder een warme zomerdag toen ik drieëntwintig was en ik om elf uur 's ochtends op mezelf proostte met een glas tintelende champagne in een verder lege bar in Londen. Ik had zojuist mijn eerste interview gehad met prins William en prins Harry. Ik was uitgenodigd in

Clarence House voor een gesprek met hen naar aanleiding van het concert dat ze hadden georganiseerd ter ere van hun overleden moeder, Diana, prinses van Wales. Van begin tot eind had ik het gevoel dat ik uit mezelf was getreden. Ondanks dat ik me pijnlijk bewust was van mijn volkse accent en van mijn gebrek aan ervaring in de omgang met mensen uit de hogere maatschappelijke klassen, zweefde ik door het hele gebeuren heen. Ik grijnsde te veel, ik staarde hen aan omdat ik het nauwelijks kon geloven dat ik in één ruimte met hen zat, maar op de een of andere manier lukte het me om mijn vragen te stellen, die ik netjes handgeschreven op papier bij me had en die ik thuis voor de spiegel weken van tevoren eindeloos had zitten oefenen. Het was een levendig en, erop terugkijkend, een innemend interview. Op mijn nieuwe schoenen en in mijn meest functionele jurk in een roodoranje tint zwierde ik met verkrampte kaken van het voortdurend glimlachen Clarence House uit en de dichtstbijzijnde bar binnen. Ik sloeg de bubbels achterover en keek omhoog naar het plafond om wie zich 'daarboven' ook maar bevond te danken voor de hulp die ik die ochtend had ondervonden. Ik voelde me dankbaar voor de kans die ik had gekregen en ik hief van harte het glas op mezelf om te proosten op mijn moment van succes.

Waar is die versie van mezelf gebleven? Die is verdwenen onder een aanzwellende golf van verbaal geweld om me heen en slechte mentale gewoontes van mijn kant, waardoor de lust tot vieren me is vergaan. In plaats daarvan laat ik de beledigingen gelaten over me heen komen, waarmee ik vreemden de macht geef om me te vertellen hoe afschuwelijk ik ben en me kapot te maken. Ik mag me gelukkig prijzen dat mijn publiek tegenwoordig grotendeels op één lijn lijkt te zitten met wat ik doe, waardoor de beledigingen beperkt blijven, maar er zijn tijden geweest waarin ik me door vreemden en de pers mentaal zo gemangeld voelde dat ik op het punt heb gestaan om met mijn werk te stoppen. Alleen al daarover zou ik een heel boek kunnen schrijven, zo ongelooflijk vaak ben ik belachelijk gemaakt, bespot en – dat zeg ik zonder overdrijven – zelfs gepest door de pers. Ik ben geen slachtoffer en ik ben me ervan bewust dat dit een risico van het vak is. Ik ben me er ook maar al te goed van bewust dat er veel en veel ergere situaties zijn waar mensen mee te maken krijgen, maar het heeft mij en mijn gevoel van eigenwaarde wel geschaad. Ik ben standaard op mijn hoede, altijd voorbereid om me te weren tegen de drek die ik mogelijk over me heen krijg. Ik heb dit tot het uiterste doorgevoerd en successen of momenten waarop alles perfect is verlopen gaan ongevierd voorbij. Als ik ze wel zou vieren, zou ik het lot tarten, zo voelt het. **Dat ik deze instelling wil veranderen, betekent niet dat ik ineens voortdurend mezelf wil lopen bewonderen en alles wat ik doe maar goed moet vinden. Ik wil slechts erkenning geven aan die momenten en gebeurtenissen in mijn leven die gekenmerkt worden door flexibiliteit en vreugde.**

Na jaren van ruis en oordelen van buitenaf en een geleidelijk afscheid van het traditionele radio- en tv-gebeuren en de bijbehorende bekendheid, ben ik er klaar voor om de aspecten van mezelf die ik had opgegeven en aan anderen had overgedragen terug te claimen: de aspecten van mezelf die als ergerlijk werden beschouwd, de aspecten van mezelf die dom en nutteloos werden gevonden, de aspecten van mezelf die belachelijk werden gemaakt en bespot. Die wilde ik terug. Allemaal, en ik wilde ze vieren. Waarom heb ik mijn werkelijke persoonlijkheid laten ondermijnen door andermans, op aannames gebaseerde definitie van mij? Ik vraag me af in hoeverre jij dit ook met jezelf hebt laten gebeuren. Ik heb het gevoel dat voordat ik deze aspecten van mezelf terug kan claimen, ik misschien wel eerst wat boosheid kwijt moet. Alleen al bij de gedachte aan dit alles voel ik in mijn nek de woede opkomen. Terwijl ik na afloop van mijn podcastopname dit alles in mijn kantoortje zit te overdenken, voel ik de spieren in mijn nek verharden. Misschien moet ik eerst al deze rotzooi uitgraven om ruimte te maken voor zelfliefde. Of misschien heeft deze woede niets te maken met andere mensen en hun mening over mij. Misschien is de woede die ik voel wel gericht tegen mezelf vanwege het feit dat ik dit met mij heb laten gebeuren. Ik zal de kalmte moeten vinden om erachter te komen waar deze woede in schuilt.

JE JONGERE ZELF LIEFHEBBEN

Ik ben niet echt goed in mediteren. Ik heb zo het idee dat ik daar bij het schrijven van dit boek ook mee aan de slag zal moeten gaan. Ik doe het sporadisch: mediteren als noodroep in plaats van als dagelijkse praktijk. Ik weet eigenlijk niet waar mijn weerstand vandaan komt. In de loop der jaren heb ik talloze mensen geïnterviewd die getuigden van het belang en de impact ervan. Ik heb uitgebreid gesproken met monniken die in een vier jaar durende retraite zijn geweest en tot wel zes uur per dag mediteren. Ik weet dat meditatie rust, inzicht en voldoening schenkt en toch kies ik voor drukte. Misschien is dit een kip-eiding. Moet ik eerst zelfcompassie hebben om mezelf te kunnen toestaan elke dag tijd vrij te maken voor meditatie of moet ik beginnen met mediteren om tot zelfliefde te komen?

Verderop (zie pagina's 59-89) heb ik een heel hoofdstuk gewijd aan mediteren en manieren van meditatie. Normaal gesproken geef ik de voorkeur aan geleide meditatie, vaak iets van YouTube, met rustgevende muziek op de achtergrond en een leidende stem die zacht is zonder samenzweerderig of geforceerd te klinken. Door me op die stem te concentreren kan ik mijn eigen tomeloze geest in bedwang houden en mijn gedachten loslaten. Maar vandaag kies ik ervoor de stilte te trotseren, omdat ik de ruimte nodig heb om met mezelf alleen te zijn. Ik ben niet slechts uit op rust en ontspanning, maar ook op antwoorden. Ik neem plaats in de keuken op de kleine ronde poef die bekleed is met kattenharen (zoals vrijwel elk meubelstuk bij mij thuis) en plant mijn voeten stevig op de grond. Ik adem een keer diep in en blaas op mijn uitademing mijn longen helemaal leeg terwijl ik tegelijkertijd de gedachte uitban dat ik zelfzuchtig ben door hiervoor tijd vrij te maken terwijl anderen over hun laptop gebogen zitten, in ziekenhuizen levensreddend werk verrichten, lesgeven aan kinderen en andere nuttige dingen doen. Ik leg mezelf voorzichtig een vraag voor: op wie ben ik zo boos? Waarin schuilt deze woede? De gedachte dringt zich op dat ik nu ook die Mount Everest aan wasgoed zou kunnen aanpakken. Nee, dat is geen zinvolle gedachte. Ik laat die gedachte dan ook voor wat ze is en concentreer me op mijn op de grond geplante voeten. Ik zal de kakofonie van mentaal geklets tot zwijgen moeten brengen om naar mijn intuïtie te kunnen luisteren. Er is woede. Ik voel hoe die mijn nek weer in zijn greep probeert te krijgen, maar wat is het voor woede? En tegen wie is hij gericht? De spot en de publieke vernedering waar ik mee te maken heb gehad, maakten me bij tijden zo hels dat ik wel dwars door de muren heen wilde slaan, maar de mensen die dat doen, zijn gezichtsloos. Verbitterde mensen die achter hun toetsenbord hun kleine gedachtes een groot belang toedichten zodra ze ze op hun scherm verwoord zien staan. Kan ik boos zijn op mensen die ik niet ken, die ik nooit zal ontmoeten en die niet echt een rol spelen in mijn leven? Ik denk van niet. Ik ben bang dat ik te veel denk. Ik ben eigenlijk grote opruiming aan het houden in mijn denken. Ik probeer te schiften in mijn gedachten om ruimte te creëren. Misschien moet ik me op de woede zelf concentreren, zonder de verhalen eromheen, dat ruimt vast wel op.

Tegelijk met de opwellende woede steekt een ander gevoel de kop op. Een gevoel van sulligheid. Ik voel me een sul. Ik laat alles zonder verzet over me heen komen. Ik wil dat gevoel onderzoeken, in plaats van het weg te duwen. Hoe langer ik alles gewoon laat gebeuren, hoe meer ik besef dat zich minder gedachten en dagelijkse beslommeringen aandienen. Alleen de woede is nu nog over. De minuten verstrijken, maar ik heb geen flauw idee hoeveel, en dan beginnen de wolken uiteen te drijven. De woede toont zich nu in al zijn glorie aan mij als iets wat compleet los van me staat. Het is een enorme, withete bal die ik naar mezelf toe werp, naar mijn jongere zelf om precies te zijn, het deel van mij dat in mijn ogen naïef en onwetend was en het toonbeeld van de meeste dingen die over me werden geschreven en gezegd. Sommige van die dingen waren misschien ook wel waar, maar ben ik daarom een slecht iemand? Ik denk van niet. Wie heeft er in zijn groei naar volwassenheid geen fouten gemaakt of domme dingen gedaan? Ik denk dat zo iemand moeilijk te vinden is. Ik richt mijn geestesoog op het beeld van mij als begintwintiger. Een gladde, volle huid onder mijn ogen en stralende wangen, strak gelaagd haar, niet-aflatende glimlach, als een vuurvliegje zich nog onbewust van de verschroeiende hitte van het vuur. Ik kijk naar haar en probeer haar te zien voor wie ze is, niet wat mijn oordeel van haar maakt. Maar poeh, er zijn kanten van haar die ik haat. Ik begrijp waarom ik zo mijn best heb gedaan om aan haar te ontsnappen. Ik heb gelezen, gestudeerd, gedacht, geluisterd en geleerd om te proberen niet haar te zijn. Met boeken, kennis en gezond verstand als mijn wapens heb ik geprobeerd de naïviteit en de domheid te smoren die impulsiviteit en opwinding met zich meebrengen.

Ik strek mijn armen in de lucht en beweeg mijn vingers en tenen om vanuit mijn twintig minuten durende meditatie weer in het hier en nu te landen. Ik doe mijn ogen open met het nieuw verworven heldere inzicht dat ik mijn jongere zelf moet leren liefhebben. Ik vlucht nog steeds weg voor haar en voor hoe ze zich presenteerde, maar ik ben me daar nu van bewust en ik weet waar de woede vandaan komt. Ik ben zo hard voor haar op de loop gegaan dat ik de goede kanten van haar tegelijk met haar slechte kanten overboord heb gegooid. Ik heb vaarwelgezegd tegen spontaniteit en impulsiviteit en deze vervangen door voorzichtigheid en soms zelfs cynisme. Ik heb eigenlijk wel te doen met deze jongere Fearne. Waarom heb ik haar zo moedwillig in de steek gelaten? Kan ik haar accepteren voor wie ze is zonder medelijden in te zetten als middel om vrede met haar te sluiten?

MAAK MEER FOUTEN

Ons verleden kan soms zwaar op ons drukken. De versie van ons die een decennium geleden op deze planeet rondliep, tikt ons nog altijd op de schouder om ons aan onze fouten te herinneren. Dat is geen makkelijke schaduw om mee te leven. Vanochtend dacht ik terug aan wie ik was in mijn twintiger jaren. Wat een ander iemand was ik toen! Ik geloofde in een lineair soort succes en legde een groot deel van mijn eigenwaarde in handen van dat succes. Om me geaccepteerd te voelen was ik volkomen bereid om te veranderen wie ik was en waar ik in geloofde. Mijn twintiger jaren waren een wervelwind van lol, gin, peuken, het nodige hartzeer en veel te weinig slaap. Omdat ik zowel in Groot-Brittannië als in de Verenigde Staten werkte, leefde ik half in de ene, half in de andere tijdzone en moest ik de tijd op mijn horloge voortdurend vooruit en achteruit bijstellen. Ik was zesentwintig toen ik een van de doelen had bereikt die hoog op mijn lijstje prijkten: op primetime een programma presenteren op de Amerikaanse tv-zender NBC. Als medepresentator richtte ik mij wekelijks tot een miljoenenpubliek met het zelfvertrouwen van iemand die de valkuilen van het leven nog moet ontdekken.

Hoewel ik over het geheel genomen zonnige herinneringen aan deze tijd bewaar, werpt mijn frisse blik vanochtend er een iets ander licht op. Elke opnamedag nam ik plaats in de make-upstoel en liet ik me door Wendy, de visagiste, omtoveren in iemand anders. Op de Amerikaanse tv moest je glamour uitstralen en dus veranderde ik in een uur tijd van een gewoon meisje uit een Londense buitenwijk in spijkerbroek en T-shirt in een jonger, minder rondborstig zusje van Pamela Anderson. Halverwege deze transformatie pakte Wendy haar gigantische spuitpistool en bracht foundation op mijn gezicht aan alsof ze een brand aan het blussen was. Nadat de enorme namaakwimpers aan mijn oogleden waren vastgeplakt, werd ik in een strapless niemendalletje gehesen en werd ik met haarlak doordrenkt om mijn perfect gekrulde lokken tien centimeter bij mijn hoofdhuid vandaan te houden. Wanneer ik dan in de spiegel keek, dacht ik: wie is die vrouw?

Ik was een vreemde voor mezelf, maar beschikte in de verste verte niet over het zelfvertrouwen om dit aan te kaarten bij de tv-bonzen die deze nieuwe, aangedikte versie van mij wensten te zien. Nu zou ik zeggen: BEKIJK HET MAAR, en de gevulde beha op de grond smijten. Ik laat me niet transformeren in het beeld van mij dat anderen voor ogen hebben. Ik kan alleen mezelf zijn, mijn ware zelf: de twintiger die verscholen ging onder al die haarlak en dikke lagen foundation en die te bang was om haar ware zelf te laten zien. Mijn gebrek aan zelfvertrouwen heeft geleid tot meerdere fouten en slechte beslissingen die me mijn hele leven hebben achtervolgd. Mijn gebrek aan eigenwaarde heeft geleid tot het zoeken van bevestiging buiten mezelf, altijd ten nadele van mezelf. Ik kijk vaak met weinig compassie terug op deze versie van mezelf en richt me vooral op wat ik verkeerd heb gedaan en wat ik anders had moeten doen in plaats van op wat ik daarvan heb geleerd en welke stappen vooruit ik heb gezet. Dankzij een aantal baanbrekende gesprekken met vrienden die ik hierover in de loop der jaren heb gevoerd, ben ik de jongere Fearne wat milder tegemoet gaan treden. Ik scheld haar niet meer uit, ik haal haar niet langer naar beneden. Niemand heeft daar wat aan en het is bovendien behoorlijk kortzichtig. Simpel gezegd: **ik zou niet degene zijn die ik vandaag ben als ik niet degene was geweest die ik toen was. Wees niet te streng voor je vroegere zelf. Wees je vroegere zelf dankbaar.**

GEWOON STOPPEN

Ik zit erdoorheen. De vermoeidheid heeft me in haar greep en veroorzaakt een innerlijke wrijving die ik associeer met het geluid van schuurpapier tegen hout. Het maakt me prikkelbaar en alles kost me moeite. Ik ben er niet goed in om me over te geven. Ik kruip liever op mijn knieën naar de eindstreep dan dat ik even rust neem om op adem te komen, en ik denk dat ook dat te maken heeft met een gebrek aan zelfcompassie. De kinderen zijn op school, ik heb twee Zoom-vergaderingen achter de rug en ik heb een interview opgenomen voor mijn programma op Radio 2 en toch gun ik mezelf geen rust. Sloffend op mijn slippers, te moe om mijn voeten op te tillen, ruim ik de afwasmachine uit. Ik weet het, ik ben aan het dramatiseren, maar wanneer je erdoorheen zit, wanneer je kapot bent, voelt alles als een drama – een ernstig gebrek aan zelfcompassie weerhoudt me ervan om gewoon te stoppen.

De afwasmachine is leeg, maar ik kan de energie niet opbrengen om hem in te ruimen en ik laat de verraderlijk hoge stapel vieze borden in de gootsteen voor wat hij is. Het is tijd om me over te geven. De afgelopen zes dagen ben ik wat beter geworden in compassie hebben met mezelf. Ik heb er bewust meer aandacht aan besteed en ik kan merken dat ik daardoor meer ruimte heb voor vreugde, plezier en verbinding. Terwijl ik daar midden in mijn keuken voor me uit sta te staren, schreeuwt mijn gevoel me toe: GA RUSTEN! Ik zal vriendelijk voor mezelf moeten zijn en daarom ga ik tegen mijn gewoonte in nu in bad. Zodra mijn huid het warme water raakt, lost alle weerstand op en geeft mijn lichaam zich over aan de broodnodige ontspanning. Waarom heb ik dit niet al een uur eerder gedaan? Waarom zoek ik de stress op in plaats van mezelf wat comfort te gunnen? De oude overtuiging speelt nog altijd op dat ik dat niet waard ben, maar het is nog niet te laat om te veranderen. Ik ben te moe voor verdere zelfanalyse vandaag, dus ik geef me met mijn gedachten lekker aan de schuimbubbels over.

ZIELSVERBONDENHEID

Jesse, mijn man, en ik zijn dit jaar verslingerd geraakt aan een tv-serie getiteld *This Is Us*. Het is niet zomaar een serie, het is veel meer dan dat. Het geeft het leven in al zijn rauwheid weer. Het is als tv vermomde therapie. Het leed spat van het scherm af en elke avond rollen de tranen me over de wangen. Het komt zo krachtig en hard binnen dat ik niet meer dan één aflevering per keer aankan. Ik zal de plot niet verklappen – voor als je de serie nog niet hebt gezien – maar in seizoen 2 is er een aflevering die zo triest is dat je er koud van wordt. Ik had het gevoel dat ik al minutenlang mijn adem had ingehouden toen de intensiteit werd doorbroken doordat Jesse opstond en wegliep. Ik rukte mijn blik los van het scherm en ging hem achterna.

'Sorry, ik kan hier vanavond gewoon niet naar kijken. Het is me te veel.' Zijn donkerbruine ogen waren op de vloer gericht. Zestien jaar geleden heeft mijn man zijn moeder verloren aan een overdosis. De schok en het verdriet van dit verlies hebben zich vervlochten tot een levensveranderende, helse wervelwind. We praten vaak over Krissy. We praten met de kinderen over Krissy alsof ze er nog is. Oma Krissy maakt deel uit van ons gezin en van ons dagelijks leven. Ook Jesse praat graag en open over haar, en dat heeft vermoedelijk bij ons beiden tot de valse overtuiging geleid dat verdriet met de tijd slijt. Het verdriet is misschien minder een voortdurende aanwezigheid voor Jesse, maar het is er nog wel, onder de oppervlakte, en het beïnvloedt zijn beslissingen, zijn muziek. Deze specifieke aflevering van *This Is Us* raakte bij Jesse een slapende snaar. We huilden samen, we praatten erover, we zwegen samen, we lieten het binnendruppelen. Ik voelde dat ik er honderd procent voor Jesse en zijn verdriet kon zijn. Ik kon ruimte maken voor deze grote emotie en naar hem luisteren.

Een paar weken geleden, toen ik zo met mezelf werd geconfronteerd en in zelfhaat was vervallen, zou ik dat denk ik minder goed hebben gekund. Soms verlies ik mezelf in de vraag of ik mijn werk wel goed doe – hoeveel mensen luisteren er naar mijn podcast, hoe goed zijn de gasten die ik uitnodig, wat vinden luisteraars van wat ik doe? – en probeer ik in dat alles betekenis te vinden. Maar aan de betekenis van dit onverwachte, intieme moment met Jesse hoef ik geen moment te twijfelen. Het onvoorziene verdriet stroomde onze huiskamer binnen en de gesprekken en nabijheid die daaruit voortvloeiden, voelden als een waarachtige verbondenheid. Het was meer dan dat ik de juiste woorden wist te vinden om mijn man te troosten, meer dan dat ik instinctief wist op welke momenten ik zijn rug moest strelen, het was een verbondenheid van een geheel andere orde. Of het nu een verbondenheid was van de ziel of van onze energieën of misschien zelfs met de energie van Jesses moeder, het was diep, waarachtig en onvergetelijk.

MEDITATIE EN YOGA

Wat hebben spiritualiteit en welzijn gemeen? Wat denk jij? Jouw antwoord is natuurlijk even goed als het mijne, maar voor wat het waard is: ik denk dat ze innig met elkaar verbonden zijn, dat ze elkaar aanvullen en versterken en dat het een niet zonder het andere functioneert. Wanneer het over welzijn gaat, wordt er zelden gepraat over spiritualiteit en ik spreek dan ook puur voor mezelf wanneer ik zeg dat ik me met groentesap en reishi-extracten zou kunnen volgieten en dagelijks pilates zou kunnen doen zonder welzijn te ervaren als ik me niet ook verbonden voelde met dat grotere iets. Ik zou zo veel tarwegras kunnen eten dat ik zelf ontkiemde en kunnen uitblinken in op mijn handen staan, maar me nog altijd leeg vanbinnen voelen wanneer ik 's avonds het licht uitdeed. Yoga en meditatie lijken op de meest toegankelijke manier het moderne streven naar welzijn en eeuwenoude diepgewortelde spirituele concepten te verenigen. Het is op zich niet verkeerd dat yoga en meditatie vandaag de dag zo gepromoot worden als pijlers van welzijn, omdat de beoefening ervan daardoor normaler wordt en het mensen meer middelen in handen geeft om het leven het hoofd te bieden, maar soms worden beide zozeer door een modern sausje overgoten dat de betekenis en de spirituele kern ervan verloren gaan.

Yoga wordt maar al te vaak ten onrechte beschouwd als iets om 'goed' in te worden, terwijl meditatie wordt ingezet als middel om meer te bereiken en te doen met minder stress. Ik ben er vrij zeker van dat yoga noch meditatie hier oorspronkelijk voor zijn bedoeld.

EVENWICHTSOEFENING

Om maar meteen ter zake te komen: ik geniet van yoga en ik doe mijn oefeningen dan ook regelmatig, maar mediteren ligt me minder omdat mijn ego me daarbij in de weg zit. Mijn ego heeft de gewoonte met een lijst van andere activiteiten aan te komen zetten zodra ik de tijd dreig te nemen om te stoppen: de was doen, de keukenkastjes reorganiseren, zo veel e-mails schrijven en beantwoorden als menselijk gezien maar mogelijk is, soms alleen maar koekjes eten, wat dan ook, zolang het maar niet mediteren is. Ik heb een meer dan flauw vermoeden dat dit zal moeten veranderen als ik de verbondenheid wil ervaren waarover ik het heb gehad.

Ik was negenentwintig toen ik voor het eerst een yogales bijwoonde. Amy, een vriendin van mij en een toenmalige collega bij BBC Radio 1, vroeg me op een avond na het werk of ik geen zin had om ook op yoga te gaan, bij haar favoriete yogaklas. Ik kwam te laat binnen en haastte me naar een plekje achter in het lokaal. In plaats van een yoga-outfit droeg ik een korte hardloopbroek en een Kurt Cobain-T-shirt. Tegenover me, voor de spiegelwand, stond een magnifieke vrouw met enorme blauwe ogen onder een scherm van wimpers die zo lang waren dat er seconden leken te verstrijken elke keer dat ze met haar ogen knipperde. Haar zangerige Amerikaanse accent bracht mijn opgejaagde hart – ik haat het om ergens te laat te komen – tot rust en voerde me mee op een stroom van fijngevoelige, diepzinnige woorden. Ze sprak zo'n tien minuten over de bedoelingen van de les, en het klonk allemaal even heerlijk, maar op dat punt in mijn leven kon ik het totaal niet in verband brengen met het fysieke deel waar we daarna aan begonnen. Ik had op mijn negenentwintigste de nodige tijd zwetend doorgebracht in sportscholen waar ik helemaal niet wilde zijn – met een koptelefoon op mijn hoofd waar de Beastie Boys doorheen schalde, het zweet wegvegend van apparaten waar iemand anders net op tekeer was gegaan. Ik wist dat er andere manieren moesten zijn om mijn lichaam beweging te geven. En het verveelde me, het verveelde me om mijn lichaam te zien als iets wat afgemat moest worden door krachttrainingen en rennen op een loopband. Zo op het oog leek yoga een zachtaardigere en vriendelijkere manier van lichaamsbeweging.

Elke houding die de fascinerende Zephyr, de lerares (en inmiddels een goede vriendin), soepeltjes aannam, leek supersimpel maar voelde volslagen tegennatuurlijk voor mij – alsof een paard zich als een poema probeert te bewegen. Het lukte gewoon niet. Ik had als meisje veel aan ballet gedaan, maar de discipline die daarvoor nodig was, zat bij deze nieuwe, onbekende stijl van bewegen alleen maar in de weg. Ik keek louter verlangend om me heen naar de als origami gevouwen vrouwen en een enkele man. Mijn frustratie borrelde bijna door mijn huid heen. Ik houd er niet van om ergens slecht in te zijn en zo keek ik toen nog tegen yoga aan, als iets waar je goed of slecht in kunt zijn. Ik had het gevoel dat ik faalde, en daarmee sloeg ik de plank totaal mis. Op dat punt in mijn leven wilde ik me op een puur oppervlakkig niveau bekwamen in yoga, zonder me te verdiepen in de onderliggende, duizenden jaren oude waarden. We zien iemand op Instagram kaarsrecht en stokstijf op zijn hoofd staan en we denken dat we pas 'goed' in yoga zijn wanneer we zelf ook een dergelijk kunststukje kunnen leveren. Zo stond ik er jarenlang in. Het lukte me niet om mijn evenwicht te bewaren of mijn lijf in de bochten te wringen die ik om me heen zag.

Zo'n drie jaar geleden, nadat ik zeven jaar eerder met yoga was begonnen, viel er iets op zijn plaats. Mijn gestolen momenten van beweging, weg van de chaos van het gezinsleven, begonnen anders te voelen. Elke houding bood me de gelegenheid mijn lichamelijke vermogens te onderzoeken en mijn gedachten tot rust te brengen; elke houding was een mogelijkheid om een beetje meer los te laten en een stapje verder het onbekende binnen te treden. Ik begon te merken dat ik me op de momenten waarop ik de controle losliet doelbewust kon bewegen en dat het mentale geklets dan verstomde. Tegenwoordig lukt het me om in balans te blijven en complexe houdingen aan te nemen waarmee ik op het digitale platform indruk zou maken, maar daar gaat het voor mij niet langer om. Het gaat om het gevoel dat een yogaoefening me geeft, niet om hoe het eruitziet. Het doel waar ik naar streef, ligt mijlenver verwijderd van het land van sixpacks en stevige tricepsen. Ik wil me gewoon goed voelen. Wanneer ik nu yoga doe, zijn er momenten waarop mijn lichaam en geest in harmonie voelen en ik flitsen van gelukzaligheid ervaar. Ik heb nog altijd een postnataal blubberbuikje en ik kan niet op mijn hoofd staan (en ik denk ook niet dat me dat ooit gaat lukken, eerlijk gezegd), en dat is prima. Yoga biedt me de verstilling, verkenning en sereniteit waar ik zo naar smacht in het leven.

Een praktisch punt: yoga is tegenwoordig veel toegankelijker dankzij gratis lessen op YouTube en via betaalbare apps, zodat je niet per se lid hoeft te worden van een dure yogastudio of een nauwsluitende yogalegging hoeft aan te schaffen. Ik oefen meestal in mijn pyjama in de keuken, te midden van een zee van legosteentjes en gemorste cornflakes.

STOPPEN EN WEER BEGINNEN

In onze moderne maatschappij heeft yoga zich ontwikkeld tot onmiskenbaar uithangbord van welzijn. Dat is natuurlijk prachtig, maar ook verraderlijk. Traditionele yogagemeenschappen voelen zich er ongemakkelijk bij wanneer yoga wordt beoefend zonder aandacht voor de diepe esoterische en mystieke betekenis die aan een beweging of houding ten grondslag ligt; hun erfenis wordt als handelswaar te gelde gemaakt. Voor generaties van beoefenaars in vooral India is yoga al eeuwenlang onderdeel van het dagelijkse leven, en het getuigt dan ook van respect en dankbaarheid om je te verdiepen in de cultuur en de erfenis waar yoga mee gepaard gaat. Ik denk dat het altijd een goed idee is wanneer je iets nieuws gaat beoefenen dat geworteld is in het verleden en in spiritualiteit, om zo veel mogelijk te weten te komen over de geschiedenis en filosofie ervan. Een dieper begrip van de basis geeft je als vanzelf meer om van te leren. Tegelijkertijd vind ik dat beweging voor iedereen is, en wanneer je wat eenvoudige houdingen wilt leren ter verlichting van lichamelijke pijn of stijfheid, heeft yoga geweldige technieken te bieden.

Een van de manieren om te begrijpen hoe yoga je kan helpen verbinding te vinden met de wereld om je heen en met jezelf, is door je te verdiepen in de betekenissen en bedoelingen van de bewegingen en houdingen. Daarvoor hebben we de uitleg nodig van een deskundige en zo meteen stel ik je aan hem voor.

Eerst wil ik je uitleggen hoe het is gekomen dat ik ben gestopt met mediteren. Als tiener en begin twintiger was ik voortdurend aan het mediteren. Lang voordat mindfulness-apps en Headspace bestonden of zelfs maar bedacht waren, zat ik bij kaarslicht op de vloer van mijn slaapkamer en stemde af op mijn eigen energie en de energie om me heen. Het was iets waar ik me op verheugde, een ruimte en tijd die ik reserveerde om te bidden voor anderen in nood en om een richtsnoer in mijn eigen leven te vinden, een hutspot van gebed en meditatie zou je kunnen zeggen. Toen ik klein was, zette mijn moeder in plaats van een cassettebandje (vergeet niet: het waren de jaren tachtig) met een sprookje of verhaaltje vaak een meditatiebandje voor me op, waardoor ik al op jonge leeftijd met mediteren in aanraking kwam en er vertrouwd mee raakte (zie pagina 16). Ik weet uit ervaring dat het voor mij werkt en ik ben er eigenlijk wel van overtuigd dat het voor iedereen werkt, dus waarom doen we het niet allemaal, elke dag? Zouden we niet een hoop tijd en geld besparen als mediteren volstrekt normaal was en van jongs af aan werd gestimuleerd? Denk maar eens aan alle stressgerelateerde ziekten die de gezondheidszorg kapitalen kosten, aan alle ruzies waar we in verzeild raken doordat we niet tot tien tellen voordat we reageren, **aan de tijd die we kwijt zijn met ons druk maken over dingen die we sowieso niet zelf in de hand hebben. Met mediteren kunnen we dat alles verminderen en kanaliseren.** Het is een Zoom-verbinding met het universum, je directe link naar wijsheid, antwoorden en rust. De wijsheid waar we naar op zoek zijn, de kracht die we verlangen, de rust waar we naar smachten – dat alles kunnen we in onszelf vinden, of het nu gaat om de grote of de kleine dingen in het leven. Meditatie biedt ons een rechtstreekse verbinding met ons innerlijk. Dat dat concept bij lange na niet voldoende onder de aandacht wordt gebracht, is niet verwonderlijk wanneer je bedenkt dat de wereld van vandaag draait om snelheid, overal en altijd digitale verbondenheid en zo veel mogelijk informatie. We slaan academische intelligentie hoger aan dan andersoortige kennis en beschouwen wijsheid als een vaag iets wat wellicht met de jaren komt.

Zoals ik zei, ben ik gestopt met mediteren, en daarvoor zou ik mezelf wel tegen het hoofd kunnen slaan, want ooit was het zo vanzelfsprekend voor me. Als reden voer ik voor mezelf vaak de komst van de kinderen aan. Tegen mijn diep spirituele en regelmatig mediterende broer Jamie loop ik te klagen over het gebrek aan tijd om te mediteren, waarop hij consequent reageert met: 'Als je zegt dat je geen tijd hebt om te mediteren, moet je juist mediteren.' Arghh, zo ergerlijk, maar ook zo volkomen raak. Jamie Cotton kent zijn spirituele pappenheimers. **Dus waarom mediteer ik dan niet als ik de voordelen ervan heb ervaren en weet dat het me helpt om met de chaos van het leven om te gaan? Mijn ego zit me daarin dwars. Mijn schreeuwerige egootje gaat zich ermee bemoeien en zegt dat ik het veel te druk heb om op die manier tijd te verspillen.** In gedachten ga ik de enorme lijst af met taken en klusjes die ik nog moet doen voor de avond valt, waardoor mediteren als vanzelf afvalt. De arrogantie! Ik denk terug aan de tijd dat mediteren een plezierige en regelmatige pitstop voor me was en ik duidelijk anders met het leven omging.

Er is geen enkele reden waarom ik niet weer zou beginnen met mediteren.

JAMBO DRAGON

Laat me je voorstellen aan Jambo Truong, een leermeester in anatomie, lichaamswerk, ceremonies, meditatie en yoga. Hij is opgegroeid binnen een traditioneel Chinees gezin en heeft al op jonge leeftijd leren mediteren en chanten. Hij heeft zich altijd in nauw contact gevoeld met zijn eigen intuïtie en met het grotere iets en gebruikt dit vermogen nu in zijn werk en zijn dagelijkse leven. Een van zijn vroegste herinneringen is de begrafenis van zijn overgrootmoeder, de eerste spirituele ceremonie die hij bijwoonde. Na haar begrafenis verscheen zijn overgrootmoeder 's nachts aan hem, en dat beeld staat hem nu nog helder voor de geest. Maar zijn familie hechtte geen geloof aan de verschijningen, waardoor haar geest zich elke nacht een beetje verder terugtrok, totdat ze ten slotte helemaal niet meer verscheen. Tijdens zijn jeugd en jongvolwassenheid volgde een reeks van vergelijkbare ervaringen. Hij wist niet goed wat hij met deze ontmoetingen met het onverklaarbare aan moest, maar wanneer hij zijn familie erover vertelde, deden ze het altijd af als inbeelding, ook al was zijn familie uiterst spiritueel georiënteerd. Toen hij veertien was, is Jambo uit eigen beweging begonnen met het uitvoeren van rituelen en ceremonies om in verbinding te komen met zijn intuïtie en spirituele overtuigingen. Hij richtte altaars op in zijn kamer en mediteerde meer dan een uur per dag met zijn grootvader naast zich. Op twintigjarige leeftijd heeft hij een opleiding reflexologie gevolgd, waaraan hij zich met hart en ziel wijdde en die hem bovendien zelf verlichting schonk. Indertijd leed hij aan ischias, een ernstige zenuwpijn die hij bestreed met pijnstillers, waar zijn toenmalige vriend, een verpleger, hem van voorzag. Toen de pijn door reflexologische behandeling verdween, motiveerde hem dat meer dan ooit om zich op natuurlijke geneeskunde te richten om anderen zijn hulp aan te kunnen bieden, in eerste instantie in afkickcentra waar hij met verslaafden werkte. Sindsdien heeft hij zich in tal van heelmethoden verdiept die hij toepast in zijn workshops en cursussen.

Ik: Hallo, Jambo. Wat geweldig om je te ontmoeten.

Jambo: Dank je. Het genoegen is geheel wederzijds.

Ik: Jambo, wat probeer je precies te doen wanneer je met fysieke heling bezig bent, bijvoorbeeld met een reflexologische behandeling?

Jambo: Ons lichaam heeft verschillende energetische systemen – het chakrasysteem, het meridiaansysteem – die samen een beeld geven van de blauwdruk van het menselijk potentieel. Het hangt van de individuele persoon af hoe ik met deze blauwdruk werk. Ik kan aan iemand zien in welke relatie hij tot zijn blauwdruk staat. We streven naar homeostase. We stimuleren homeostase door het fysieke lichaam in al zijn verschillende onderdelen wat op te schudden. Het is noodzakelijk om dat regelmatig te doen omdat we voortdurend met externe krachten te maken hebben: de pandemie, de onlinewereld, nieuwe mensen die we leren kennen. De wereld om ons heen oefent voortdurend invloed op ons uit en daarom moeten we de vinger aan de pols houden om ervoor te zorgen dat we in evenwicht blijven.

Ik probeer mensen meer in harmonie te brengen. We bestaan allemaal uit meerdere componenten; we hebben allemaal een fysiek, een emotioneel, een mentaal en een spiritueel lichaam. Waarachtige gezondheid betekent dat er evenwicht is tussen deze vier aspecten van wie we zijn. We hebben allemaal de neiging om een van deze vier aspecten te laten overheersen. Sommige mensen zijn vooral cerebraal ingesteld en bekommeren zich nauwelijks om hun fysieke lichaam. Anderen besteden veel zorg aan hun emotionele welzijn, maar verwaarlozen hun spirituele welzijn.

Ik: Dat is herkenbaar voor mij. Ik vind yoga heerlijk om te doen, maar in het begin snapte ik het niet. Ik ging voorbij aan de spirituele kant ervan en hield me alleen bezig met het fysieke element. Ik vergeleek mezelf met anderen en hun yogaprestaties, maar dat heb ik nu losgelaten. Hoe kunnen we yoga of een andere vorm van fysieke beweging gebruiken om onze relatie met het spirituele te cultiveren en onze ziel te voeden?

Jambo: Een voorbeeld: mediteren. Voor mij betekent dit dat ik me elke ochtend terugtrek voor honderd mala's en dat is een behoorlijk lange zit die belastend is voor mijn rug en mijn schouders. Om het mediteren te veraangenamen moet ik asana's doen, houdingen om mijn lichaam te rekken en te strekken. Dat is het duidelijkste voorbeeld. Een tweede voorbeeld is dat het bij mentale gezondheid vaak enkel om het denken draait, zonder aandacht voor wat we nu eigenlijk voelen. Of als het bij spiritualiteit puur om de rituelen en ceremonies gaat, dan ontbreekt de geaardheid. Als je je exclusief op het spirituele richt, zweef je in feite los door de ruimte en wordt het leven een onstoffelijke ervaring. Zonder stoffelijk voertuig heeft de geest geen thuis om in te wonen. Dit vleselijke lichaam waarin ik nu leef, is het voertuig waarvan mijn geest zegt: 'Jambo, om te kunnen zijn wie je bent, om te kunnen doen wat je moet doen, en om dat zo briljant mogelijk te doen, heb je deze vorm nodig.' Dit is wat mij is gegeven om te kunnen doen wat mijn geest mij vraagt te doen. Als ik mijn lichaam niet eer, zal ik niets van dat alles kunnen doen.

Ik: Eenvoudig gesteld: kan het dagelijks beoefenen van yoga ons helpen ons fysieke lichaam te accepteren en het beter te begrijpen?

Jambo: Ja, en het te waarderen. Als je benen hebt, gaat het er niet om hoe breed of hoe smal ze zijn, het gaat erom dat je ze respecteert en waardeert.

Ik: Weet je, ik denk dat ik bij het schrijven van dit boek en ook in mijn dagelijkse leven niet in de gaten heb gehad hoezeer ik het fysieke element negeer wanneer ik me in het spirituele probeer onder te dompelen. Ik probeer me als het ware van mijn lichaam te bevrijden in mijn verlangen het mystieke te ervaren, maar ik begrijp nu dat dat zonder mijn lichaam helemaal niet zal gebeuren. Ik zal me verder moeten verdiepen in dat inzicht wanneer ik yoga doe. Ik zou het graag met jou over mediteren willen hebben. In de afgelopen jaren is mediteren steeds normaler geworden, er wordt meer over gepraat, het wordt op verschillende manieren aangeboden, en toch zijn er maar weinig mensen die het dagelijks doen. Zal ik je iets bekennen? (Ik haal diep adem.) Ik gebruik het momenteel alleen als noodroep wanneer ik het moeilijk heb (schaamtevolle blik).

Jambo: FOUT! Je moet het niet op die manier gebruiken, Fearne. En dat zeg ik vanuit het diepst van mijn hart, met liefde.

Ik: Je hebt gelijk, ik weet het. Help me, Jambo.

Jambo: Ik mediteer al mijn hele leven. Als dertiger ben ik begonnen te experimenteren met de meer westerse benadering die ik om me heen waarnam. Ik begon meer nadruk te leggen op de fysieke kant. Ik hield me meer bezig met hoe ik mijn handstand kon perfectioneren dan met het cultiveren van een spirituele totaalervaring vanuit mijn lichaam. Ik liet mijn dagelijkse meditatie versloffen en het duurde niet lang voordat ik de negatieve gevolgen hiervan ondervond. Er zijn zo veel redenen aan te voeren waarom meditatie goed is. Hier in het Westen denken we dat het allemaal draait om je ogen sluiten en proberen te ontspannen. Maar het is zo veel meer. In de kern helpt mediteren je om een relatie aan te gaan met je ego. Laten we even teruggaan naar yoga. Als je je bij het beoefenen van yoga richt op het ervaren van vreugde, op de gelukzaligheid van in het moment zijn, stel je jezelf open voor het spirituele. Het spirituele voelt zich thuis bij vreugde. Meditatie werkt hetzelfde. Het stelt je in staat om op een dieper niveau met dat gevoel in contact te komen. Het stelt je in staat erachter te komen wat jou in de weg zit bij het ervaren van de perfectie van het huidige moment. Een voorbeeld. Je bent op vakantie met een van je beste vrienden. Je kijkt om je heen en je ziet een weelde aan bloemen, stralende kleuren, wonderbaarlijke vogels. Je bent overweldigd door zo veel schoonheid.

Maar je beste vriend zegt: 'Wanneer zoeken we een café op? Ik heb het wel gezien hier en we hebben ver genoeg gelopen, vind ik.'

Ik: Dat klinkt als een vakantie met kinderen.

Jambo: Dat is dus wat je ego de hele dag probeert te doen. Je zou kunnen genieten van wat je die dag doet, van een wandeling, van de liefde bedrijven met je partner, maar nee, je ego komt zich ermee bemoeien en bederft alles. **Meditatie stelt je in staat om je ego erbij te betrekken, om te zeggen: 'Kom erbij, lieverd. Hoe gaat het met je?'** Om je heel te voelen is het noodzakelijk om met alle aspecten van jezelf te communiceren.

Ik: O, geweldig. Dit is een soort openbaring voor me. Ik beschouwde meditatie nog altijd als iets wat vooral bedoeld was om mijn hoofd leeg te maken en te proberen rust te vinden, maar jij zegt nu dat het er in feite om draait dat je naar je ego luistert en ermee in gesprek gaat. Dat je de dialoog ermee aangaat en er een relatie mee opbouwt. Ironisch genoeg weerhoudt mijn ego me er juist van om te mediteren. Mijn ego houdt me voortdurend voor: 'Nee nee, je hebt nog veel te veel andere dingen te doen: keuken opruimen, e-mails beantwoorden, wandelen.' Het is duidelijk dat ik zo snel als ik kan moet gaan mediteren om mijn ego te vragen waarom het me ervan weerhoudt.

Jambo: Precies. Als je je geest uitschakelt, kun je geen menselijke ervaring hebben. Het ego kennen we onder verschillende benamingen; je kunt het karma noemen, maar ook trauma. Het voorouderlijke trauma dat je met je meedraagt, het trauma van je ouders, het trauma uit je eigen vorige levens: die bepalen hoe je je leven wilt leven. Dat zijn allemaal voorbeelden van aspecten van het ego. Het gaat om de relatie tussen je ego en je geest. Het is onmogelijk om alleen geest te zijn. Je ego is de beste vriend die je je maar kunt wensen omdat het ons altijd wijst op wat ons in de weg zit. Spirituele ontwikkeling is alleen mogelijk wanneer er een doorlopende relatie en een dialoog zijn met het ego, omdat dat aangeeft waar de blokkades zijn.

Ik: Dus je ego geeft je directe informatie over hoe je kunt groeien en je kunt ontwikkelen? Ik begin het te snappen. Het is niet de bedoeling om mijn ego uit te bannen of om boos te zijn over het feit dat ik een ego heb, het is de bedoeling dat ik mijn ego waardeer voor wat het is en leer ermee samen te werken. Het is zeker onmogelijk om je hoofd helemaal leeg te maken van gedachten en het ego?

Jambo: Het is mogelijk – op de dag van je dood.

Ik: Ha! Juist. Duidelijk.

Jambo: Maar je ego is ook afwezig wanneer je slaapt. Daarom kunnen we het soort bizarre ervaringen hebben die we dromen noemen. We kunnen dromen omdat ons ego zich er niet mee bemoeit. Wanneer je mediteert, probeer dan niet je hoofd leeg te maken, probeer gewoon je eigen beste maatje te zijn.

Ik: Helpt het ons ook bij het vinden van een gelijkwaardig evenwicht tussen ego en geest? In mijn eigen leven zijn er soms perioden waarin het ego dominant is, terwijl er ook perioden zijn waarin ik zo een en al geest ben dat ik alle kanten op vlieg. Gebruiken we meditatie om dat evenwicht te vinden?

Jambo: Ja, we noemen dat de middenweg. Je bent uit balans als je te ver in een bepaalde richting afdwaalt; de middenweg is de weg van balans. Wat de middenweg is? Dat is afhankelijk van je eigen persoonlijke spectrum.

Ik: In extremen vervallen, van welke soort dan ook, moet ook haast wel tot disbalans leiden. Een van de grote vragen die aan dit boek ten grondslag liggen, is: kunnen we de traditionele, esoterische, spirituele leringen integreren in de moderne wereld met zijn stress, gejaagdheid en digitale toonzetting? Is dat überhaupt mogelijk?

Jambo: Sommige van mijn leermeesters zijn uiterst orthodox en bij het praten over bepaalde tradities moeten we zorgvuldig zijn omdat ze zo heilig zijn. Een heiligheid die duizenden jaren terugvoert en ons respect verdient. Veel van de praktijken die ik beoefen, zijn geheim en ik heb gezworen ze geheim te houden. In China zijn in de loop van de geschiedenis veel tradities uitgebannen, waardoor ze alleen in het geheim, in het verborgene konden voortleven, tot op de dag van vandaag. Ik heb op eigen initiatief met veel van mijn leermeesters gesproken over een vernieuwing van sommige van de oudere leringen om ze niet nog verder verloren te laten gaan. Ik kan deze eeuwenoude leringen niet onderrichten of delen tenzij de voorschriften hierover worden aangepast. Sommige van deze leringen zijn verloren gegaan omdat de dynamiek tussen meester en discipel allesbepalend is en de meester beslist of de discipel het geheim van de leer waard is. Zo niet, dan sterft de leer met de meester. Ik wil niet dat er nog meer van deze leringen uitsterven. Ik wil ze delen met de mensen.

Ik: Dat moet lastig zijn, want je wilt de leringen hetzelfde respect blijven betonen, maar je wilt ze ook delen om een einde te maken aan het lijden van mensen, en aan de pijn en het leed dat ze anderen en ook de planeet aandoen.

Jambo: Het vergt tijd om mijn leermeesters te overtuigen, maar we moeten voorwaarts, stapje voor stapje. Zoals het aanbieden van leringen online, ook dat is een grote verandering. Een verandering die ons helpt de boodschap de moderne wereld in te sturen.

Ik: Ik wil graag meer leren van mensen zoals jij, Jambo, en ik wil ook graag meer leren over de leringen waar je het over hebt, met alle respect die deze leringen toekomt. Ik probeer dat te doen door te luisteren en te leren, maar soms vraag ik me af of deze ideeën mij wel toekomen, of ik daarmee niet een grens overga. Ik wil op geen enkele manier inbreuk maken op wat heilig is.

Jambo: De taal waarin je je nu uitdrukt, is de taal van de hedendaagse discussie over culturele toe-eigening. Daar heb ik moeite mee. We hebben het weliswaar over spiritualiteit, maar wanneer je naar religies en methodieken kijkt, zie je dat deze allemaal dingen van elkaar overnemen en elkaar beïnvloeden. Alle tradities vloeien samen en dat doen ze al duizenden jaren lang. Sommige tradities ontstaan in reactie op andere. De geschiedenis laat zien dat religies bepaalde tradities incorporeren of zich er juist tegen afzetten en zich de andere kant op ontwikkelen om hun eigen leer en methode vorm te geven. Zo zijn er overeenkomsten in de tradities van inheemse Amerikanen en Aboriginals die te verklaren zijn door migratiestromen honderden jaren geleden. Kruisbestuiving en overdracht van ideeën is iets wat alle leringen kenmerkt.

Ik: En dat proces wordt tegenwoordig door het internet nog versterkt, neem ik aan. Overal is sprake van kruisbestuiving, op cultureel en op spiritueel gebied.

Jambo: Het is een combinatie van begrip hebben voor en leren van andere culturen en praktijken, maar ook het delen van de boodschap om wereldwijd meer vrede te kunnen ervaren.

Ik: Het was me een genoegen te luisteren naar wat je vandaag verteld hebt. Het heeft me een nieuw inzicht gegeven in meditatie. Ik weet nu dat ik het niet langer kan uitstellen. Dank je wel, Jambo.

MEDITATIE ALS UITDAGING

Ik stel mezelf voor een uitdaging (al vraag ik me tegelijkertijd af of ik daarmee niet juist voorbijga aan waar het om gaat), de uitdaging om een maand lang elke dag te mediteren. Ik hoop natuurlijk dat ik er ook daarna mee door zal gaan, maar je moet ergens beginnen, toch? Of het valsspelen is of niet weet ik niet, maar omdat ik een groot fan ben van Deepak Chopra en zijn boeken, lezingen en leringen, kies ik ervoor om gebruik te maken van zijn onlinepodcast met dagelijkse meditaties van een kwartier. Zijn stem is als een warm bad. Al binnen enkele minuten beginnen de spieren in mijn nek zich te ontspannen, los gemasseerd door zijn zachte klinkers. Ik voel me blij, opgetogen zelfs, dat ik de verandering meteen al merk, terwijl ik nog maar nauwelijks ben begonnen. Maar behalve opgetogen voel ik me ook licht gespannen, omdat ik ertegen opzie om naar mijn ego te moeten luisteren. Mijn ego is zelfingenomen, stelt zich op als slachtoffer en heeft zijn oordeel altijd klaar, en dan gedraagt het zich nog. Ik vraag me af hoe ik het gesprek ermee moet aangaan, waar ik moet beginnen om er vrede mee te sluiten. Ik haal me de woorden van Jambo voor de geest: 'Kom erbij, lieverd. Hoe gaat het met je?' Ik zal mijn gekwelde ego moeten omarmen zoals ik een verloren gewaande vriendin zou omarmen. Ik zal het tegemoet moeten treden zonder voor het gezeur terug te schrikken. Ik heb per slot van rekening niets te verliezen.

Op dag één verloopt mijn meditatie min of meer als volgt:

Spirituele zelf: Ah, alleen al de stem van Deepak is pure gelukzaligheid.

Ego: Ik heb zin in warme chocolademelk.

Spirituele zelf: Sssttt!

Ego: Zodra dit voorbij is, maak ik wat chocolademelk warm.

Spirituele zelf: Concentreer je nu gewoon op de stem van Deepak.

Ego: Ik ben vergeten om de Happy Place-podcast van deze week op Instagram te zetten. Dat moet ik straks meteen doen.

Spirituele zelf: Ego, waar komt die behoefte vandaan om je voortdurend bezig te houden met dingen om te doen?

Ego: Dat weet ik niet. Dat vind ik gewoon fijn.

Spirituele zelf: Hierbij gaat het er juist om dat je niets doet, maar alleen luistert.

Ego: Ik zou een soort van ritueel kunnen organiseren voor mijn veertigste verjaardag binnenkort, waarvoor ik al mijn vrienden en vriendinnen zou kunnen uitnodigen.

Spirituele zelf: Nu doe je hetzelfde, al is het dan op het spirituele vlak. Probeer je eens even niet met doe-dingen bezig te houden.

Ego: Maar het is wel een goed idee, of niet?

Spirituele zelf: Deepak heeft zojuist verteld welke mantra hij voor vandaag heeft gekozen: NEURIE MAAR.

Ego: Ah, dat klinkt goed. NEURIE MAAR.

Spirituele zelf: NEURIE MAAR. NEURIE MAAR.

Ego: Dit mediteren duurt wel lang. Hoelang duurt het nog?

Spirituele zelf: NEURIE MAAR.

Ego: Die warme chocolademelk heb ik straks dubbel en dwars verdiend.

Spirituele zelf: NEURIE MAAR. NEURIE MAAR.
Ego: NEURIE MAAR. NEURIE MAAR. NEURIE MAAR.

Uiteindelijk lukte het me. Maar de eerste tien minuten waren als een worsteling met een peuter die zijn zin probeert door te drijven.

Dag twee. O NEE, HÈ, VERGETEN!

Dag drie. Druk met werken. Man op pad. NEE, HÈ, WEER VERGETEN!

Ik weet dat ik mediteren net zo moet zien als bijvoorbeeld tanden poetsen, als iets wat gewoon moet gebeuren en wat je niet kúnt vergeten. Een vast moment ervoor kiezen dus. 's Avonds, wanneer de kinderen eenmaal in bed liggen, lijkt me het beste moment. Ik zal dan niet gauw smoesjes kunnen verzinnen om eronder uit te komen en ik hoop dat ik dan zelf ook wat makkelijker op tijd naar bed ga. Vandaag heb ik een lange werkdag achter de rug met opeenvolgende vergaderingen, de kinderen naar school brengen en weer ophalen, eten klaarmaken en eten. Het is nu acht uur en voor het eerst sinds half zeven vanochtend heerst er rust in huis. De verleiding om de tv aan te zetten en op nul te gaan is heel groot, maar ik weet dat ik nu nog minder dan een maand de tijd heb om mezelf deze nieuwe positieve gewoonte aan te leren, dus ik zal ergens moeten beginnen. Ik ga zitten en bereid me voor op een treffen met mijn ego. Ook deze keer laat ik mij door Deepak een mantra aanreiken, wat een geweldig hulpmiddel is om je gedachten te beteugelen.

Mijn ego is luidruchtig vandaag en geeft weinig blijk van zelfliefde. Het wroet woest rond om de dreiging van stilte te verjagen. Telkens wanneer Deepak ook maar een flintertje ruimte biedt om je in jezelf terug te trekken, eist mijn ego die ruimte op. Nu ik mijn eigen gedachtepatronen observeer, is het bijna komisch om te zien hoe deze door het ego aangereikte gedachten zich op de voorgrond dringen. Ze komen met brute kracht aangesneld en slingeren heen en weer tussen zorgen over wat ik de volgende dag allemaal moet doen en volslagen onbelangrijke zaken die zich in allerlei hoeken en gaten van mijn denken blijken op te houden. Ik richt mijn aandacht weer op de mantra en moet glimlachen om dit absurde spel van gedachten hoeden. Het dringt nu echt tot me door hoe noodzakelijk het is dat ik dit doe. Mijn gedachten dwalen vaak zonder enige bijsturing alle kanten op. Ik ga zelden tegen mijn ego in omdat het me wijsmaakt dat het zich op feiten en waarheden baseert. Ik geniet ervan om daar nu vraagtekens bij te plaatsen.

Er zijn weinig momenten van ontspanning tijdens deze vijftien minuten durende geestelijke worsteling, waarbij ik mezelf voorhoud **wat Jambo me heeft geleerd: dat het er niet om gaat alle uit het ego voortvloeiende gedachten uit te bannen, maar deze juist te observeren en ernaar te luisteren om erachter te komen wat er nu eigenlijk achter zit.** Ik heb het sterke vermoeden dat er een behoefte aan controle achter zit.

Wanneer het druk is in mijn leven, en dat lijkt het tegenwoordig voortdurend te zijn, hunker ik naar controle. Ik wil het gevoel hebben dat ik mijn leven beheers en aankan, en de lijstjes die ik voor alles maak en de oplossingen die ik voor alle logistieke problemen bedenk, zijn daarbij mijn steun en toeverlaat. Dat moment van inzicht voelt alsof mijn spirituele zelf nu inderdaad het ego ziet voor wat het is. Mijn spirituele zelf luistert naar het babbelende ego en onderkent de roep om veiligheid. Kunnen lijstjes me redden? Kan voortdurend piekeren de onzekere toekomst afhouden? Ik betwijfel het. Mijn spirituele zelf weet het en tijdens het mediteren fluistert het mijn ego zachtjes toe dat ik meer moet leren vertrouwen op hoop en minder op lijstjes.

EN HET NU DAN?

Het blijft vallen en opstaan met mijn meditatiebeoefening. Ik heb nog een lange weg te gaan voordat het net zo bij mijn dag hoort als 's ochtends tanden poetsen. Op de dagen dat ik mediteer, is daar de nodige strijd met mijn ego aan voorafgegaan en dat begin ik vermoeiend te vinden. Mijn ego wil me er echt koste wat het kost van weerhouden. Soms voelt mijn leven als een draaitol die maar door blijft draaien. Mijn ego is meer dan bereid om mee te blijven draaien, uit angst voor wat er zou gebeuren als het draaien stopt. Wanneer ik de innerlijke discussie tussen mijn ego en spirituele zelf eenmaal achter me heb gelaten en op de vloer heb plaatsgenomen om me aan de meditatie over te geven, volgen er vijf minuten van onrust. Vijf minuten waarin ik het liefst zou willen opstaan en dingen 'doen'. 'Zijn' voelt onnatuurlijk en zenuwslopend terwijl mijn ego druk bezig is dingen te bedenken die ik zou kunnen of zou moeten doen om niet op het leven achter te lopen.

Waarom is het zo lastig om in het nu te zijn? Voor veel mensen geldt dat de manier waarop we werken ons alleen maar verder laat afdrijven van het leven in het NU. De digitale wereld trekt ons terug naar het verleden of slingert ons vooruit naar de toekomst. De onlinewereld moedigt ons zelden aan om in het heden te zijn en te blijven. Eckhart Tolle is zijn ego te slim af door zijn leven volledig te wijden aan leven in het moment. Voor het plannen van dingen in de toekomst – reizen, afspraken met vrienden, vakanties, en dergelijke – heeft hij tijd ingeruimd, maar verder leeft hij gelukkig en tevreden in het nu. Je kunt je natuurlijk afvragen: waarom? Het is toch ook juist leuk om vooruit te kijken en je ergens op te verheugen? Dat is het ook wel, maar niet altijd. Het kan ook tot teleurstelling leiden als dingen anders gaan dan jij je had voorgesteld. Eckhart gelooft dat we ons beter kunnen overgeven aan het plezier van het moment wanneer dat moment daar is. Wanneer je in gedachten altijd vooral bezig bent met het verleden of de toekomst, zet je daarmee de deur wijd open voor angst en zorgen, voor woede en ontevredenheid. Eckhart spreekt vol vuur over hoe je deze emoties kunt uitbannen door in het moment zelf te leven. Probeer het maar eens. Als je alleen aan het nu denkt en aan wat er NU gebeurt, zonder vooruit of achteruit te kijken, ben je dan bang? Ben je boos? Is het zelfs maar mogelijk om dan bang of boos te zijn? In ieder geval leidt meditatie je regelrecht het NU binnen. Door je gedachten telkens weer terug te leiden naar je ademhaling, naar een eenvoudige mantra of naar de staat van luisteren waarover Jambo sprak, kun je je denken trainen als een spier om zich alleen met het nu bezig te houden in plaats van achterwaarts of voorwaarts in de tijd te snellen.

HET DENKSPEL

Terwijl de dagen voorthobbelen, wordt mijn ego zachtmoediger. Het dringt zich niet meer zo vertwijfeld roepend en klagend op de voorgrond en ik heb minder onrust in mijn lijf wanneer ik ga zitten om te mediteren en de boel even de boel te laten.

Dit is misschien maar een klein en onbetekenend voorbeeld, maar op een ochtend, nadat ik zo'n tien dagen serieus bezig was om dagelijks te mediteren, merkte ik dat ik me opmerkelijk kalm voelde in de aanloop naar een geplande live-uitzending op Instagram. Normaal gesproken ben ik dan altijd lichtelijk gespannen, hopend op een warm onthaal en bevreesd voor negatieve of spottende reacties. Meestal steken mijn onzekerheden dan uit alle macht de kop op en proberen ze me tot wanhoop te drijven, maar nu heb ik helemaal nergens last van. Er spoken geen mogelijke problemen of toekomstige zorgen door mijn hoofd die er alleen maar op wachten om bewaarheid te worden. Ik voel me zo opvallend anders dat ik me zorgen begin te maken omdat ik me toch eigenlijk, ja, meer zorgen zou moeten maken. Zo leven de meesten van ons immers tegenwoordig: in een staat van pure paniek, om niets in de stress schietend en voortdurend op het randje van ontploffen. Op momenten van kalmte vragen we ons af of het wel oké is om ons aan de rust over te geven. Vandaag geef ik me eraan over, in de wetenschap dat ik mijn serene gevoel niet slechts te danken heb aan de 'magie' van het mediteren, maar vooral aan mijn bereidheid te luisteren naar mijn ego en op zoek te gaan naar de redenen achter zijn luide geschreeuw in plaats van me volledig door zijn impulsen te laten leiden.

Wanneer we het gevoel hebben dat we de controle kwijt zijn, blijken we ons vaak aan ons ego te hebben overgeleverd. We zijn dan het zicht kwijt op het grotere geheel en op elke spirituele verbondenheid. Ik had me eerder nooit gerealiseerd dat deze dialoog tussen mijn spirituele zelf en mijn ego tijdens het mediteren me kon helpen meer hoop en vertrouwen in het leven te koesteren. Op de momenten waarop ik aan het worstelen ben met mijn door het ego geleide verlangens of zorgen kan ik nu veel helderder zien dat IK dat niet ben, dat ongeduld, die rusteloosheid, die angst. Het zijn oude gedachten en gewoonten die me vastgeklampt houden aan het tempo en de stress van het moderne leven. Ik ben niet mijn ego. Mijn ego is een aspect van mij dat ik niet kan ontkennen of negeren, maar het is niet mijn volledige zelf. **Ik ben niet mijn gedachten. Mijn gedachten zijn een manifestatie van mijn ervaringen in het leven, maar ze zijn niet mijn volledige zelf.** Wanneer ik nu mediteer, kan ik dat onderscheid maken en kan ik naar mijn gedachten en zorgen kijken en luisteren, in plaats van dat ze emoties en reacties bij me oproepen die niet altijd even zinvol zijn. Als mijn ego loopt te tetteren dat ik door moet werken zonder te stoppen, ook al barst ik van de hoofdpijn, om alles onder controle te houden, dan weet ik nu dat het oude gedachten zijn die spreken, gedachten uit de jaren van mijn leven waarin ik me minder dan anderen of onderschat voelde. Als mijn ego overdreven in het defensief schiet en denkbeeldige tekstberichten aan het bedenken is die ik nooit zou versturen, dan weet ik nu dat ik me gekwetst voel en een uitlaatklep nodig heb om wat lucht te geven aan die spanning.

De boeddhistische monnik Gelong Thubten geeft overal ter wereld meditatietrainingen en heeft zijn leven gewijd aan het doorgeven van de kracht en de kennis dat we allemaal, ongeacht onze situatie, kunnen kiezen voor geluk. In zijn boek *Word gelukkig als een boeddhistische monnik. Meditatie in het smartphonetijdperk* schrijft hij: 'Meditatie helpt ons om toegang te krijgen tot iets wat voelt als een diepe bron in onszelf, gevuld met verfrissend water waarvan we kunnen drinken wanneer we maar willen.' Prachtig toch? Zelfs op momenten dat het niet zo voelt, wellen er liefde en troost op in onszelf waar we vrijelijk van kunnen nemen, van al hun natuurlijke overdaad. Door de wereld van de reclame wordt ons wijsgemaakt dat dat gevoel van geluk te koop is in de vorm van een glimmende auto of een hip jasje. We weten allemaal dat je je een moment lang gelukkig kunt voelen met dat hippe jasje aan, maar dat dat het soort geluk is dat ook weer snel vervliegt. Het soort geluk waar Thubten het over heeft, is almogend, alomtegenwoordig en vooral vrijelijk beschikbaar. Door sociale media is de bevestiging van anderen nog belangrijker geworden en draait het vooral om status en doen. Hierdoor raken we ervan overtuigd dat er blijvend geluk voor ons is weggelegd als we die hoge functie bereiken, het tot CEO schoppen, een beroemdheid worden of de bedrijvigste bedrijfseigenaar. Maar is dat wel echt zo? Ik denk van niet. Niet per se. Ik ken genoeg 'belangrijke' mensen die zich doodongelukkig voelen. Thubten schrijft: 'In plaats van te denken dat we ons leven niet zelf in de hand hebben, in plaats van ons te laten bepalen door gevoelens van stress, eenzaamheid en ontevredenheid, kunnen we ook de verbinding met onszelf zoeken, met ons krachtcentrum, ook in situaties waarin we drukte ervaren.'

De woorden van Thubten zijn een broodnodige herinnering voor mij dat mijn gedachten niet mij aansturen, maar ik mijn gedachten, en dat meditatie mij kan helpen mijn gedachten te begrijpen en me de middelen kan aanreiken mijn denken te trainen.

KALMERENDE KLANKEN

Meditatie is veelzijdiger dan vaak wordt gedacht. Mensen laten zich soms afschrikken door het idee dat hun wordt voorgehouden van wat meditatie is of zou moeten zijn. Ik heb de concentratieboog van een vier weken oude teckel en ik heb dan ook veel verschillende manieren uitgeprobeerd in mijn herhaalde zoektocht naar wat het best bij mij past. Klankmeditatie bleek voor mij een heilzame manier te zijn en een ware bron van vreugde. Als muziekliefhebber voel ik hoe bij het horen van de juiste reeksen klanken elke cel in mijn lichaam zich ontspant. Mijn gedachten komen tot rust en laten zich minder gelden, terwijl mijn geest zich in pure gelukzaligheid aan de klanken overgeeft.

Maar wat is klankmeditatie? En hoe kunnen we het een plekje geven in ons dagelijks leven? Ik ben me in het onderwerp gaan verdiepen en sprak erover met Jasmin Harsono, een intuïtieve welzijnscoach, klankkunstenaar, auteur, spreker en oprichter van Emerald and Tiger, een bewust lifestylemerk, en communicatieplatform Breathe Love.

Kortgeleden heb ik op mijn Instagrampagina een klankbad

(een andere naam voor een klankmeditatie) gepresenteerd, waar ik zelf zo volledig in opging dat ik vergat om aan het eind weer rechtop te gaan zitten om me tot het fijne publiek te richten dat live aan het kijken was. Het is een absolute weldaad voor je zintuigen.

Ik: Jasmin, kun je uitleggen wat klankheling of klankmeditatie is?

Jasmin: Klankheling is al zo oud als het begin der tijden. In oude culturen zoals de Egyptische, de Tibetaanse, de Mongoolse en de Mayacultuur maakten sjamanen en medicijnmannen en -vrouwen gebruik van klank om te helen, en wereldwijd zijn ze dat door de eeuwen heen blijven doen.

Klank kan op verschillende manieren worden gebruikt om te helen – een viering, ceremonie, expressie – en om te communiceren.

We bestaan uit energie en vibratie; we zijn van nature klankwezens. Klank is van invloed op onze emoties, ons gevoel, onze herinneringen, onze gedachten; het reikt zo diep als de ziel en tot ver voorbij onze zintuiglijke waarneming.

Tijdens een klankmeditatie wordt de kracht van de intentie in combinatie met de resonantie, betekenis en helende vibraties van (meestal live geproduceerde) klanken gebruikt om de deelnemer of deelnemers te laten ervaren waar ze op dat moment behoefte aan hebben, bijvoorbeeld diepe ontspanning of rust. De deelnemer wordt meegevoerd op een reis van helende klankvibraties en -frequenties met gebruikmaking van klankinstrumenten en -hulpmiddelen, zoals klankschalen, gongs, trommels, windorgels, stemvorken en ook de menselijke stem. Deze helpen je om je gecentreerd in je lichaam te voelen, energieblokkades op te heffen en vibraties door je lichaam te laten stromen om zo een nieuw evenwicht te ervaren.

Ons orkestrale lichaam

In een orkest brengt elk instrument een eigen klank en vibratie voort. In samenklank met de andere instrumenten klinkt het orkest als één. Maar er hoeft maar één instrument uit de maat te klinken en het hele orkest klinkt uit de maat – de instrumenten zijn niet in harmonie met elkaar. Zodra alle instrumenten weer in de maat klinken, is de harmonie hersteld: een perfecte symfonie. Hetzelfde geldt voor ons lichaam, en klank kan ons helpen de harmonie te herstellen. Ons lichaam is opgebouwd uit huid, cellen, weefsels, spieren en organen die hun eigen, van elkaar verschillende vibraties voortbrengen. Wanneer ze in harmonie met elkaar zijn, voelen we ons in evenwicht, ontspannen en in contact met onszelf. Als er in ons lichaam een verstoring van evenwicht is, kan dat tot ziekte leiden. Ons lichaam omvat vier lichamen: het emotionele, fysieke, mentale en spirituele lichaam. Klankmeditatie helpt ons deze lichamen op elkaar af te stemmen en weer in een staat van eenheid te brengen door alle verschillende delen van het lichaam in harmonie met elkaar te laten samenwerken, net als een orkest waarvan alle instrumenten perfect in de maat spelen.

Klankmeditatie wordt ook wel een 'klankbad' genoemd, omdat je je lichaam in klanken baadt. Je lichaam bestaat voor zestig procent uit water; de klankvibraties verplaatsen zich door het water in je lichaam.

Klankmeditatie is de afgelopen jaren steeds populairder geworden als een manier om te ontstressen en holistischer in het leven te staan. Mensen die nooit eerder hebben gemediteerd en het willen uitproberen, vinden het vaak gemakkelijker om te beginnen met klankmeditatie, omdat het daarbij niet om instructies en het doen gaat. Je hoeft je alleen maar te ontspannen, in de ruimte om je heen en in je eigen lichaam, en je over te geven aan de klanken die worden voortgebracht. De klanken helpen je om je niet te laten afleiden door heen en weer schietende gedachten en andere dingen die je overgave aan de meditatie verstoren.

Het is wetenschappelijk bewezen dat door de inwerking van klanken de energie in je lichaam verschuift, waardoor het evenwicht in je lichaam zich kan herstellen. Maar niet elke klankervaring is zaligmakend. Het lichaam draagt vaak opgebouwde stress en spanning met zich mee. Door klankmeditatie kun je je bewust worden van die spanning, en dat kan een overweldigende of emotionele ervaring zijn. Het heeft dan enige tijd nodig – dagen, weken of maanden – voordat de helende kracht van de klanken je terugvoert naar je ware staat van zijn, doordat ze je helpen los te laten wat je alleen maar tot last is geworden en je weer in contact brengen met je eigen kracht, wijsheid en potentieel.

Veel mensen ervaren klankmeditatie als ontspannend. En er zijn nog meer voordelen, zoals:

- Het ondersteunt het natuurlijke helende vermogen van het lichaam.
- Het reguleert de ademhaling, de hersengolven en de hartslag.
- Het schenkt een gevoel van rust en welbevinden.
- Het vermindert spanning en tempert een overprikkeld zenuwstelsel.
- Het bevordert een diepe ontspanning en een heilzame slaap.
- Het helpt bij het bereiken van een meditatieve staat.
- Het versterkt de mentale helderheid.
- Het bevordert een gevoel van verbondenheid.
- Het verdiept de spirituele ervaring en beoefening.
- Het vermindert stress en angstgevoelens (het verlaagt het cortisolgehalte).

- Het bevordert creativiteit, concentratie en scherpte van geest.
- Het vermindert vermoeidheid.
- Het verbetert de gemoedstoestand (het stimuleert de afgifte van serotonine, dopamine, oxytocine en endorfine).
- Het bevordert de slaap (het stimuleert de aanmaak van melatonine).

Belangrijke kanttekening: mensen die geluidsensitief zijn, dienen zich goed te oriënteren voordat ze aan een klankmeditatie meedoen. Mensen met metalen implantaten of een pacemaker en vrouwen die minder dan drie maanden zwanger zijn, dienen medisch advies in te winnen als ze nooit eerder klankmeditatie hebben beoefend.

Ik: Hoe kan klank ons helpen te ontspannen of een meditatieve staat te bereiken?

Jasmin: Deelnemers aan een klankmediatie geven vaak aan dat ze zich veilig voelen, omdat klank zo vertrouwd aanvoelt en daardoor de ruimte geeft om los te laten en te ontspannen.

De klankvibraties reiken tot diep in het lichaam, waar ze inwerken op de spanning, angst en stress, en een intens gevoel van kalmte en verbondenheid opwekken die tot een diepe staat van rust leidt. Sommige klankfrequenties kunnen de hersengolven van een deelnemer zo beïnvloeden dat de (actieve) bètagolven veranderen in (rustgevende) alfagolven, (meditatieve) thètagolven of de voor de diepe slaap kenmerkende deltagolven. De frequentie van thètagolven ligt tussen de 3,5 en 7,5 hertz, dus als een klanktherapeut die frequentie produceert, zet hij daarmee voor de deelnemer(s) de deur open naar de meditatieve staat.

Ik: Hoe kunnen we dit een plek geven in ons dagelijkse leven?

Jasmin: Er zijn eenvoudige maar effectieve manieren om klank in je dagelijkse leven te integreren.

Klankmeditatielessen en een-op-eensessies: Je kunt op diverse plekken terecht voor klankmeditatie in groepsverband of individuele sessies, fysiek of online.

Download een meditatie: Je kunt klankmeditaties downloaden of streamen en ernaar luisteren om uit te proberen wat voor jou werkt. Er zijn tal van zeer verschillende klankmeditaties te vinden op onder andere YouTube en Instagram. Begin klein, bijvoorbeeld met een meditatie van een kwartier voordat je gaat slapen, om je te helpen in een diepe, verkwikkende slaap te vallen.

Natuurgeluiden: Overal om je heen zijn helende klanken. Ga zo vaak als je kunt de natuur in om bewust te luisteren naar en je open te stellen voor de geluiden van de natuur om je heen: de vogels die zingen, de regen die valt, de wind die de bomen doet bewegen, de golven die af en aan rollen.

Je stem: Ik beschouw de stem als het belangrijkste klankinstrument; met je eigen stem kun je zelf een klankmeditatie creëren. Je bént klank. Het gaat er niet om perfect te klinken, maar je gevoel van dat moment in klank uit te drukken, en met de vibraties de spanning, de woede, de zorgen te helen en ruimte te maken voor ontspanning en vreugde.

Begin door een paar keer per dag gewoon wat te neuriën; voel de vibraties. Dat kun je doen wanneer je onder de douche staat, lopend onderweg bent of eten aan het koken bent. Experimenteer met toonwisselingen en de toonhoogte van je stem, neurie zacht en dan hard. Voel wat er resoneert. Haal bewust adem.

Je ontdekt dan misschien dat je je stem als vanzelf, gedurende de dag, als klankinstrument gebruikt om je energiestroom in de juiste banen te leiden. Misschien begin je zelfs wel te experimenteren met het uitproberen van andere vocale heeltechnieken, zoals chanten en het zingen van heilige mantra's en liederen, intoneren, intuïtief stemgebruik, en nog veel meer.

Als je thuis klankmeditaties wilt creëren, zorg er dan voor dat je klankinstrumenten koopt van een betrouwbare en ethisch verantwoorde maker. Bouw je instrumentarium geleidelijk uit door je met elk instrument vertrouwd te maken en een band op te bouwen. Betrek je familie en vrienden erbij en vorm samen een klankorkest. Het behoort tot ons erfgoed om samen te komen en ons met elkaar te verbinden door middel van klank.

EENVOUDIGWEG LUISTEREN

In de afgelopen weken waarin ik mezelf aan het begin of het eind van de dag de tijd heb gegeven om te mediteren, heb ik een deel van mezelf dat volledig onbeheersbaar leek tot bedaren voelen komen. Vóór mijn gesprek met Jambo ging ik ervan uit dat ik tijdens het mediteren mijn ego en mijn negatieve gedachten volledig moest uitbannen, waardoor ik bij voorbaat al het gevoel had dat ik faalde. Nu doe ik het anders. Tijdens deze korte momenten van verstilling luister ik eenvoudigweg. Ik luister naar mijn innerlijke kreunen en steunen en vraag mijn ego wat er aan de hand is. Het geeft me de vrijheid en de ruimte om mezelf te vergeven voor wat ik in het verleden fout heb gedaan en mezelf en anderen met meer compassie tegemoet te treden, in de wetenschap dat we allemaal in hetzelfde schuitje zitten. We hebben allemaal een spiritueel zelf en een ego en we hobbelen hier allemaal op deze complexe planeet rond terwijl we ons best doen, fouten maken en naar liefde verlangen. Mijn ego is vermoedelijk slechts op zoek naar liefde, maar pakt het nogal vreemd aan. Het eist het op, hunkert ernaar en zet soms machtsvertoon in om het af te dwingen. Het deel van mij dat puur spirituele geest is, IS liefde en heeft dan ook altijd de juiste woorden, mate van troost en helderheid paraat wanneer mijn ego zich wil laten gelden. Niemand is spiritueler dan een ander, sommigen van ons hebben gewoon een ego dat wat aanweziger is.

DE WET VAN AANTREKKING

Wanneer we het hebben over het iets dat groter is dan wij zijn, denken we vaak algauw aan het mystieke of het onbekende. Spiritualiteit kan dan aantrekkelijk zijn omdat het gekoppeld wordt aan het magische en aan hogere krachten, terwijl juist die koppeling voor mensen die alleen in het bestaan van de menselijke ervaring geloven, afstotend werkt. De wet die hier van toepassing is, wordt wel de wet van aantrekking genoemd. De uitwerking hiervan kan zo verrassend zijn en tot zulke ingrijpende veranderingen in je leven leiden dat het wel pure tovenarij lijkt, maar die tovenarij is wel gegrondvest in het concrete. In concrete gedachten, welteverstaan. Als het gaat om liefde en de perioden in je leven dat je het gevoel hebt zonder liefde te zijn, zijn je eigen gedachten maar al te vaak de boosdoener.

Ik ben veel over dit onderwerp te weten gekomen toen ik de geweldige Rhonda Byrne als gast van de Happy Place-podcast mocht verwelkomen. Ik heb haar boek *The Secret* verslonden en ik was dan ook in de wolken over deze kans om een op een met haar te praten. Met Rhonda heb je het gevoel alsof er een hemelse engel tegenover je zit, zo licht en stralend is haar energie en zo vol vuur en vervoering is haar stem.

GROOTSE DROMEN

Als tiener begreep ik de werking van de wet van aantrekking zonder dat ik wist wat het was. Als individu ben ik niet bijzonder. Ik blink niet uit in talent, zelfs niet in gedrevenheid, maar ik ben wel een grote dromer. Tijdens de literatuurlessen op de middelbare school deed ik weinig anders dan dromen. Ik zie mezelf nog zitten, uit het raam starend naar de mistroostige staalgrijze lucht die als een deken boven de betonplaten van de parkeerplaats hing – een kakofonie van grauwigheid. Waar was de kleur? Ik wist zeker dat er meer kleur moest zijn en negentig procent van de lestijd bracht ik door met het verbeelden van kleur in high-definition.

Mijn dromen vloeiden niet voort uit arrogantie of de overtuiging dat ik speciaal was. Ik dagdroomde gewoon zo intens dat mijn fantasieën echt voor me voelden. In plaats van te luisteren naar de leraar, meneer Conn Iggulden (nu een succesvolle auteur en vermoedelijk in shock over het feit dat ik tegenwoordig ook het grootste deel van mijn tijd schrijvend doorbreng), die in poëtische bewoordingen uitweidde over *Heer der vliegen* van William Golding, voerden mijn gedachten me ver weg. In plaats van in de schoolbanken van Eastcote te zitten, in de jeukende kousen en stijve kraag van mijn schooluniform, liep ik in gedachten in een zijden japon over rode lopers, badend in de flitslichten van camera's. Zoals je uit dit boek en wellicht eerdere boeken van mij hebt kunnen opmaken, is dat een aspect van mijn werk dat me nu niet meer interesseert, maar als beugel dragende en aan mascara verslaafde veertienjarige was dat een veel aanlokkelijkere optie dan me verdiepen in het wel en wee van de zwaarlijvige, astmatische Piggy uit *Heer der vliegen*. Ik droomde mezelf in de baan die ik zou krijgen. Ik geloofde er zo sterk in dat de grens tussen de werkelijkheid van mijn leven en de aanhoudende fantasie in mijn hoofd onontwarbaar met elkaar vervlochten raakten. Het was de enige optie die ik voor me zag en dus werd dat me door het universum aangereikt. Het reikte me natuurlijk niet die zijden japon of Leonardo DiCaprio als escort aan, maar wel de kansen om mijn bedwelmende fantasieën te realiseren. Ik kreeg oog voor audities waarmee ik kon uitproberen of die gedroomde showbizzschoenen mij ook echt pasten. Zonder hard werken en de bereidheid om te leren zul je nooit verder komen, maar ik denk dat ik die audities vooral aangreep omdat ik er diep vanbinnen van overtuigd was dat ik in de showbizzindustrie thuishoorde.

In de loop van de daaropvolgende vijftien jaren bleef ik in gedachten de meest opmerkelijke en fantastische gebeurtenissen oproepen. Mijn hoofd stroomde over van weelderige dromen die zo levendig waren dat ik ze bijna al geleefd had voordat ze gebeurden. Bij twee achtereenvolgende Oscaruitreikingen stond ik op de rode loper om de sterren te interviewen, ik werkte een tijdlang tegelijkertijd als presentator op de Britse en de Amerikaanse tv, en in *Live Lounge* van Radio 1 zat ik op slechts een meter afstand te luisteren naar 's werelds beste muzikanten terwijl ze hun grootste hits vertolkten. Dit alles had ik als droom uitgedacht en in gedachten verkend voordat het werkelijkheid werd. Ik maakte gebruik van de wet van aantrekking zonder dat ik wist dat ik dat deed.

VERSLAGEN DOOR HET LEVEN

Toen ik begin dertig was, zakte ik weg in een depressie. Dat ging snel. Een reeks van schokkende, traumatische en verwarrende gebeurtenissen en omstandigheden ontwrichtten mijn leven. Weg waren de manifestaties, van het ene op het andere moment. Waar ik eerder geen moeite voor hoefde te doen, was nu iets waarvan ik me niet kon herinneren hoe het werkte. Ik denk dat ik onbewust aannam dat mijn geluk op was. Mijn verhaal voelde niet langer als iets wat bij mij hoorde en ik begon het leven te beschouwen als iets wat me op de proef stelde en aanviel. Ik had het gevoel alle controle kwijt te zijn en ging er bij voorbaat van uit dat een toekomst waarop ik geen vat had alleen maar afschuwelijk kon zijn. De manifestaties trokken zich terug en het zou lang duren voor ze zich weer lieten zien.

Dat was tien jaar geleden en pas nu, door het schrijven van dit boek en de verkenningen en onderzoekingen waarmee ik me in het kader daarvan heb beziggehouden, heb ik het gevoel dat ik me misschien wel weer met manifesteren kan bezighouden. LEUK! Ik was vergeten hoe leuk dat is.

In dit deel van mijn boek ligt de focus op liefde en ik ben me er dan ook terdege van bewust dat ik eerst zal moeten geloven dat ik het waard ben dat mijn positieve gedachten tot wasdom komen voordat die mentale ruimte waar manifestatie mogelijk is voor me openstaat. Het heeft weinig zin om dromen en verlangens te hebben als je ze direct de grond in stampt met zelfhaat. Zoals we al eerder hebben geleerd: **door je zelfbeperkende overtuigingen van je af te schudden en je open te stellen voor zelfliefde geef je jezelf de ruimte**. Naarmate mijn zelfwaarde meer aan de oppervlakte treedt, verschijnen er telkens op het juiste moment mensen in mijn leven die mij tot gids en leermeester dienen, zodat ik het best mogelijke boek kan schrijven. Natuurlijk vergt dat ook inspanning en een hoop uren achter mijn laptop om het allemaal voor elkaar te krijgen, maar het is leuk en ik hoef niet honderden mensen te mailen en te vragen of ze alsjeblieft aan dit boek willen meewerken. Ik heb me de positieve gewoonte weer eigengemaakt om erop te vertrouwen dat alles mogelijk is en dat het leven niet één lange strijd hoeft te zijn.

Groter dan wij zijn voelde alsof het al geschreven was, alsof het binnen in me zat te wachten om op het scherm van mijn laptop tevoorschijn te worden getoverd. Ik kon het op een boekenplank zien staan, met alle verhalen en hoop die het bevatte, nog voordat de titel zich zelfs maar had aangediend. Ik voelde de aanwezigheid van de vele geweldige mensen die eraan hebben bijgedragen, nog voordat ik ook maar met een van hen contact had gelegd. De magie is weer terug. Poeh, wat een opluchting! Het kantelpunt was het loslaten van een hoop negatieve overtuigingen waar ik aan gewend was geraakt.

De afgelopen tien jaar heb ik me veel te veel overgegeven aan de overtuiging dat ik geen hulp waard zou zijn. Dat is mijn grootste valkuil en omdat ik ervan overtuigd was dat ik geen hulp waard ben, kreeg ik ook geen hulp of als ik het wel kreeg, duwde ik het van me af. Bij mij is het alles of niets en ook dit heb ik tot in het extreme doorgevoerd. Ik wees alle hulp af, maar probeerde wel anderen mijn hulp te geven, hoe weinig ik ook te bieden had. Ik gaf bezittingen, gedachten en kwetsbare stukjes van mezelf weg aan anderen, omdat ik het gevoel had het niet waard te zijn ze voor mezelf te houden. Geven is voor mij een vanzelfsprekendheid, maar in mijn dertiger jaren leek het soms niet om de juiste reden te gebeuren. Ik gaf mijn kracht uit handen, telkens weer, omdat ik zo'n lage dunk van mezelf had. Terugkijkend op die tien jaar van gebrekkige zelfliefde herken ik nu meerdere patronen waarvan ik weet dat ze slecht voor me zijn. Relaties en vriendschappen zijn regelmatig stukgelopen op mijn onvermogen heldere grenzen te stellen. Dat de relatie met mezelf vaak gespannen was, kwam omdat ik een te grote plaats inruimde voor de mening van anderen. Het kwam niet eens bij me op dat ik een andere optie had – dat ik zelf kon kiezen en beslissen welke meningen ik toeliet. Door mijn gebrek aan zelfwaarde beschouwde ik elke mening van een ander als waardevol en geloofwaardig.

Mijn wisselende stemmingen waren een uitvloeisel van mijn wankele innerlijke fundament en gebrek aan vertrouwen in mezelf. Dit leidde ertoe dat ik ontslag nam, werk afhield, te hard mijn best deed met vrienden en bij tijden sociale contacten vermeed. Tien jaar lang heb ik me gevoeld alsof mijn hart wel klopte, maar niet binnen mijn eigen ribbenkast, en dat allemaal vanwege een gedachte. ÉÉN gedachte: dat ik niet beter verdiende.

We maken dingen vaak gecompliceerder dan ze zijn door de omstandigheden of andere mensen de schuld te geven van het feit dat we ongelukkig zijn, terwijl er meestal een diep in jezelf gewortelde overtuiging aan ten grondslag ligt. In mijn geval was die overtuiging niet zo moeilijk te vinden, omdat ze zich nogal liet gelden. Die van jou verschuilt zich misschien wat beter of doet zich als iets anders voor. Jouw negatieve grondgedachte is misschien wel zelfhaat vermomd als overdreven zelfvertrouwen. Of je kernovertuiging dat je onbeminnelijk bent doet zich voor als verlegenheid. **Alleen jij weet wat er onder de verhalen schuilt die we onszelf vertellen.** En heel vaak is het maar een klein overtuiginkje dat alles aanstuurt.

Het schrijven van dit boek heeft me geholpen om feit en fictie in mijn leven beter te scheiden. Mijn zelfhaat is pure fictie en weet je, jouw zelfhaat is dat ook. Nu denk je natuurlijk dat ik het allemaal wat te simpel voorstel, maar het is nu eenmaal zo dat alles wat je aan jezelf haat, leugens en verzinsels zijn. Het zijn verhalen die je jezelf hebt voorgehouden en wijsgemaakt. Het probleem is dat je jezelf die verhalen al jaren, soms al tientallen jaren vertelt. Om je daarvan los te maken en feit boven fictie te stellen zijn discipline en doorzettingsvermogen nodig. Het is niet makkelijk, maar absoluut mogelijk. Het fundament van zelfliefde of zelfacceptatie is het vermogen feit van fictie te onderscheiden. Ben jij een akelig iemand? Ik geloof er niets van. Laat je jezelf te veel gelden of heeft er ooit iemand tegen je gezegd dat je dat doet? Ben je een waardeloos iemand? Natuurlijk niet, iedereen kan zijn doel vinden. Wat is waar en wat is één grote leugen?

Is het dan echt zo simpel, dat onze gedachten voor een groot deel bepalend zijn voor hoe ons leven eruitziet? En hoe helpt je dat om meer verbinding en spiritualiteit in je leven te ervaren? Ik weet aan wie we deze vragen het best kunnen voorleggen. Precies: de vrouw over wie ik het aan het begin van dit hoofdstuk al even heb gehad.

Rhonda is een van de mensen die op het juiste moment in mijn leven zijn verschenen. Twee keer in feite. De eerste keer was in mijn twintiger jaren, in een plaatselijke boekwinkel, toen mijn oog op *The Secret* viel. Net als voor miljoenen andere mensen over de hele wereld werd haar boek mijn manifest voor het leven en heeft het me geholpen te vertrouwen op mijn manifesteervermogens. De tweede keer is korter geleden, toen ik naar aanleiding van het uitkomen van Rhonda's nieuwste boek *The Greatest Secret* de kans kreeg om haar te interviewen voor de Happy Place-podcast – waarmee het universum me een duwtje leek te geven, terug naar het aantrekken van de goede dingen. Na de opname voor deze aflevering met Rhonda had ik het gevoel te zweven. Het is een bedwelmende ervaring om die krachtige boodschappen hardop te horen uitspreken door degene die de weg ernaartoe zelf heeft doorleefd. Mijn man zat me met vragende ogen aan te kijken terwijl ik maar bleef vertellen wat Rhonda die avond allemaal had gezegd. Ik klampte me vast aan elk flintertje hoop dat ik weer op een positieve manier zou gaan denken. Hoe tenenkrommend het ook kan zijn om jezelf te horen overlopen van opwinding en enthousiasme, deze aflevering blijft een van mijn favorieten om terug te luisteren.

Onder het motto 'nee heb je, ja kun je krijgen' besloot ik het erop te wagen en Rhonda te vragen of ze nog een keer door mij geïnterviewd wilde worden, deze keer om een bijdrage te kunnen leveren aan dit boek. Gelukkig was mijn angst voor een afwijzing onterecht: ze nam mijn uitnodiging aan en schonk me daarmee opnieuw de gelegenheid uit haar ongelooflijke wijsheid te putten. Ook al heb ik pas twee keer met Rhonda gesproken, ze voelt voor mij al als een soort spirituele tante. Ik weet niet wat Rhonda daar zelf van zou vinden, maar beter dan dat kan ik het niet uitdrukken. Haar aanwezigheid heeft een troostrijke uitwerking op mij en ik zou uren met haar kunnen praten. Ik betwijfel of Rhonda daar de tijd voor heeft of zelfs maar de behoefte aan zou hebben, en ik zal proberen me in te houden.

Nadat Rhonda voor zichzelf tot de ontdekking was gekomen dat onze gedachten de belangrijkste geleiders in ons leven zijn, heeft ze in 2006 de baanbrekende documentairefilm *The Secret* gemaakt, waarin filosofen, schrijvers en denkers de wet van aantrekking bespreken, uitpluizen en aanbevelen. Dit heeft geleid tot het gelijknamige boek, waarvan wereldwijd ruim dertig miljoen exemplaren zijn verkocht en dat nog steeds dagelijks verandering teweegbrengt in het leven van mensen. Laten we het dus hebben over hoe je je leven op de best mogelijke manier kunt veranderen.

Ik: Dag Rhonda, ik ben zo blij dat ik vandaag opnieuw met je in gesprek kan.

Rhonda: Wat fijn om je weer te zien. En wat goed van je dat je dit boek aan het schrijven bent. Dat moest gewoon gebeuren. Ik herinner me dat toen ik *The Secret* schreef, er geen houden aan was. Het zat al die tijd al in me. Ik móést de waarheid die ik had ontdekt gewoon wel opschrijven en delen.

Ik: En ik ben heel blij dat je dat hebt gedaan – het heeft mijn leven veranderd en dat van vele, vele anderen overal ter wereld.

Rhonda: Dank je wel. En wat een geweldige titel heeft je boek trouwens.

Ik (stilletjes juichend): Dank je! Oké, laten we bij het begin beginnen – hoe werkt de wet van aantrekking?

Rhonda: Bij de wet van aantrekking draait het maar om één ding: je denken. Wat je DENKT, is wat je creëert in je leven. Juister gezegd: wat je denkt en waarin je vervolgens GELOOFT. Maar de meeste mensen geloven wat ze denken, zonder hun gedachten in twijfel te trekken. We creëren op elk moment, bij elke gelegenheid en onder elke omstandigheid, we zijn voortdurend aan het creëren. Als je je niet bewust bent van de kracht van je gedachten, kan dit leiden tot mismaakte of ongewenste creaties. Dat doe je niet opzettelijk, maar omdat je de kracht van je gedachten niet begrijpt. Gedachten zijn de spil van de wet van aantrekking. Door te focussen op je gedachten geef je ze een energie die ze tot werkelijkheid maakt.

Ik: En daarbij zijn zelfbeperkende overtuigingen het grote probleem, of niet?

Rhonda: Jij bent de oorzaak, de wereld om je heen is het gevolg. Dus ja, het maakt een heleboel uit wat je innerlijke overtuigingen zijn. Je kunt in je leven niets ervaren wat niet uit jezelf voortvloeit. Je overtuigingen vormen een muur om je leven. Zelfbeperkende gedachten als 'ik verdien niet beter' of 'liefde is niet voor mij weggelegd' zijn barrières en worden waarheden wanneer je ze gelooft. We moeten leren inzien dat we zo niet zijn, dat dergelijke gedachten een oud restant van iets zijn en dat we ze kunnen loslaten. Alle positieve gedachten die je over jezelf hebt, zijn waar en alle gedachten die daar een ontkenning van zijn, zijn leugens. Laat ze los.

Ik: Velen van ons zitten gevangen in onze eigen beperkende gedachten, waarvan we vaak de kracht niet onderkennen. We vergeten over hoeveel kracht we zelf beschikken.

Rhonda: Als je een positieve gedachte hebt waarvan je de kracht niet tegenwerkt door er een andere gedachte tegenover te stellen, zal die positieve gedachte zich manifesteren. Zo krachtig zijn je gedachten.

Ik: Zo veel mensen hebben het gevoel dat het leven of het universum tegen hen is. Zo heb ik me bij perioden ook gevoeld. Ik stel me zo voor dat je je perspectief echt ingrijpend moet veranderen om te kunnen geloven dat het universum en het leven achter je staan.

Rhonda: Als je gelooft dat de wereld tegen je is, is dat hoe je leven eruit zal zien. We zijn vrij om het leven te creëren dat we willen. We zijn vrij om een leven te creëren dat bestaat uit lijden of een leven dat bestaat uit vreugde. We zullen moeten stoppen een leven te creëren dat we niet willen. Het enige dat ervoor nodig is om je leven te veranderen, is een positieve gedachte.

Ik: Het klinkt zo eenvoudig, maar zo voelt het vaak niet. Wat ik nog niet helemaal begrijp, is hoe deze manier van denken zich verhoudt tot moeilijke perioden en aspecten van je leven. Je kunt verlies, wereldproblemen of pijn immers niet wegdenken. Is acceptatie deel van dit gedachteproces? Een acceptatie van die aspecten van ons leven die we niet kunnen veranderen?

Rhonda: Daarin spelen twee dingen een rol. Ten eerste: als je vreugdevol in het leven staat en positief denkt, heeft de wereld om je heen een andere inwerking op jou dan op mensen voor wie dat niet geldt. Ik spreek uit ervaring. Toen ik bezig was met het maken en het schrijven van *The Secret*, was ik zo enorm positief dat ik elke negatieve gedachte meteen stopte en zei 'weg met jou, weg met jou' en door een positieve gedachte verving. Met denken kun je alles omkeren. Ten tweede: we creëren allemaal ons eigen leven. Ik creëer mijn leven, en dus niet dat van jou. Hoe het leven van een ander verloopt, is niet iets waar jij met je gedachten invloed op hebt. Je zou ook niet willen dat iemand anders een dergelijke invloed op jouw leven zou hebben. Een voorbeeld. Je denkt dat je je zielsverwant hebt gevonden. Je bent tot over je oren verliefd, maar hij laat je in de steek en jij wilt hem weer terugwinnen door al je gedachten daarop te richten. Maar stel je nu voor dat er ergens iemand is die stapelverliefd op jóú is en zo graag zijn leven met jou wil delen dat hij al zijn gedachten daarop richt, maar dat jij dat helemaal niet wilt. Het zou afschuwelijk zijn als hij daarmee jouw leven kon bepalen. Zo werkt het dus niet. Ieder van ons creëert zijn eigen leven door middel van de wet van aantrekking.

Op een ander niveau, het niveau van ons gezamenlijke bewustzijn, creëren we de gebeurtenissen die in de wereld plaatsvinden. Sommige dingen die we als negatieve gebeurtenissen beschouwen, zijn in feite een zegen. Neem de recente pandemie, die het leven van zo veel mensen zo moeilijk heeft gemaakt en zo veel angst heeft veroorzaakt. Maar diezelfde pandemie is ook een waarschuwing voor ons om ons niet door angst te laten beheersen. Het is een wereldwijde waarschuwing om vreugde centraal te stellen in ons leven en te genieten van het wonder van het leven en deze aarde.

Op dit punt in ons gesprek duizelt het me. Deze krachtige woorden van Rhonda zullen voor sommige mensen hard aankomen, zoals dat af en toe in ieder geval bij mij het geval was. Creëren we echt alles in ons eigen leven? Is er niet ook iets als pech hebben? Maar door wat Rhonda als laatste zei, over hoe we tegen moeilijke perioden aankijken, denk ik dat ik het begin te snappen. Het gaat er niet om dat je je niet verdrietig of boos zou mogen voelen over bepaalde dingen die in je leven zijn gebeurd, maar om wat je ervan kunt leren. Het gaat erom of je het aangrijpt om als mens te groeien. Ik herinner me situaties uit mijn eigen leven die pijn en lijden met zich meebrachten, situaties die ik beslist niet zelf actief heb gewild en ik zou me ook echt niet het moment voor de geest kunnen halen waarop ik ze zou hebben gemanifesteerd, maar ik zie wel welke lessen en ontwikkeling deze donkere en traumatische perioden mij hebben gebracht. Misschien dat je net als ik het voorgaande stuk nog eens wilt herlezen of er later nog eens naar wilt kijken, wanneer je rustig hebt kunnen nadenken over wat je van de moeilijke perioden in je leven hebt geleerd.

Ik: Vreugde heeft de laatste tijd een zeer ondergeschikte rol gespeeld. Het afgelopen jaar draaide vooral om angst.

Rhonda: Vreugde is een creatieve kracht. Vreugde brengt vreugde voort. De meeste mensen denken dat het geluk komt wanneer ze de juiste levenspartner hebben gevonden, wanneer ze de baan hebben die ze altijd hebben gewild, wanneer ze ergens anders wonen dan waar ze nu wonen. Maar om dat alles te bereiken moet je eerst vreugde voelen en gelukkig zijn.

Ik: Wat zou je willen zeggen tegen mensen die wel hun uiterste best doen het goede te manifesteren, maar daar niet in slagen?

Rhonda: Dat ze moeten leren geloven dat ze al hebben wat ze willen hebben. Ze zijn gericht op wat ze NIET hebben en wat ze missen. Als je erin gelooft dat je al hebt wat je wilt hebben, is de manifestatie ervan maar een kleine stap. Als je echter voortdurend gefocust bent op wat je niet hebt, houd je de manifestatie van dit gemis alleen maar in stand.

We hechten te veel belang aan tijd, terwijl tijd niet meer is dan een idee. Er is geen tijd als zodanig. Neem de zwaartekracht, die werkt niet in het verleden of in de toekomst, die werkt in het nu. Dit geldt ook voor aantrekkingskracht: alleen het huidige moment telt. Daarom moet je je voorstellen dat je nu, op dit moment, al hebt wat je wilt hebben. En maak daarbij gebruik van al je zintuigen; beeld je de aanraking, de reuk, de aanblik, het geluid ervan allemaal in. Je iets voorstellen is een gedachte verbeelden. Veel spirituele leermeesters spreken over het visualiseren van gedachten om ze los te kunnen laten. Loslaten in de zin van vergeten, om een bepaalde gedachte geen obsessie te laten worden die geen ruimte laat voor gedachten die ertegen ingaan. We zijn voortdurend situaties aan het creëren waarin we iets 'hebben' of 'niet hebben'.

Ik: Hoe heeft jouw openbaring over de wet van aantrekking je relatie met het leven veranderd?

Rhonda: Het heeft mijn leven een draai van driehonderdzestig graden gegeven. Vóór *The Secret* was ik helemaal niet spiritueel. Ik dacht dat slechte dingen gewoon gebeurden, buiten ons om. Pas toen ik de wet van aantrekking ontdekte, besefte ik welke kracht we in ons hebben en ook dat die kracht niet sterft. Het lichaam sterft, maar niet die kracht die we zijn. We zijn niet ons lichaam. Dat besef heeft mijn leven compleet veranderd. Eerder had ik veel schulden en een slechte gezondheid, maar na de ontdekking van de wet van aantrekking is al het negatieve uit mijn leven verdwenen. Mijn relaties met anderen zijn veranderd, mijn gezondheid, mijn financiën, mijn relatie met het leven zelf. Ik heb zelfs mijn gezichtsvermogen hersteld. Ik had altijd begrepen dat met het ouder worden het gezichtsvermogen afneemt; dat geloofde ik en dus nam mijn zicht ook af. Om mijn gezichtsvermogen te herstellen stelde ik mij voor dat ik weer perfect kon zien en na twee dagen heb ik mijn bril weggelegd en hem nooit weer gebruikt.

Ik: Ongelooflijk!

Rhonda: Ik was er zo van overtuigd dat ik weer goed zou zien, dat het ook gebeurde. Ik stelde me voor hoe ik in het donker dingen kon lezen, hoe ik kleine lettertjes kon lezen, zonder die gedachte in twijfel te trekken.

Ik: Het is verbijsterend en toch klinkt het verbluffend eenvoudig. Wat zou je tegen de mensen kunnen zeggen die dit lezen maar voor wie dit niet haalbaar voelt, mensen die vastzitten in negatieve gedachtegangen? Heb je tips voor hen hoe ze de wet van aantrekking in hun voordeel kunnen gebruiken?

Rhonda: We hebben allemaal negatieve gedachten, dat geeft niets. Het is pas een probleem wanneer we die gedachten geloven. Neem hoe we met emoties omgaan. Het universum is boordevol emoties die komen en gaan. Die emoties zijn niet persoonlijk, maar zo nemen we ze wel op, terwijl het enkel energie is die om ons heen en door ons heen vloeit. Wat er vaak gebeurt, is dat we ons het onpersoonlijke schuldgevoel waar we mee in aanraking komen toe-eigenen en er een persoonlijk schuldgevoel van maken. We zeggen: 'Ik ben schuldig', in plaats van het gevoel van schuld gewoon te laten komen en weer te laten gaan.

Een ander geweldig middel is dankbaarheid. Het helpt je om op een andere frequentie af te stemmen, weg van de lage frequentie waar alle negatieve gedachten huizen, zoals schuldgevoel en afkeuring. Je kunt dankbaarheid inzetten om de hogere frequenties te vinden. **'s Ochtends wanneer je wakker wordt en nog in bed ligt, maak je een lijst in je hoofd of op papier van alles waar je dankbaar voor bent.** Bijvoorbeeld:

'Ik ben dankbaar voor mijn moeder, die er altijd voor me is.' Of: 'Ik ben dankbaar voor mijn collega's, omdat ze altijd zo behulpzaam en vol begrip zijn.' Wanneer je zo je lijst afgaat, zul je jezelf over je hele lichaam, maar vooral in je hart voelen verzachten. Dat betekent dat je je negatieve gedachten machteloos hebt gemaakt, dat die negatieve frequentie niet langer de toon bepaalt. Toen ik aan *The Secret* werkte, deed ik dit elke ochtend. Ik lag in bed en benoemde alle eenvoudige dingen waarvoor ik dankbaar was totdat ik tranen in mijn ogen had. Daarna stond ik op en bij elke stap die ik zette, zei ik dan hardop: 'Dank je wel, dank je wel, dank je wel.' Alles krijgt zo een andere lading.

Ik: Het onderkennen van onze zegeningen helpt ons dus om een leven te creëren met nog meer om dankbaar voor te zijn. Een soort cognitieve herbedrading in feite?

Rhonda: Een herbedrading inderdaad, een herprogrammering van ons denken. De enige taak van onze denkende geest is om het leven te creëren dat we willen. Maar we maken het veel te complex voor onze geest en we geven negatieve gedachten te veel macht en we betrekken emoties te veel op onszelf. Onthoud: alle gedachten die niet bevestigen dat je mooi, intelligent, betoverend, onbegrensd, eeuwig, fantastisch of vol vreugde bent, zijn bij jou aan het verkeerde adres, stuur ze weg.

Ik: Als het als een te grote stap voelt om het roer definitief om te gooien naar deze manier van denken, zou je het ook een paar dagen kunnen uitproberen, als experiment.

Rhonda: Binnen vierentwintig uur zul je het verschil al merken. Zo snel gaat het. Als je dagelijks dankbaarheid inzet, zul je merken dat er in je denken een knop omgaat en dat je leven er anders gaat uitzien. Naast dankbaarheid kunnen we ons ook op liefde richten. Ook al lijkt het misschien niet altijd zo, maar de wereld is liefde, een en al liefde. Net als met alles waar je dankbaar voor bent, kun je een lijst maken met dingen die je liefhebt. **Je kunt het liefde laten regenen door te zeggen: 'Ik houd ervan wanneer de lucht blauw is. Ik houd ervan wanneer het verkeer vlot doorstroomt zoals nu. Ik houd van de muziek waar ik naar het luisteren ben. Ik houd van deze podcast. Ik houd van de vogels in de lucht.'**

Je stijgt dan meteen op tot de hoogste frequentie, want liefde is onze ware aard. We dragen altijd liefde in ons, maar onze negatieve gedachten smoren die liefde. Je zult je bewust moeten zijn van je gedachten en moeten onderkennen dat de negatieve gedachten niet de waarheid zijn. Je moet je niet met deze negatieve gedachten identificeren. Laat het liefde regenen en maak je los van die negatieve frequentie.

Ik: Het liefde laten regenen, dat klinkt geweldig! Wat een geluk dat ik vandaag met je heb kunnen praten, Rhonda. Wat een heerlijk geschenk!

* * *

Na mijn gesprek met Rhonda heb ik veel duidelijker voor ogen hoe de wet van aantrekking ons kan helpen een spiritueler leven te leiden. Het bevordert hoop. Het is de lucifer die de aanmaakhoutjes vlam doet vatten waardoor het vuur van mogelijkheden kan oplaaien. Door onze geest te trainen zich op het positieve te richten, scheppen we hoop. Onze eigen, zelfbeperkende overtuigingen zitten maar al te vaak de verbondenheid met het grotere iets in de weg en onze zelfbeperkende overtuigingen krijgen alleen de kans zich naar de voorgrond te dringen wanneer er geen liefde is. **De wet van aantrekking leidt ons terug naar waar alles mogelijk is, omdat we geloven dat we verbonden zijn met iets wat groter is dan alleen onze**

eigen denkende geest. Het zou zo verbluffend simpel zijn, als onze geest niet zo eigenzinnig was.

Vrijwel meteen na dit gesprek werd mij duidelijk hoe ingrijpend mijn brein geherprogrammeerd moest worden. Al binnen twee minuten dienden zich negatieve gedachten aan zoals: 'Zou Rhonda me dom vinden?' en: 'Zou ze er spijt van hebben dat ze haar tijd hieraan heeft besteed?' Ik weet dat het menselijk is om negatieve gedachten te hebben, maar mijn neiging om ze te geloven is buitensporig zo niet extreem. Ik zal mijn gedachten in de gaten moeten houden zoals je een jonge pup voortdurend in de gaten moet houden als je niet wilt dat hij de bank kapot kauwt en overal poept. Mijn brein is een volslagen onopgevoede pup. Dankzij de wijze woorden van Wendy eerder in dit boek hebben we enigszins een basis, maar om vooruitgang te boeken zullen we elke negatieve gedachte een halt toe moeten roepen en in twijfel moeten trekken.

DE MAKKELIJKE OPTIE

Ik stuur meteen een tekstbericht naar vier vriendinnen van wie ik weet dat ze, om verschillende redenen, een moeilijke tijd doormaken om de glorieuze woorden van Rhonda zoals ik me die kan herinneren aan hen over te brengen. Ik kan niet snel genoeg de letters intoetsen om haar wijze boodschap met hen te delen. Twee van hen laten weten dat de antwoorden van Rhonda op mijn vragen een verhelderend licht op hun eigen leven werpen, de andere twee zijn onder de indruk van de heldere eenvoud, maar denken niet dat ze zelf een dergelijke mate van positiviteit kunnen vasthouden. Hoe komt het dat wat in theorie zo simpel klinkt in de praktijk zo moeilijk is? Ik denk dat we er domweg aan gewend zijn geraakt om in het negatieve te geloven, omdat dat de makkelijke optie is. Het kost veel meer moeite om oog te hebben en te houden voor de waardevolle lessen en het gouden randje van het leven. Bovendien is negativiteit in de wereld van vandaag de norm geworden. Sla de kranten er maar op na: voor hartverwarmende verhalen, miraculeuze gebeurtenissen en altruïstische daden is nauwelijks aandacht. Daarom vermijd ik ze ook steeds meer. Het woord 'nieuws' heeft een bijna exclusief negatieve lading gekregen. Is dat niet bizar? Negativiteit is zo gewoon geworden dat we het niet eens meer als negativiteit herkennen. Positieve verhalen en uitkomsten vervluchtigen al snel of raken ondergesneeuwd door sensationele berichten en bangmakerij. Misschien denken we wel dat een positieve uitkomst alleen is weggelegd voor enkele bofkonten. Maar we kunnen toch zeker zelf wel bepalen in hoeverre we deze tomeloze negativiteit in ons leven toelaten? Daarvoor moeten we eerst de invloed van deze negatieve gedachten onderkennen, om er met enige afstand naar te kunnen kijken, om ze onder een vergrootglas te kunnen leggen en ons af te vragen: is dit wel echt zo?

HET VERHAAL VERANDEREN

Eén enkele negatieve gedachte kan soms de basis vormen voor een heel bouwwerk. Die ene gedachte kan ten grondslag liggen aan tal van beslissingen die je neemt, aan hoe je je door het leven beweegt. **Deze negatieve overtuigingen voelen vertrouwd en vormen een makkelijk excuus om je te blijven gedragen zoals je altijd al deed.** Zonder die ene fundamentele negatieve gedachte voel je je misschien zelfs wel een beetje verloren.

Zo heb ik me lange tijd niet goed genoeg gevoeld om een tv-programma op primetime te presenteren. Ik beschouwde mezelf als 'te vreemd' en 'te eigenzinnig' en 'niet aantrekkelijk of meisjesachtig genoeg', waarmee ik mezelf buitenspel plaatste en er bij voorbaat van uitging dat het me dus niet zou lukken. Gelukkig ben ik met het ouder worden mijn geloof in die gedachte verloren. In eerste instantie voelde dat alsof ik in een vrije val uit een vliegtuig was gesprongen. Binnen welk verhaal paste ik, nu ik het verhaal dat ik mezelf had wijsgemaakt niet langer geloofde? Wat was dán de reden dat ik niet als tv-presentator aan het werk was? Het door mijzelf opgetrokken en in stand gehouden bouwwerk van overtuigingen stortte volledig in, en terwijl ik daar zo onbeschut achterbleef, bekroop mij het gevoel dat ik misschien zelf was veranderd. Misschien wilde ik wel gewoon geen grote tv-programma's meer presenteren. Mijn ego, met zijn behoefte om te vergelijken en het altijd beter te willen doen, had me doen geloven dat ik niet goed genoeg was, had die gedachte tot feit verklaard, ook al was die gedachte niet waar. Ik besef nu hoezeer ik mezelf door deze en tal van andere negatieve gedachten heb beperkt en ingegraven.

Als we leven en handelen vanuit het gevoel dat we niet goed genoeg zijn, is het niet vreemd dat we er niet in slagen een brug te slaan naar dat grotere iets. Het kan dan voelen alsof het leven niet groter is dan de menselijke ervaring of dat spirituele verbinding niet voor ons is weggelegd, dat het aan mensen toekomt die het harder nodig hebben. Gisteravond sprak ik via WhatsApp met een vriendin over haar huidige gebrek aan zelfvertrouwen. Die vriendin is niet zomaar iemand: ze is een fantastische persoon, volslagen uniek in wie ze is en wat ze doet, en enorm zorgzaam en attent als mens. Maar zelf zag ze dat niet omdat ze zo gevangenzat in haar negatieve gedachten en er zo vast van overtuigd was dat die gedachten waar waren. Na mijn gesprek met Rhonda wilde ik niets liever dan haar ideeën uitdragen. Ik gaf mijn vriendin een peptalk om haar negatieve gedachten te ontkrachten en haar een ander perspectief te bieden. Ik hield haar voor dat haar overtuiging dat ze geen liefde waard was – dat ze 'weerzinwekkend' was, zoals ze op een gegeven moment verklaarde – misschien wel niet de waarheid was. Nu WEET ik wel dat die overtuiging volslagen onwaar is, maar omdat ze al zo lang en zo vast in haar eigen overtuiging geloofde, kan ze dat natuurlijk niet zomaar omdraaien. Ik beriep me op Rhonda en vroeg mijn vriendin om aan het universum te verklaren dat ze openstond voor zelfliefde en zelfacceptatie, om zich op die gedachte te richten en geen enkele gedachte toe te laten die hiermee in tegenspraak was. Ik weet dat ik dit evenzeer voor mezelf bedoelde als voor mijn vriendin. Het antwoord van mijn vriendin was even snel als beslist. Het voelde voor haar niet goed om om hulp of advies te vragen terwijl zo veel anderen met zo veel grotere problemen kampten. Een interessante reactie, omdat ik me ook vaak schuldig voel over mijn behoefte aan spirituele hulp wanneer ik het moeilijk heb, omdat ik het gevoel heb dat dergelijke hulp anderen toekomt, die het echt nodig hebben.

Na mijn twee gesprekken met Rhonda begin ik iets beter te begrijpen hoe schadelijk een dergelijke manier van denken kan zijn voor onszelf en voor de mensen om ons heen. Wanneer we onszelf hulp en advies ontzeggen, hebben we geen oog voor de overvloed van het leven. Liefde is onbeperkt en oneindig. Het kan nooit opraken. Ook kennis en wijsheid kunnen nooit opraken. Er is genoeg voor iedereen. We zullen ons eigen gebrek aan zelfwaarde moeten uitpluizen en moeten leren inzien dat wanneer we ervoor kiezen om ons ongelukkig te blijven voelen, we ook anderen niet zullen kunnen helpen wanneer ze het moeilijk hebben.

Het is juist zo dat als het goed gaat met jezelf, je ook meer hebt om aan anderen te geven. Om hulp en advies vragen om te kunnen veranderen in iemand die van zichzelf kan houden, maakt je tot iemand die meer voor anderen kan betekenen en die zelf een lichtend voorbeeld kan zijn. Ervoor kiezen om je eigen dromen waar te maken betekent niet dat je daarmee anderen de kans ontzegt dat ook te doen. Je zult hen met je voorbeeld juist eerder aanmoedigen en inspireren. Ik voel me enorm geïnspireerd door mensen die hun dromen hebben gevolgd en hun eigen zelfbeperkende overtuigingen achter zich hebben gelaten. We verdienen het allemaal om onze droom te leven.

MENTALE MUREN

Vandaag werd ik getriggerd door iets op Instagram. Mijn gewoonte om me oneerlijk behandeld te voelen, speelde op als een etterende zweer. De betreffende post ging in tegen alles waarin ik geloof over leven en vrijheid, en was zo gesteld dat iedereen die het ermee oneens was, werd weggezet als iemand die het niet snapt. Net als de meeste mensen heb ik er een hekel aan om de dingen niet te snappen, maar het probleem is dat ik er mijn hele leven al van overtuigd ben dat ik de dingen ook daadwerkelijk niet snap. Het is een van de negatieve gedachten die ik koester waardoor ik me in mijn leven laat beknotten. Ik heb die negatieve gedachte tot een voldongen feit gemanipuleerd. Ik heb me door die gedachte laten bepalen. Bij perioden ben ik als de dood geweest dat 'ze' erachter zouden komen en dat ik publiekelijk te kijk zou worden gezet (zoals bij perioden ook daadwerkelijk is gebeurd toen de Britse pers het op me had voorzien en op een zeer persoonlijke en hatelijke manier tot de aanval overging) omdat ik het op de een of andere manier niet snap.

Het is een diepgewortelde angst die ik moeilijk kan omschrijven omdat ik niet weet waar hij precies vandaan komt. Het een gevoel dat altijd op de loer ligt en zich meestal wel koest houdt, maar dat oplaait zodra anderen vol zelfvertrouwen verklaren dat alleen zij het snappen, dat hun manier de juiste is. Ik geloof in keuzevrijheid en dat iedereen moet doen wat het beste voor hem of haar is, maar vreemd genoeg weerhoudt me dat er niet van om mijn eigen ergste vijand te zijn, want het roept bij mij de drang op het allemaal zo perfect mogelijk te willen doen, wat me weer verlamt van angst het verkeerd te doen. Onbewust ben ik mezelf hiermee aan het ontmenselijken. Mensen zijn feilbaar en maken nu eenmaal fouten en zoals we allemaal weten, je hebt de keus om van je fouten te leren of om keer op keer dezelfde fouten te herhalen totdat, BAM, de boodschap eindelijk doordringt. Ook al begrijp ik dit met mijn verstand, ik ben geneigd die kennis terzijde te schuiven en mezelf mijn fouten kwalijk te nemen of mezelf als dom te beschouwen omdat ik het immers 'allemaal niet snap'.

In zijn briljante boek *Fuck it 2. Het maakt allemaal niet zo veel uit* noemt John C. Parkin een dergelijke manier van denken een gevangenis. Op een bepaalde manier zitten we allemaal opgesloten in onze eigen gedachten, maar soms zijn we ons daar totaal niet van bewust. We bewegen ons door het leven voort totdat we op een groot obstakel stuiten dat onze weg blokkeert en we erachter komen dat we die blokkade zelf hebben opgeworpen. Dat besef hoeft natuurlijk niet ineens te komen en vermoedelijk doorlopen we eerst nog fasen van verzet, schaamte en schuld, maar hopelijk opent een nadere zelfinventarisatie ons dan de ogen voor het feit dat we die muren die ons insluiten zelf hebben opgericht en dat we die ook alleen maar zelf kunnen afbreken. Dat is de fuck-it-therapie: een hartgrondig 'FUCK IT' zeggen en doen wat je diep vanbinnen echt wilt doen. Zeggen wat je echt wilt zeggen, creëren wat je echt wilt creëren, genieten waar je echt van wilt genieten, nee zeggen tegen wat je echt niet wilt, kortom: de muren van je gevangenis afbreken. Daar moeten we volgens mij mee beginnen om de wet van aantrekking zijn werk te kunnen laten doen. We moeten eerst die muren met de grond gelijkmaken.

GEEN IDEE

De volgende stap is weten wat je echt wilt, maar wat nu als je geen flauw idee hebt wat dat is? Wat als je bent vergeten wat je fijn vindt en waar je vreugde uit put? Zoals mij is overkomen. Het klinkt misschien als een cliché, maar na de geboorte van mijn kinderen werd ik opgeslokt door mijn nieuwe rol als moeder en alle verantwoordelijkheden die dat met zich meebrengt. Hoewel ik bij perioden nog altijd een diepe verbondenheid voelde met dat 'grotere iets' en mijn ziel voelde zwellen van geluk telkens wanneer ik mijn kinderen als baby in mijn armen hield, was ik ook een beetje kwijtgeraakt wie ik zelf was. Toen Honey en Rex allebei eenmaal een groot deel van de dag op de kleuterschool zaten en ik af en toe een vrije dag had, had ik letterlijk geen idee wat ik moest doen. Ik ben dol op mijn werk, wat me een bevoorrecht mens maakt, en gewoonlijk werk ik dan ook zo veel mogelijk, maar op die zeldzame vrije momenten, wanneer ik helemaal bij was met mijn werk en ik een paar uur over had, voelde ik me enigszins verloren. Als je me op zo'n moment had gevraagd wat ik het liefst wilde, wat ik gemanifesteerd wilde hebben, had ik je daarop geen antwoord kunnen geven.

Het is misschien makkelijker om erachter te komen wat je wilt wanneer je niet zozeer focust op iets specifieks, maar op een gevoel. Mijn doel is dan vaak een gevoel van rust. De tijd van sensaties, dat ik van het ene adrenalinemoment in het andere wilde rollen en in de schijnwerpers wilde staan, heb ik ver achter me gelaten. Een beetje rust is alles wat ik verlang. Het is misschien makkelijker om het advies van Rhonda toe te passen wanneer je je een gewenste emotie voorstelt. Ik haal me dan een moment of periode in mijn leven voor de geest waarop ik een diepgevoelde rust ervaarde en ik denk aan hoe mijn lichaam voelde, hoe mijn huid tintelde, hoe de zeelucht rook, hoe het klonk wanneer het water over het kiezelstrand spoelde. In mijn verbeelding ben ik daar en ik geef me er zo volkomen aan over dat er geen ruimte overblijft voor welke gedachte dan ook die me dit wil ontnemen.

Het onderzoek van Meik Wiking naar nostalgie kan ons daarbij misschien wel van pas komen. Meik is CEO van het Happiness Research Institute in Kopenhagen en is de auteur van enkele prachtige boeken, waaronder *Hygge. De Deense kunst van het leven*, *Lykke. De Deense weg naar het geluk*, en *De kunst van herinneringen maken*. In dit laatste boek bespreekt hij de kracht van nostalgie, en hoe nostalgie ons kan bevrijden van de beperkingen van het huidige moment. Dat klinkt misschien tegenstrijdig met de alom geprezen theorieën over de kracht van in het NU zijn van Eckhart Tolle, een kracht die stress en angst helpt verlichten. Maar met zijn onderzoek heeft Meik aangetoond dat een nostalgische beleving ons gelukkiger kan maken. Misschien ligt het ideale evenwicht in een toepassing van een combinatie van deze twee ideeën. Met nostalgie kunnen we een herinnering oproepen die voor geluk en verbinding staat, en door dit met aandacht voor het moment te beleven, blijven we niet in het verleden hangen of in de gedachte dat het geluk alleen daar te vinden is. Het gebruik van nostalgie om ons een gewenste emotie ten volle te herinneren zou weleens een zeer effectief instrument kunnen zijn bij het toepassen van de wet van aantrekking. Zoals Rhonda verklaarde: 'Je moet geloven dat je al hebt wat je wilt hebben.' Ik denk dat we daarvoor ons verbeeldingsvermogen kunnen gebruiken, dat misschien wat roestig is doordat we het te weinig gebruiken in ons volwassen leven, of we kunnen teruggrijpen op gevoelens en zintuiglijke herinneringen om ons een gewenste emotie voor de geest te halen.

Ik probeer de wet van aantrekking te gebruiken om me minder onzeker en bedrukt te voelen na het bekijken van de eerdergenoemde Instagrampost. Is het niet bizar dat één enkele foto op een klein beeldschermpje, waar ik ook níét naar had kunnen kijken, mijn hele dag kan verpesten? Ik vervloek mezelf dat ik zo gedachteloos heb zitten scrollen, maar wis die negatieve gedachte ook meteen weer uit. Ik herinner mezelf eraan dat als ik focus op mijn schaamte en onzekerheid over wat ik mogelijk niet snap of verkeerd zie, ik me door dat gevoel laat overheersen. Het is frustrerend eenvoudig maar vereist de nodige mentale kracht om uit het oude verhaal te stappen en een nieuw verhaal te beginnen, maar ik ben er klaar voor. Zonder er verder nog al te veel over na te denken wis ik de negatieve gedachte door haar door een positieve gedachte te vervangen, alsof ik een muur oververf met een frissere kleur. In plaats van de gedachte 'ik snap het leven niet en dat maakt me bang' houd ik mezelf voor 'ik heb mijn eigen overtuigingen over het leven en het staat me vrij het leven te verkennen hoe ik dat wil, op een manier die me zal helpen als persoon te groeien en te genieten van deze ene kostbare ervaring van mijn bestaan op aarde'.

Laten we samen met Meik Wiking nog eens putten uit wat ouderwetse Deense wijsheid. Toen Meik te gast was bij de Happy Place-podcast, hebben we het onder meer gehad over wat als 'normaal' wordt beschouwd, omdat wat binnen een maatschappij tot norm wordt verheven tot een gevoel van uitsluiting kan leiden bij mensen die buiten de norm vallen. Natuurlijk bestaat de 'norm' helemaal niet. Er zijn gemiddelden, en wat die gemiddelden zijn, kan worden uitgerekend en vastgesteld door middel van gegevensverzameling en onderzoek, maar daarmee zijn die gemiddelden nog niet normaal. Voor mij betekent normaal dat wat goed voelt voor jou als individu, om het leven vrijelijk te ontdekken, zonder dat jouw manier ergens aan wordt afgemeten. Als ik mezelf toesta deze nieuwe lijn van denken te volgen, voel ik me zo veel minder gestrest. Mijn lichaam ontspant zich en, zoals Rhonda eerder al zei, mijn hart voelt zachter, zachter naar mezelf en naar degene die deze golf van gedachten oorspronkelijk in gang heeft gezet. Dit zou weleens het benodigde kantelpunt kunnen zijn om de komende zes uur niet te laten bepalen door een woede die voortvloeit uit mijn eigen angst dat ik het allemaal niet zou snappen. Deze verandering van perspectief en frequentie vervullen me met een zekere tevredenheid en helderheid. Ik neem de beslissing om de rest van de dag niet meer op sociale media te kijken, en voordat ik de kinderen van school haal, heb ik zelfs nog tijd vrij weten te maken voor een korte wandeling.

GELIJKEN TREKKEN ELKAAR AAN

Ik word opnieuw op de proef gesteld om te bewijzen dat ik mijn brein met positieve bekrachtiging zover kan krijgen dat ik tien uur vanavond haal (bedtijd voor mij) zonder bepaalde opdringerige gedachten al te veel ruimte te bieden. Voordat ik de kinderen van school haal, waag ik me op de zolder om een ventilator op te diepen. Deze expeditie is niet strikt noodzakelijk, maar het staat op mijn lijstje en hoe meer ik daarvan kan afvinken, hoe meer ruimte er komt voor nieuwe dingen om te doen, dus haast ik me de trap op naar zolder. Met in mijn handen niet slechts de ventilator maar ook een herontdekt oud schilderij en een map die van pas kan komen, zie ik op weg naar beneden niet goed waar ik mijn voeten neerzet en halverwege de trap stuiter ik de rest van de treden naar beneden, waar ik tegen de muur tot stilstand kom. Mijn rug is tegen de plint gesmakt, maar mijn grote teen heeft de grootste klap gehad. Is hij gebroken? Nee, ik kan hem bewegen, maar wat doet hij godsgruwelijk veel pijn. Hij ziet eruit als een opgezwollen worstje en hij voelt alsof er aan de onderkant met kleine dolken in wordt gestoken.

Normaal gesproken zou ik mezelf meteen in een neerwaartse spiraal denken, met gedachten over hoe alles misgaat en dat ik te veel moet doen en te weinig tijd heb om het allemaal te doen. Het gevoel voortdurend achter jezelf aan te hollen. Om deze uitputtende gedachtegang in de kiem te smoren begin ik te lachen. Ik lach om mijn eigen ongeduld om te veel dingen in één keer te willen doen en stel me mezelf voor als een kleine nijverige mier die van hot naar her racet alsof hij tijd tekortkomt, maar die in feite nergens naartoe gaat. Het is best wel lachwekkend om het vanuit dat perspectief te bekijken. Ik hinkel naar mijn klerenkast en pak een paar flipflops, omdat schoenen nu te pijnlijk zijn. Onderweg naar school blijf ik er de humor van inzien. **Ik voel me niet alleen gesterkt door deze nieuwe ervaring van zelfsturing die ik heb over bepaalde aspecten van mijn leven, ik merk ook hoe gelijken elkaar aantrekken wanneer mijn opgewektheid meteen door mijn kinderen wordt opgepikt.** Eenmaal weer thuis doe ik alles een versnelling lager, omdat mijn teen me daartoe dwingt. Misschien was mijn val van de trap wel een vingerwijzing van het universum, een boodschap om het rustiger aan te doen. Die gedachte doet me glimlachen: dat grotere iets houdt dus een oogje in het zeil in mijn leven.

WAT HEB IK GEMIST?

Door dit boek te schrijven ben ik écht met mijn neus op mijn zelfbeperkende overtuigingen gedrukt en op hoeveel invloed ik ze geef. Hierdoor heb ik ze tegen het licht kunnen houden en in twijfel kunnen trekken met alle levensveranderende gevolgen van dien. Beetje bij beetje heb ik het commentaar van anderen kunnen loslaten dat zich in mijn denken had gegrift en zich in mijn brein had genesteld, waar het een vruchtbare voedingsbodem vormde voor de zelfkastijding en negativiteit waar ik zo makkelijk in verviel. Ik vraag me af hoeveel mooie momenten van verbinding ik heb gemist door mijn toewijding aan deze negatieve overtuigingen. Ik vraag me af hoeveel stralend blauwe luchten aan mij voorbij zijn gegaan omdat ik rondliep in een wolk van negatieve gedachten; hoeveel glimlachen van vreemden mij zijn ontgaan omdat ik verdwaald was in een mist van schuld en schaamte, voor hoeveel tekens ik blind ben geweest omdat ik mijn blik naar beneden gericht hield. Ik kan nu zien dat ik bij perioden vastzat in een cirkel van negativiteit en ongewenste gevolgen omdat ik elke afschuwelijke gedachte die in mijn hoofd opkwam geloofde. Ik heb fragmenten van negatieve verhalen liefde in zijn geheel laten verwoesten. Ik wil geen tijd meer verspillen, ik wil niet meer momenten van verbinding missen. Mijn vinger zweeft boven de delete-knop om elke negatieve gedachte die opkomt meteen te wissen, om als een ninja korte metten te maken met elke leugenachtige gedachte. Laten we het advies van Rhonda ter harte nemen: voor mentaal geklets dat niet overeenstemt met het feit dat we allemaal mooie, welwillende, perfecte, wijze, behulpzame en bekwame mensen zijn, is geen ruimte, weg ermee!

Lessen van liefde

- Onderscheid feit van fictie. Welke verhalen vertel je jezelf die schadelijk voor je zijn?
- Onthoud dat je puur liefde en licht bent. Elke gedachte die je wat anders voorhoudt, is een leugen. Rhonda zegt het!
- Stel je open voor je ego. Luister naar wat het zegt, naar wat het nodig heeft.
- Heb compassie met jezelf. Wees aardiger, liever voor jezelf. Praat met jezelf zoals je dat zou doen met je beste vriend of vriendin.

DEEL 2

BEWUSTZIJN

Hoe vaak bewegen we ons niet door de dag met onze ogen gericht op een scherm, onze gedachten gericht op de toekomst en ons lichaam onthecht van de elementen om ons heen? Door onze huid te bedekken met kleren waarop de elementen afketsen en door onze geest af te vlakken met voortdurende afleiding, glijden de meeste dagen als in een mist voorbij. Ons bewustzijn is naar de achtergrond gedrongen en dreigt te verdwijnen te midden van het rumoer van de moderne wereld.

Hoe vaak zie je niet een voetganger de weg oversteken zonder de pas in te houden of zelfs maar om zich heen te kijken, om maar niks te missen van wat er op het schermpje in zijn handen te zien is? Met die instelling dwalen we ook vaak door het leven. Serie na serie, seizoen na seizoen kunnen we ons over het wel en wee van anderen buigen om niet al te aandachtig naar ons eigen leven te hoeven kijken. We hullen ons in kleren en comfort in plaats van onze huid aan de verkwikkende buitenlucht bloot te stellen, en we laten het lawaai om ons heen onze eigen innerlijke stem overschreeuwen. We leven in een druk, luidruchtig, hectisch waas dat uitnodigt om vluchtig over het oppervlak van het leven te scheren. We kiezen ervoor om onszelf te verdoven en daarmee het leven te verzachten.

In deze gecapitonneerde cel die we voor onszelf hebben gecreeerd, is bewust leven een uitdaging. De verleiding is enorm groot om ons over te geven aan comfort en afleiding. We willen de pijn van het leven niet voelen en de verbinding die daarmee gepaard gaat niet ervaren. We kijken weg van ons eigen leven omdat het veel leuker is om ons vijf afleveringen lang onder te dompelen in het leven van de personages van onze favoriete sitcom van het moment. Wanneer je bewust leeft, heb je niet alleen oog voor de wereld om je heen, maar verdiep je je in wat er achter je emoties en daden schuilgaat. Ik heb het dan over een bewustzijn in high-definition met een blikveld van driehonderdzestig graden, een bewustzijn dat een niveau van zelfreflectie ontsluit waar de sleutel tot verbinding en betekenis in het leven te vinden is. De meesten van ons weten niet hoe het eigenlijk komt dat we zijn waar we nu zijn in ons leven of waarom dezelfde soort problemen zich maar blijven aandienen in ons leven wanneer we ze het minst verwachten. Hoe dat komt en waarom dat zo is, zijn vragen die we kunnen beantwoorden als we ons bewust zijn.

Ik denk dat de meesten van ons actief proberen niet bewust te zijn. Het voelt als een hoop zwaar werk om jezelf te moeten doorgronden en het is makkelijker om iets of iemand anders de schuld te geven wanneer er in ons leven iets misgaat. Het kost ook meer moeite om het leven in al zijn enormiteit te ervaren zonder het filter van tv, eten, winkelen, roddelen, sociale media, et cetera. Zo is het bijvoorbeeld veel moeilijker om bij jezelf na te gaan waarom je je minder dan anderen voelt en welk diepgeworteld verdriet dat gevoel veroorzaakt dan te roddelen over anderen in de hoop dat je je daardoor beter over jezelf gaat voelen.

Bewustwording kan nederig stemmen en tot ingrijpende veranderingen in je leven leiden. Vaak kiezen we dan toch voor de andere optie, om het leven van ons te laten afglijden en het te laten voor wat het is. We willen koste wat het kost pijn en verdriet vermijden en dat is ook niet meer dan logisch, maar ik weet uit ervaring – en ik twijfel er niet aan dat dat ook voor jou geldt – dat pijn en verdriet dikwijls deuren zijn naar verbinding. We zijn bang dat ze ons vervreemden en buitensluiten, maar ze vormen vaak juist de opening naar begripvolle steun en betekenisvolle gesprekken. Het delen van mijn ervaringen met depressie en paniekaanvallen heeft tot veel meer verbondenheid geleid dan het delen van mijn ervaringen van gelukkige momenten in mijn leven. Ik heb oprechte en diepgewortelde banden met vrienden en collega's gesmeed die niet mogelijk zouden zijn geweest als ik niet bekend zou zijn met pijn en verdriet, maar vooral niet als ik niet bereid zou zijn geweest om die pijn en dat verdriet te willen doorgronden.

Een spiritueel leven leiden betekent niet op blote voeten en met bloemen in het haar door het leven dansen. Voor mij betekent het een leven waarin aan alle emoties en ervaringen evenveel waarde wordt toegekend en waarin ze als even leerzaam worden beschouwd. Een spiritueel leven draait niet om het negeren van de donkere kanten van het leven om je over te kunnen geven aan bewonderend staren naar de sterren. Het draait om weten wanneer je de blik naar binnen moet richten om rond te wroeten in je pijn en verdriet en weten wanneer je de blik omhoog moet richten met dankbaarheid in je hart voor alles.

Bewustzijn is er in vele soorten en maten en kan gecultiveerd worden op veel verschillende esoterische, mooie en eenvoudige manieren, die we in dit deel van het boek gaan verkennen.

Laten we de verdoving van ons afschudden en ons openstellen en gereedmaken om het leven in al zijn enormiteit te ervaren.

ENERGIE

Wij westerse mensen moeten iets zien om het te geloven. We willen bewijs, statistieken en voldoende verzamelde gegevens om het wetenschap te noemen. Als we energie niet kunnen zien, hoe weten we dan dat het bestaat? Via de uitwerking ervan. Neem de maan, het ons zo vertrouwde wassende en afnemende hemellichaam, en de getijdewerking. De watermassa van de aarde beweegt zich naar het punt waar de maan het dichtst bij de aarde staat en golft weg van het punt dat zich het verst van de maan af bevindt. Die zwaartekracht en het elektromagnetische veld zelf zijn voor het oog niet zichtbaar, maar de beweging van het water wel. We zouden erg kortzichtig zijn als we geloofden dat alleen de maan over een dergelijke energie beschikt en wijzelf niet. Energie, ook wel chi, qi of prana genoemd, is overal en in alles.

Ben je weleens een ruimte met mensen binnengestapt die je rillingen bezorgde of op straat langs iemand gelopen met een bijna tastbare negatieve uitstraling? Ben je weleens in de nabijheid geweest van iemand die je knieën deed knikken of heb je weleens te midden van een menigte gestaan die een elektrische lading leek uit te stralen? Dat zijn uitwerkingen van onze individuele en collectieve energie.

Door ons te verdiepen in energie verbreden we ons perspectief. Het haalt ons uit het kleine van het alledaagse leven en opent de deur van ons denken, dat zo uit de ommuring van ons thuis losbreekt en tot over de zeeën naar andere landen, naar de maan en andere planeten reikt, tot verder dan we ons kunnen voorstellen. Energie is overal en laat zich niet inperken. Het verbindt de punten van het bestaan, het verplaatst bergen en het stelt ons in staat groot te denken.

DE ONEINDIGE CYCLUS VAN ENERGIE

Ik weet dat ik het in dit boek al een paar keer eerder over Rhonda Byrne heb gehad, maar ook haar ideeën over energie zijn relevant. In haar boek *The Greatest Secret* legt ze uit dat energie nooit sterft. Energie kan niet sterven, energie IS. Rhonda schrijft over deze nooit stervende energie binnen de context van de menselijke sterfelijkheid. Wanneer het fysieke lichaam sterft, leeft de energie ervan voort. Zij benadert dit gegeven op een manier die nauw aansluit op het idee van reïncarnatie, waarbij de energie zich na de dood van het sterfelijke omhulsel in een ander levend wezen nestelt, in een doorlopende cyclus van leven. Als deze opvatting van de dood je niet aanspreekt, kun je je een cyclus van leven voorstellen waarbij onze energie niet samen met ons menselijk lichaam sterft, maar weer opgaat in de energie die overal en in alles stroomt, de energie die al het leven verbindt.

Hoe is het vandaag met jouw energie gesteld? Als je helemaal stilzit, kun je dan de energie in je lichaam voelen? Voelt ze verdoofd en verwond door de onverbiddelijkheid van het moderne leven? Voelt ze geprikkeld en opgezweept door wat er om je heen gebeurt? Voelt ze ingesloten door je lichaam of kun je haar in en uit jezelf voelen stromen? Hoeveel controle denk je dat je hebt over je eigen energie of over de energie die je gebruikt? Denk je dat dat samenhangt met omstandigheden of met je eigen aard als persoon en beschouw je je aard als een vaststaand iets? Die vragen fascineren me en maken me nieuwsgierig.

Ik ben ongelooflijk ontvankelijk voor energie. Het voelt alsof ik een paar huidlagen mis. Wanneer er maatschappelijke problemen opspelen, raakt me dat diep. De verschuiving in energie is voor mij bijna tastbaar. Wanneer er wordt bericht over afgrijselijke toestanden ergens ter wereld of over het onrechtvaardige lot van onschuldige mensen, werkt dat op mij in. Ik slaap dan slechter, ik voel me gespannen, ik kan niet helder denken. Ik voel me volkomen overweldigd wanneer ik me in een menigte bevind. Jarenlang heb ik me met drank op de been gehouden tijdens muziekfestivals omdat ik het gevoel had door het enorme aantal mensen en hun energie van de sokken te worden geblazen. Als een spons neem ik alles in me op waarmee ik in aanraking kom. Er is niets wat me beschermt en ik neem alles al te bereidwillig op me. Daarom voel ik me vaak zo gelukkig wanneer ik alleen met mezelf ben: ik hoef dan even niets met de energie van anderen.

Deze eigenschap komt me bij mijn werk soms goed van pas. Wanneer ik iemand interview, weet ik vrij direct hoe mijn gesprekspartner die dag in zijn of haar energie zit. Mijn innerlijke radar pikt feilloos spanning of ongemak op. Ik probeer de ander dan zo tactvol mogelijk tegemoet te treden om een rustige en gemoedelijke sfeer voor een gesprek te creëren. Ik voel even feilloos aan of iemand me aan het leegzuigen is. Ik voel dan letterlijk de energie uit me wegstromen. Heb je dat weleens meegemaakt, dat je iemand ontmoette of sprak en dat je je daarna volkomen leeg voelde? Al tijdens zo'n ontmoeting of gesprek voel ik dat gebeuren en naderhand geef ik mezelf de tijd om daarvan bij te komen, om mijn eigen energie weer op peil te brengen. Maar ik heb ook wel mensen ontmoet die me juist oppepten. Geweldige mensen die, zonder zelfs maar een woord te hoeven zeggen, een speelveld creëren waar de energie over en weer wordt gekaatst. Achter elk woord en achter elke actie schuilt energie. Het is de onzichtbare laag die maar al te makkelijk genegeerd wordt als we kiezen voor telefoons in plaats van mensen en voor afleiding in plaats van betrokkenheid. Het is een onderhuidse aantrekkingskracht die ons naar de juiste mensen leidt en bij anderen juist weghoudt. Het is ook een mogelijke brug naar intuïtieve en paranormale gaven als je daar open genoeg voor staat. Daar gaan we verderop wat dieper op in.

DOE EENS GEK

Zullen we eens gek doen? Ik houd wel van gek doen. Toen ik negentien was, woonde ik in een klein appartement waar ik me helemaal thuis voelde. Ik had alle muren zelf geverfd en het ingericht met oude afgeleefde banken die ik had opgefleurd met zomaar wat doeken. Ik voel me prettig wanneer ik op mezelf ben. Ik verveel me zelden en ik geniet van mijn eigen gezelschap, soms een beetje te veel. Dat jaar, toen ik daar in dat appartementje in Northwood woonde, op vijf minuten afstand van het huis van mijn ouders, had ik genoeg tijd en ruimte om me voor het eerst in mijn volwassen leven naar binnen te richten. Als kind was ik gefascineerd door spiritualiteit, maar pas toen ik het ouderlijk nest had verlaten en op mezelf woonde, begon ik al experimenterend te verkennen wat het precies inhield en hoe ik het kon gebruiken om mezelf als persoon te ontwikkelen. In deze periode van mijn leven mediteerde ik meer dan ooit daarvoor of daarna. Zonder de afleiding van sociale media (die toen nog niet bestonden... ah, die goeie ouwe tijd), kinderen om voor te zorgen en zelfs nog zonder mijn nu ongelooflijk oude katten, kon ik mezelf een routine aanwennen die mijn angsten als sneeuw voor de zon liet verdwijnen en ruimte schiep voor enkele magische momenten.

Op een zo'n moment zat ik in kleermakerszit op het mosgroene kleed in de gang van mijn appartement. Aan het eind van die gang was een smal raam dat uitzicht bood op wat naaldbomen en, die avond, een maan die vol en stralend aan de hemel stond. Het filmen was klaar voor die dag en na het eten van een kom muesli – voor mezelf alleen kookte ik niet al te vaak – ging ik daar zitten met de bedoeling goede energie uit te stralen naar iemand die dat nodig had, en daarbij dacht ik aan mijn tante Karen. Al zolang ik me kon heugen, woonde mijn tante in een superklein rijtjeshuis aan een ongelooflijk drukke doorgaande weg. Een groot deel van mijn jeugd was ze de alleenstaande moeder van mijn nichtje Biba, die een paar jaar jonger is dan ik. Na verloop van tijd leerde ze haar huidige man kennen, Mick, wat na nog meer tijd een nieuw nichtje opleverde, Shannon. Hun huisje was veel te klein voor vier mensen en Shannon moest dan ook bij tante Karen en haar man Mick op de kamer slapen. Tante Karen stelde alles in het werk om haar huisje te verkopen en een nieuw huis te vinden met een extra slaapkamer, maar het lukte gewoon niet.

Dus daar zat ik dan, met mijn negentien jaar, vol verlangen om haar te helpen in een situatie waarop ik geen enkele invloed had. Ik maakte me op om een bal van energie te creëren. Ik had daarover gelezen in een van de vele spirituele boeken die ik in die tijd verslond. Ik hield mijn handen licht gekromd iets uit elkaar en concentreerde me op de energie tussen mijn twee handpalmen. Na enkele minuten kon ik een soort tinteling voelen, een onmiskenbare druk tegen de binnenkant van mijn handen – de onzichtbare energie die zich in de ruimte tussen mijn handen aan het opbouwen was. Ik maakte wat meer ruimte door mijn handen iets verder van elkaar af te houden waardoor zich meer energie kon verzamelen. Telkens wanneer ik voelde dat de ruimte zich helemaal had gevuld en de druk toenam, trok ik mijn handen weer ietsje verder uit elkaar. Na ongeveer twintig minuten hield ik een samengebalde energie ter grootte van een strandbal vast, en die energie begon ik vervolgens te voeden met de wens dat mijn tante het huis vond dat ze nodig had en snel en probleemloos kon verhuizen. Toen de energiebal eenmaal was doordrenkt van deze wens, wierp ik hem in de richting van het maanverlichte raam, alsof ik daadwerkelijk een bal naar een doel wierp. Ik gaf hem een krachtige zet om al die energie doelgericht de wereld in te sturen. Het voelde geweldig. Het voelde rustgevend, verkwikkend en stimulerend. Toen ik die avond naar bed ging, voelde ik de energie nog steeds in mijn handpalmen natintelen.

De volgende avond kwam mijn tante langs. De eenentwintigste eeuw was nog maar net begonnen en familie en vrienden kwamen nog spontaan bij elkaar langs zonder vooraf te bellen of een tekstberichtje te sturen. Daar stond ze, met haar lange blonde haar en haar met franje afgezette poncho wapperend in de wind. Mijn tante heeft een geheel eigen stijl. Ze is behangen met rinkelende oorbellen en armbanden en ze draagt fluwelen jurken en korte vestjes zoals haar rockidolen uit de jaren zeventig. Met een glimlach van oor tot oor en een ring door haar neus die oplichtte in het zacht oranje licht van de buitenlamp, zag ze er behoorlijk stressvrij uit. Tante Karen was langsgewipt om te vertellen dat ze ging verhuizen. De verkoop van haar huis was rond en ze kon in haar nieuwe huis trekken wanneer ze maar wilde. Ik beweer niet dat het enkel aan mijn bal van energie te danken was dat de zaak in beweging is gebracht en de makelaars aan het werk zijn gegaan, maar misschien, heel misschien, heeft mijn doelgerichte energie de energie van mijn tante Karen net het duwtje gegeven dat ze nodig had.

Ik heb sinds die tijd vaker energieballen gemaakt. Vaak vertel ik degene die ik daarmee hoop te helpen niet dat ik dat doe. Ik stuur mijn samengebalde energie gewoon doelgericht de wereld in. Het voelt altijd goed om dat te doen en hopelijk helpt het hen op de een of andere manier. Ik ben totaal niet geschoold in energiewerk, maar ik denk dat we allemaal het recht en de ruimte hebben om te experimenteren en uit te proberen hoe we hiermee onszelf en anderen in ons dagelijks leven kunnen helpen.

WARME HANDEN

In de loop van mijn volwassen leven heb ik vele reikibehandelingen, craniosacrale therapieën en energetische genezingen ondergaan. Het is heerlijk om de subtiele verschuivingen te ervaren wanneer de energie de juiste richting op stroomt of om de spanning gewoon volledig van je af te voelen glijden. Jaren geleden heeft mijn moeder een reiki 1-opleiding afgerond en ze staat altijd klaar om me met haar beringde handen verlichting te schenken bij menstruatiepijn of rugpijn. Ze heeft met haar warme handen mijn kinderen geholpen hun rust te hervinden wanneer ze gespannen waren en ook vrienden komen soms met hun pijntjes en kwalen bij haar. Hoewel reiki als geneeswijze geen erkende status heeft, bieden ook veel ziekenhuizen tegenwoordig reikitherapie aan aan ernstig zieke patiënten die belastende medische behandelingen moeten ondergaan, en velen van hen geven aan hier verbazend veel baat bij te hebben. Om ons hier verder in te verdiepen gaan we te rade bij Giselle La Pompe-Moore, die niet alleen de gaafste naam heeft die ik ooit ben tegengekomen, maar die ook nog eens absoluut fantastisch is. Ik kan niet wachten om je aan haar voor te stellen. Een van de leden van het Happy Place-team vertelde me over haar, waarop ik haar een e-mail stuurde en uitlegde waarom ik contact met haar zocht. Vierentwintig uur later, op een grijze vrijdag, legden we verbinding via Zoom om over energie te praten.

Giselle is een spirituele gids, schrijver, meditatiedocent en reikimeester. Dat alles voelde voor haar niet zozeer als nieuwe ontdekkingen in haar leven, maar eerder als een soort van 'herinneren'. Al sinds haar zesde heeft ze voorgevoelens. Op de katholieke school waar ze zat, voelde ze zich schuldig over deze aangeboren gave en was ze bang dat ze ervoor gestraft zou worden. Maar haar voorgevoelens gingen niet weg en in de loop van haar kindertijd en tienerjaren begon ze te merken dat ze bepaalde situaties en uitwerkingen in haar leven kon manifesteren. Dit voelde als een geheim deel van haar, dat ze steeds dieper wegstopte toen ze eenmaal volwassen was en als redacteur voor een schoonheidstijdschrift ging werken. Ze raakte echter steeds gestrester en realiseerde zich dat ze haar geluk liet afhangen van invloeden buiten haarzelf. Haar zoektocht naar zichzelf leidde terug naar haar vroegere gave. Ze begon aan een reiki 1-opleiding en van daaruit voerde de weg vanzelf verder. Ze besefte dat dit haar roeping was en ze heeft haar eigen ongelooflijke carrière opgebouwd met het behandelen van mensen tussen de anderhalf en vijfentachtig jaar oud. Giselle beschouwt reiki niet als de enige manier om energie te gebruiken voor heling en ontwikkeling. Ook wanneer ze tarotkaarten legt, kristallen gebruikt of een andere praktijk toepast, legt ze contact met de energie van een ander en helpt ze zo de energie in de juiste banen te leiden. Tijdens de recente pandemie heeft ze mensen online behandeld en geheeld, wat ik fascinerend vind en waarover ik graag meer wil weten.

Ik open Zoom, waarna het twintig seconden duurt voordat ik erachter ben hoe ik mezelf hoorbaar maak. Zal ik ooit aan deze nieuwe manier van leven wennen? O jee, ik had wat concealer onder mijn ogen moeten doen. Giselle ziet er stralend uit en ik heb er niet eens aan gedacht mijn ringlamp aan te doen, waardoor de wallen onder mijn ogen nu prominent in beeld zijn. Ik zal mijn uiterste best moeten doen om niet naar mezelf te kijken, maar me enkel op Giselle en haar wijsheid te richten.

Ik: Wat fijn om je te zien, Giselle. Dank je wel dat je dit gesprek vandaag wilt voeren. Echt geweldig om met je te kunnen praten.

Giselle: Hallo, hoe gaat het met je?

Ik: Het gaat goed. Ik ben blij dat ik dit boek aan het schrijven ben en al jouw kennis op papier kan zetten. Als eerste wil ik graag met je praten over een vorm van energieheling waar ik al enigszins vertrouwd mee ben, en dat is reiki. Wat is reiki precies?

Giselle: Reiki is een holistische vorm van energieheling en werd voor het eerst toegepast aan het begin van de vorige eeuw door Mikao Usui, een Japanner. Het is een therapie om blokkades in het natuurlijke herstellende vermogen van het eigen lichaam te helpen opheffen. Deze energieheling vindt plaats op een fysiek, mentaal, emotioneel en spiritueel niveau, en dat maakt het ook zo fascinerend. De westerse kijk op genezing is veelal puur op het fysieke gericht. Als ik hoofdpijn heb, word ik behandeld voor de fysieke symptomen van mijn klacht en als die zijn verholpen, word ik genezen verklaard. Bij een reikibehandeling wordt er op alle vier niveaus ingezet om de heling op elk vlak haar werk te kunnen laten doen. Als beoefenaar geef ik enkel energie door. Ik bepaal niet waar de energie naartoe stroomt. Als ik iemand behandel die last heeft van hoofdpijn, gebruik ik handoplegging om de energie zelf haar weg te laten vinden. De hoofdpijn kan bijvoorbeeld worden veroorzaakt door verdrongen verdriet, of een gebrek aan verbinding met je intuïtie. Bij het beoefenen van reiki gaat het om de verbinding met de geest en het bewustzijn en hoe we die verbinding deel laten zijn van ons leven. In een wereld die zo verdeeld lijkt, een wereld waarin we het voortdurend over identiteit en onderlinge verschillen hebben, of het nu gaat om onze persoonlijke achtergrond, politiek, ras of wat dan ook, biedt reiki ons het besef dat we allemaal energie zijn. Het is de ultieme gelijkschakelaar. Er is geen verschil.

Ik: Wanneer je energie doorgeeft, geef je niet jouw energie aan de ontvanger, toch? Is het niet zo dat je fungeert als doorgeefluik van een universele energie, een energie die niet persoonlijk is maar overal om ons heen aanwezig is?

Giselle: Ja, de energie die ik doorgeef, heeft niets met mij te maken. Het is niet mijn energie. Ik geef geen energie aan de mensen en ik onttrek geen energie aan hen. Ik deel energie. En wat zo interessant is, is dat we ook op afstand energie kunnen delen. Mensen denken dat dat speciaal naar aanleiding van de recente pandemie is bedacht, maar dat is niet zo. Al sinds reiki bestaat, wordt het ook op afstand toegepast. Ik heb overal ter wereld cliënten – in New York, Canada, Zuid-Afrika. Het is zo bijzonder, omdat het bewijst hoezeer we met elkaar verbonden zijn. Het helpt mensen op zo veel manieren en het is precies zoals ze wel zeggen: je energie bereikt waar je aandacht reikt.

Ik: JA! Dat denk ik ook. Absoluut. Door je intentie of energie op iets te richten, laat je dat iets zich manifesteren. We zijn ons daar vaak niet van bewust. We denken dan dat iets domweg pech is, terwijl het maar al te vaak je eigen intenties zijn geweest die het hebben waargemaakt.

Giselle: Intentie is een wezenlijk aspect van reiki. Wanneer ik iemand behandel, is het mijn intentie om verbinding te maken met de universele energie. Je creëert geen magie met de hulpmiddelen die je gebruikt, jij BENT de magie. Je bezielt de handeling die je uitvoert met jouw magie. Wanneer we ons realiseren dat we energie zijn, dat jij energie bent, dat ik energie ben, dat je huisdier energie is, dat je kamerplant energie is, zullen we inzien dat we dit besef van eenheid allemaal met elkaar delen.

Ik: Hoe kunnen mensen die nog nooit van reiki of van energieheling hebben gehoord deze manier van denken in hun dagelijkse leven integreren?

Giselle: We hebben allemaal een aura, een fysiek energieveld om ons heen. Dit kunnen we niet zien, maar wel voelen. Een aura bestaat uit zeven lagen en de grootte van de aura verschilt per persoon. Hoe dichter bij je lichaam, hoe zwaarder en compacter het energieveld. Hoe verder van je lichaam af, hoe lichter en fijner. Een goede manier om aura's te ervaren is om naar een drukke plek te gaan, zoals een winkelcentrum, waar zo veel mensen zijn dat je elkaars aura niet kunt ontlopen. Zonder mensen aan te raken voel je hen, omdat je letterlijk tegen hun aura botst. Je aura verandert mee met je emoties, met hoe je je voelt, en heeft te maken met de vraag of je chakra's in balans en in lijn met elkaar zijn. Sommige mensen zijn hier gevoeliger voor dan anderen, maar iedereen kan aura's voelen. Ik weet uit eigen ervaring hoe fysieke angst voelt, maar dat is een heel ander gevoel dan wanneer ik me overweldigd voel door energievelden. Dat is dus je uitwendige energiesysteem. Maar we hebben ook een inwendig energiesysteem, de chakra's; het woord 'chakra' komt uit het Sanskriet en betekent 'wiel'. Het concept van het chakrastelsel vindt zijn oorsprong in India en dateert van zo'n 3500 jaar geleden. We hebben zeven van deze energieknooppunten, vanaf het punt net onder je stuitbeen tot een punt net boven je kruin. Bij het beoefenen van reiki is het doel een open verbinding te helpen creëren tussen de chakra's. Als door blokkades de energie niet vrijelijk kan stromen, uit zich dat in fysieke klachten of depressieve gevoelens.

Ik: Ja, wanneer we het gevoel hebben vast te zitten, zoeken we de oorzaak vaak in de omstandigheden, zonder dat we ons afvragen of we misschien niet emotioneel en spiritueel zijn vastgelopen.

Giselle: Dat komt omdat we onszelf over het algemeen enkel als fysieke wezens beschouwen. Maar zoals ik al zei, we bestaan op vier niveaus: een mentaal, fysiek, emotioneel en spiritueel niveau, die allemaal gelijkwaardig aan elkaar zijn. Het fysieke niveau is niet belangrijker dan de andere drie. Wanneer we de tekens en signalen van deze andere niveaus negeren, staan we er niet mee in verbinding. Onlangs had ik een cliënt met stressklachten die van de behandeling puur en alleen een gevoel van ontspanning verwachtte. Toen ik mijn handen boven haar lichaam bewoog, voelde ik dat ze ter hoogte van haar keel warmer werden. Ze begon te hoesten en kon er niet meer mee stoppen. Na tien minuten ging het hoesten over in huilen en kwam alle spanning los. Aan het eind van de sessie vertelde ze me dat ze dichter en performer is, maar dat ze al een tijdje niet meer optrad omdat ze last had van podiumvrees. Haar keelchakra schreeuwde haar toe om zich te uiten, maar ze pikte die signalen niet op. Ze had zo veel stress en zo veel angst in haar leven, maar ze had die twee niet met elkaar in verband gebracht.

Ik: Ik heb iets vergelijkbaars meegemaakt. Een enorme cyste op mijn stembanden heeft me doen beseffen dat ik mezelf soms het zwijgen opleg. Ik heb daar zelfs een boek over geschreven (*Wees eerlijk tegen jezelf en luister naar wat je écht wilt*, verkrijgbaar in de betere boekhandel) omdat ik het fascinerend vind hoe dit allemaal werkt. Omdat we de energie en het stromen ervan niet kunnen zien, negeren we vaak het bestaan van ons energielichaam.

Giselle: In onze maatschappij wordt zo veel belang gehecht aan wetenschappelijke onderbouwing dat de waarde van anekdotisch bewijs wordt onderschat. Waarom vinden we het zo moeilijk om te geloven in het bestaan van dingen die we niet kunnen zien? In de verbinding met het spirituele vinden we het vertrouwen en de overtuiging om te geloven in dingen die niet voor het oog zichtbaar zijn. Ik heb een innerlijk vertrouwen dat ik voortdurend bevestigd zie door mijn werk.

Zonder het fundament van een spiritueel leven en het vertrouwen dat dit met zich meebrengt, kan ik niet bestaan. Ik heb geloof en vertrouwen nodig om, wanneer de wereld in beweging is of wanneer ikzelf in beweging ben, houvast te hebben in mijn spiritualiteit en hoopvol en open van geest te kunnen blijven.

Ik: Wat zou je mensen kunnen adviseren als ze denken dat ze een energieblokkade hebben?

Giselle: Een bepaalde mate van zelfonderzoek is noodzakelijk. Maar zelfonderzoek vereist ruimte. Vaak wanneer dingen niet voelbaar voor je zijn of wanneer je een gevoel van verbinding mist, komt dat omdat je jezelf die ruimte niet geeft – je spirituele zelf heeft ruimte nodig. Het is moeilijk om met je intuïtie in verbinding te staan wanneer je het altijd druk hebt. Je intuïtie klopt heus niet uit zichzelf bij je op de deur om te zeggen: 'Kijk eens wat ik hier voor je heb.' Pas wanneer je een stapje terug doet en ruimte creëert, zul je antwoorden vinden. Je moet weer bij jezelf thuiskomen en jezelf ruimte bieden. De belangrijkste vraag die je jezelf kunt stellen is: wat is er wat ik moet zien? En terwijl je jezelf die vraag stelt, scan je je hele lichaam. Misschien merk je dan dat je schouders gespannen zijn. In eerste instantie denk je dan wellicht dat je je schouders fysiek hebt overbelast, maar als je wat dieper graaft kun je je afvragen: wat drukt er nu precies op mijn schouders? Draag ik misschien een emotionele en mentale last met me mee? Waarom geef ik me niet over aan iets wat groter is dan ik ben, een groter iets wat mijn last voor mij kan dragen?

Ik: Is er goede en slechte energie?

Giselle: Dat denk ik niet. Het antwoord op die vraag hangt volgens mij samen met waar we het eerder over hadden: **je energie bereikt waar je aandacht reikt**. Ik heb nooit slechte energie ervaren. Het is mijn dagelijkse intentie om het hoogste en het beste in mezelf te ontvangen. Dat is de enige intentie in mijn leven en dat is dus waarmee ik in aanraking kom. Ik ben nooit in aanraking geweest met negatieve of toxische energie in mezelf omdat ik die intentie niet heb.

Ik: Wauw, echt?

Giselle: Ik geloof er gewoon niet in dat er slechte energie zou zijn. Zolang we voor ogen houden dat we licht zijn, dat we liefde zijn, is er ook helemaal geen ruimte voor. Mensen doen nare dingen en berokkenen zichzelf en anderen schade, maar als we kijken naar wie we denken dat we zijn in vergelijking me wie we werkelijk zijn, dan is er geen ruimte voor slechte energie. Mensen die met hun handelen pijn veroorzaken, beseffen over het algemeen niet dat die pijn uit hun fysieke zelf voortvloeit, dat het een overlevingsmechanisme is. De onderliggende spirituele laag wordt genegeerd. Als we de aansluiting hervinden met onszelf als een volledige en geïntegreerde persoon, scheppen we de ruimte om te denken: 'Ik houd niet van dit aspect van mij, maar dat geeft niet.' Niemand hoeft alleen het beste aspect van zichzelf te zijn, het is zelfs gevaarlijk om dat te willen. We zijn menselijk. We hebben het nodig om boos en aardig te kunnen zijn, om hard en zacht te kunnen zijn. Dat maakt je tot een geïntegreerde persoon. **We hoeven niet van**

alle aspecten van onszelf te houden, maar we moeten ze wel allemaal accepteren voor wat ze zijn.

Ik: Als ik een mentale bodyscan doe wanneer ik morgenochtend wakker word en ik voel een blokkade of iets wat niet goed voelt, wat kan ik dan het best doen? Moet ik mijn aandacht dan op dat punt richten of creëer ik daarmee juist een negatieve connectie omdat ik me op de pijn concentreer?

Giselle: Het gaat om de intentie. Met welke intentie richt je je aandacht op dat punt? Je intentie kan zijn dat je antwoord wilt vinden op de vraag waarom die blokkade of dat gevoel daar is. Het kan ook zijn dat je je wilt openstellen om dat deel van je fysieke zelf te helen. Heling kan zich op een andere manier manifesteren dan jij had bedoeld, maar de wijze waarop de heling plaatsvindt, is vermoedelijk de wijze die je het hardst nodig hebt. Voor je zere schouders had jij misschien een heling voor ogen die de pijn wegneemt, maar de heling die je nodig hebt is misschien de fysieke pijn leren accepteren of leren respecteren dat een gebrek aan productiviteit niet per se slecht is. Misschien moet je gewoon leren je over te geven aan de rust die je nodig hebt.

Ik: Ah, mijn grootste schrikbeeld.

Giselle: Misschien dat je het antwoord op dat moment niet vindt, maar dat je pas later beseft wat je nodig hebt en wat je moet doen. De intentie waarmee je je aandacht richt is dat je ruimte geeft aan datgene wat zich aan jou moet openbaren.

Ik: Een situatie die het persoonlijke overstijgt, zoals de pandemie, kan energetisch zeer belastend zijn. Wat is de beste manier om daarmee om te gaan?

Giselle: Met aandacht voor elk van de vier niveaus. Vraag jezelf hoe je je fysieke zelf het best kunt helpen. Wat heeft mijn lichaam nodig? Ademwerk? Een reikibehandeling? Dansen? Of rust? Waar heeft mijn mentale zelf behoefte aan? Wat kan ik leren? Wat is mijn verhaal binnen dit geheel? Hoe gaat het met mijn emotionele zelf? Mis ik mensen? Laat ik alle gevoelens bij mezelf toe of houd ik bepaalde gevoelens tegen? Kan ik voorbij deze situatie kijken en inzien dat leven groei is en dat groei soms voortvloeit uit tegenslag? Accepteer de situatie en accepteer dat je het er moeilijk mee hebt. Je lichaam en je brein tillen vermoedelijk het zwaarst aan de situatie, maar je ziel heeft een breder perspectief en overziet je verleden, je nu en je toekomst, en spreekt je moed in en schenkt je het vertrouwen dat het allemaal weer goed komt. Kortgeleden heb ik te horen gekregen dat ik ziek ben. Ik heb de keus om te geloven dat dit een hoop ellende en pijn met zich mee gaat brengen, maar die last is te zwaar voor mij om te dragen. Ik weet niet hoe het zal aflopen en daarom richt ik niet al mijn intenties op de toekomst, die onzeker is. Ik heb tegen mezelf gezegd: 'Het is een lichtere last om te geloven dat ik kan genezen van deze chronische aandoening en als ik me daarop blijf richten, is dat wat mij gegeven zal worden.'

Ik: Zijn sommige van de dingen die je net noemde, waar je fysieke zelf behoefte aan kan hebben, te gebruiken om energieblokkades op te heffen? Dingen als schudden en dansen?

Giselle: Ja, schudden helpt. Dansen en schudden met je lichaam brengt dingen in beweging. Stel jezelf de intentie om los te laten wat je dwarszit. En schud het eruit. Ademwerk is ook een belangrijk middel, omdat adem energie in haar zuiverste vorm is. Je adem herinnert je aan het bestaan van je ziel en geest. We geloven in onze adem zonder dat we onze adem kunnen zien. Welke manier je ook kiest – of dat nu een zuivering is met rook door het branden van duurzaam geteelde kruiden of door op een trommel te slaan en lawaai te maken – het werkt wanneer de intentie is om jouw energie of de energie in een ruimte weer vrij te laten stromen.

Ik: Ja, natuurlijk, ook ruimtes hebben een eigen energie, niet alleen wij. Je voelt het wanneer je een heilige ruimte binnenloopt, je voelt een vredige uitstraling. En een plek waar gruwelijke dingen zijn gebeurd, zoals de Tower of London, kan unheimisch voelen. Dat is veeleer een intuïtieve dan een verstandelijke ervaring, en dat hangt samen met de energie die er in zo'n ruimte is.

Giselle: Ik beschouw ruimtes, in huis en in het algemeen, als getuigen van ervaringen. Ruimtes zijn doordrenkt van ervaringen. En van de energie die met deze ervaringen gepaard gaat. Maar we kunnen die energie veranderen. Met intentie en door de ruimte te voeden met andere ervaringen kun je de ruimte bevrijden van deze oude energie. Ik kom vaak bij mensen thuis om de energie van de vorige bewoners te laten wegstromen met behulp van rituelen en intentie. Zelfs in je handen klappen kan helpen. Door lawaai te maken kun je de energie om je heen in beweging brengen. Maar verval daarbij niet in bijgeloof. Het gaat er niet om hoe vaak je in je handen klapt of welke klankschaal je gebruikt, het gaat om de intentie om de energie weg te laten stromen.

Ik: Ik heb weleens een trommel gepakt en er in de slaapkamer van mijn kinderen hard op geslagen wanneer ze de avond ervoor last hadden gehad van nachtangst. Om de energie daarvan te verjagen! Allemachtig, wat een heerlijk gesprek was dit. Dank je wel hiervoor, Giselle.

* * *

Zo'n drie minuten na dit gesprek, en lichtelijk in paniek omdat ik het niet had opgenomen zodat ik later kon opschrijven wat Giselle precies had gezegd, lig ik uitgestrekt op de vloer van mijn kleine kantoortje. Vrijwel meteen plopt een lage rugwervel op de plek waar hij hoort te zitten en voelt mijn rug weer recht zoals hij bedoeld is in plaats van krom door het voorovergebogen zitten achter een laptop. Het kleed jeukt, maar ik probeer me er niet aan te ergeren en me op mijn lichaam te concentreren. Het is tijd voor een mentale bodyscan. Mijn geest scheert als een röntgenapparaat over mijn horizontale lichaam. Het eerste punt waar hij blijft haken, is bij mijn nek. Mijn nek voelt zo stijf als een plank. Zonder te proberen hem heen en weer te bewegen om de beschikbare flexibiliteit te testen blijf ik liggen en bepaal ik mijn intentie. Ik ben benieuwd waarom mijn nek weigert een dynamisch en soepel deel van mijn lichaam te zijn. Ik wil weten waarom zich daar een energieblokkade bevindt. Het antwoord dient zich al snel aan. Het is een gevoel van krampachtigheid. Mijn nekspieren trekken zich samen in de hoop dat ik zo wat orde in mijn leven kan vasthouden en de chaos beheersbaar kan houden. De wereld om me heen is in een staat van pijn en beroering en in reactie daarop probeer ik mijn eigen zaakjes onder controle te houden. Mijn nek heeft zich letterlijk vastgeklampt om te voorkomen dat mijn hoofd eraf tolt. De spieren hebben zich rond mijn luchtpijp en de omliggende botten geslingerd zodat ik maar in één richting kan kijken: vooruit. De andere kant op kijken zou weleens te pijnlijk kunnen zijn, en te overweldigend met alles wat er speelt. Ik adem energie naar mijn nek. Ik stel me voor dat ik met elke ademteug de spanning met blauw licht los masseer. Ik doe dit zonder mezelf op te zadelen met de verwachting dat de spanning dan ook meteen oplost. Maar ik heb mijn intentie bepaald en ik weet nu dat er een bepaalde verandering zal moeten volgen.

Ik herinner me de vier niveaus waar Giselle het over had

en ik zal dus voorbij het fysieke en het mentale aspect ook naar het emotionele en het spirituele aspect van deze blokkade moeten kijken. Op emotioneel niveau weet ik dat er bij mij angst speelt. Ik vrees voor de vele mensen in de wereld die om verschillende redenen lijden. Ik ben bang dat de chaos die ik om me heen zie mijn eigen rust verstoort. Chaos is mijn aartsvijand. Mijn sterrenbeeld is Maagd en mijn Maagdenbrein heeft heldere, rechte lijnen nodig die vooruitwijzen. Al dit terugschakelen, alle onrust en onzekerheid brengen me in de war. Zoals zo veel anderen voel ik me emotioneel uitgeput. Ik kijk niet weg van wereldwijde problemen en filter weinig weg. Ik laat alles binnenkomen, waarbij ik me in eerste instantie eerder door de ellende laat overweldigen dan dat ik de situatie accepteer voor wat ze is of bedenk hoe ik aan een positieve verandering kan bijdragen. Op spiritueel niveau heb ik de hoop verloren. Ik heb de negatieve verhalen de... Sorry, hier moet ik mezelf even onderbreken. Ik lig op de grond, naast een raam dat van het plafond tot aan de vloer reikt, en ik zie buiten iets wat mijn aandacht trekt. Eén enkele witte veer. Voor mij is dat een teken van hoop. Deze witte veer is direct naast het raam in het gras neergedwarreld en toont me wat ik moet doen. Wat ik moet doen voor mijn spirituele heling en voor de heling van mijn schouder. Ik moet hoop hebben.

Later in dit boek kom ik nog terug op veren en andere tekens, en de diepe betekenis die ze voor me hebben, maar voor nu schenkt het me absolute troost en een vleugje opwinding dat ik me kan verlaten op hoop en op iets wat groter is dan ik. Want wat verwacht ik nou eigenlijk van mezelf? Dat ik in mijn eentje alle wereldproblemen kan oplossen? Dat ik ze allemaal op me neem en een voor een krachtdadig afwerk? Het zou onmogelijk zijn (het idee alleen al is enigszins narcistisch). De meeste wereldleiders laten dagelijks zien hoe onmogelijk dit is. Ik zal een evenwicht moeten vinden tussen openstaan voor het wereldnieuws en de hoop dat ik een positieve bijdrage kan leveren zonder de last van alle ellende en pijn op me te nemen. Klinkt dat zinvol? Voor mij wel. Deze korte oefening waarbij ik op mijn rug op de vloer lig en mijn stijve nek aan een onderzoek heb onderworpen, heeft tot iets veel groters geleid.

HET KRIMPENDE ENERGIEVELD

Ik ben een enorme fan van dr. Joe Dispenza, omdat hij een brug heeft weten te slaan tussen de wereld van het spirituele en die van de wetenschap. In zijn boeken springt hij moeiteloos heen en weer tussen mystiek en wetenschappelijke feitelijkheid en hij heeft een schare volgers die zich interesseren in het veranderen van hun eigen biochemie en neurologie. Hij heeft het veel over energie en het energieveld rondom ons fysieke lichaam. In zijn boek *Becoming Supernatural* legt hij uit hoe we invloed kunnen uitoefenen op het lichtveld rondom ons lichaam. Ons energielichaam straalt licht uit en reageert op hoe het met ons gaat. Uit eigen onderzoek is hem gebleken dat we energie onttrekken aan dit onzichtbare energieveld wanneer we in de overlevingsstand staan en uitermate gestrest zijn, waardoor het krimpt. Bij ander onderzoek heeft hij zelf kunnen constateren dat wanneer tussen de 550 en 1500 mensen samen mediteren, zij de energie in die ruimte kunnen sturen. Dit directe verband tussen ons brein en het ons omringende energieveld vind ik een geweldig iets. Vind je het niet ook een bevrijdende gedachte dat we hier zelf invloed op kunnen uitoefenen?

Zijn onderzoeken hebben aangetoond dat wie met gebruikmaking van meditatie leert om zijn eigen hersengolven te beïnvloeden, ook kan leren het energieveld rond zijn lichaam en de energieknooppunten in zijn lichaam te manipuleren en te helen. Dit energieveld, of die aura zoals Giselle het eerder noemde, kunnen we weliswaar niet met onze ogen waarnemen, maar we kunnen het wel voelen wanneer we met anderen samen zijn.

DE KRACHT VAN HET NU

Ik heb het geluk gehad dat ik de grote denker en auteur Eckhart Tolle een keer live in de Royal Albert Hall in Londen heb mogen meemaken. Mijn broer Jamie, die het absolute tegendeel van mij is – rustig, beheerst, beschouwelijk, academisch – is een bewonderaar van Eckhart. Met verwachtingsvol enthousiasme troffen we elkaar op de trappen van het concertzaalgebouw. Ik noem Jamie vaak mijn eigenste Eckhart omdat ik hem altijd een berichtje kan sturen of kan bellen wanneer ik ergens mee aan het worstelen ben, en hij me dan kort en krachtig een diepzinnig perspectief aanreikt waar ik wat mee kan. We bleken een plek bijna vooraan in de zaal te hebben, en toevallig vlak achter Craig David, een goede vriend van mij. Eckhart liep het podium op en werd verwelkomd met een daverend applaus en een bijna tastbare verwachting, omdat al zijn fans wisten dat de grote Tolle zonder enige voorbereiding de komende twee uur tegemoet trad. Vanuit zijn levensethiek om in het nu te leven bereidt hij zijn lezingen niet voor, maar stelt hij zich open voor de situatie en het moment, en spreekt hij al improviserend. DAT vereist pas een geloof in iets wat groter is dan wij. Het was van begin tot eind magisch, met extra aangrijpende momenten die zich als vanzelf verspreid over die twee uur aandienden. Op een gegeven moment, toen hij aan het rondtasten was naar een antwoord, klonk er een enorme donderklap van een midzomers onweer, die door het enorme koepeldak werd weerkaatst. Kippenvel.

Nadat Eckhart bijna twee uur had gepraat, voegde zijn partner Kim Eng zich bij hem op het podium om een groepsmeditatie te leiden. Ik had weleens eerder aan een groepsmeditatie meegedaan, in het yogacentrum bij mij in de buurt, waar klankbadmeditaties worden georganiseerd voor zo'n twintig tot dertig mensen of waar na de yoga weleens gezamenlijk wordt gemediteerd, maar nu bevonden zich ruim vijfduizend mensen dicht opeen in één ruimte. Omdat ik zo gevoelig ben voor de energie van andere mensen, sloot ik mijn ogen en probeerde ik me te concentreren op mijn eigen adem en op de woorden van Kim Eng om mezelf tot rust en in een meditatieve staat te brengen. De twintig minuten van de meditatie vlogen voorbij en toen Kim Eng ons zei dat we onze ogen weer konden openen, tintelde mijn huid en leek de lucht om me heen wel elektrisch geladen. Mijn broer bekende dat hij halverwege in slaap was gevallen, wat niet verkeerd is en vermoedelijk betekent dat hij zich zo volkomen had opengesteld voor alle goede energie daar, dat die hem tot totale ontspanning had gebracht. Het was een zowel opwindende als rustgevende ervaring, en een waarlijk privilege om deel te zijn geweest van zo'n fantastisch collectief gebeuren. Waar zou de energie van al die vijfduizend mensen terecht zijn gekomen? Was ze naar buiten gestroomd, de straat op, en op de voorbijgangers afgestraald? Was ieder van ons een beetje lichter en meer verbonden naar huis gegaan? Hadden we die energie in ons dagelijks handelen aan anderen doorgegeven? Misschien een beetje van dat alles samen. Wat ik zeker weet, is dat het krachtig en belangrijk voelde, en bovenal vol betekenis was.

CHAOS OP HET SCHOOLPLEIN

Het gebeurt niet vaak dat we in de gelegenheid zijn om collectief invloed uit te oefenen op de energie in een ruimte waar veel mensen bijeen zijn. Op plekken waar het druk is, is het over het algemeen een wirwar van individueel verschillende gevoelens, emoties en energieën. Het schoolplein is daar een perfect voorbeeld van. Het is een chaotische mix van kinderen, ouders, aangelijnde honden en over de grond slepende schooltassen. De school van mijn kinderen ligt vlak naast een speeltuin, waar we vaker wel dan niet direct na schooltijd met een groepje ouders en kinderen naartoe gaan. De kinderen stralen als collectief een energie uit die als vrijheid aanvoelt. De vele impulsen die ze onder schooltijd hebben moeten onderdrukken om binnen de grenzen van de leerkracht te blijven, die minder accepteert dan hun vermoeide ouders thuis, laten ze nu de vrije loop. De speeltuin staat voor bevrijding. En dat wordt gevierd met een hoop lawaai en geren. De ouders stralen op dat moment meestal een wat andere energie uit dan hun kinderen. We zijn blij dat ze genieten, maar we staan ook op scherp door de omschakeling van rust naar totale chaos, en we zijn lichtelijk bezorgd dat een van hen van het klimrek zal vallen net op het moment dat je je wegdraait om met een bekende te kletsen. Het is een kakofonie van veelsoortige energie.

Omdat ik over energie aan het schrijven ben, ben ik me daar deze week hyperbewust van. Gisteren werd ik wakker met een onbehaaglijk gevoel. Ken je dat? Een vreemd gevoel waarbij je je overdreven bewust bent van hoe je ledematen bewegen en wat je gezicht doet. Een angst dat je grimast in plaats van glimlacht en dat je ongemak voor andere mensen merkbaar is. Nou, dat gevoel had ik dus. Nadat ik mijn kinderen naar school had gebracht, had ik enkele Zoom-vergaderingen en maakte ik opnames voor mijn radioprogramma. Dat had ik allemaal min of meer heelhuids doorstaan, maar ik had het gevoel dat ik daarbij wel de laatste reserves van mijn persoonlijkheid had verbruikt.

Het was mooi weer en dus togen we met een veertigtal ouders uiteindelijk met ons hele hebben en houden naar de speeltuin. Toen ik daar aankwam, had ik het gevoel alsof ik licht geëlektrocuteerd werd. Een spervuur van energie. Mijn beide kinderen wierpen me hun schooltas toe, samen met hun uitgelaten energie, terwijl ik al werd bestookt door de energievelden van de talrijke andere ouders die te midden van alle chaos probeerden hun eigen rust te bewaren. Ik raakte aan de praat met een moeder die ik al zo'n vier jaar ken, wat me de gelegenheid gaf om mezelf los te koppelen van de hectische collectieve energie van de speeltuin door me op één enkele persoon te richten. Tot een andere moeder naar ons toe liep, waardoor ik meteen weer werd teruggeworpen in de werkelijkheid van de gekte om me heen. Toen ze zich bij ons voegde en ik de twee aan elkaar voorstelde, ging het mis. De omschakeling na een hele dag alleen thuis te hebben gewerkt naar dit bombardement van collectieve energie was te overweldigend: mijn hoofd tolde en ik kon me de naam van een van de twee moeders niet meer herinneren. Ik voelde me eerst licht in mijn hoofd worden, alsof ik zou flauwvallen, en daarna werd ik door schaamte bevangen.

Normaal gesproken hul ik me automatisch in een harnas zodra ik de speeltuin betreed om me te wapenen tegen de overvloed aan energie. Ik schakel in de 'moeder op het schoolplein'-modus en praat mee over de dingen waarover op een schoolplein gepraat wordt. Maar omdat ik me door het schrijven van dit boek juist in alle aspecten van energie aan het verdiepen was, had ik mijn harnas die dag niet paraat en was ik me hyperbewust van al die verschillende energievelden om me heen. Als iemand op dat moment door een luidspreker had geroepen: 'Ouders, opgelet, adem nu allemaal tegelijk in en weer uit,' zouden al die energieën dan op elkaar zijn afgestemd en samen een kalmere, lichtere collectieve energie hebben gevormd? Het was in ieder geval duidelijk dat zonder communicatie en een gezamenlijke wens om de energie te veranderen, een verzameling mensen domweg als kermisautootjes met hun aura's tegen elkaar aanbotsten.

KLAPPEN EN VERBONDENHEID

Een spirituele groepsactiviteit of bijeenkomst begint vaak met een gezamenlijke ademhalingsoefening of met de aanmoediging om je aan je buurvrouw of buurman voor te stellen waarmee het ijs wordt gebroken en er een brug wordt geslagen. Elk moment van eenheid, hoe kort ook, helpt ons onze energieën op elkaar af te stemmen en te verbinden. Ik heb geleerd dat het daarbij niet gaat om het verheffen of het lichter maken van de energie om jezelf lichter te voelen, maar om de verbinding, om de onzichtbare lijm die ons met elkaar verbindt. Tijdens de pandemie heb ik dat zo leren voelen. In tijden van groot verdriet en lijden zijn er vaak ook momenten van grote schoonheid en goedheid, het ene een reactie op het andere. Elke donderdag om acht uur 's avonds stonden alle bewoners van onze straat in hun deuropening om te klappen voor de zorgverleners. Elke donderdag moest ik huilen. Ik had geen speciale reden om te huilen, maar de tranen welden in mijn ogen op en rolden langs mijn wangen naar beneden. Het waren geen tranen van verdriet of vreugde; ze voelden als tranen van verbondenheid. Verbondenheid met mijn straatgenoten, van wie ik de meeste voor de pandemie nog nooit had gesproken. Een gevoel van verbondenheid met de straat die we allemaal thuis noemen. Een verbondenheid met een groter iets wat we samen aan het creëren waren. Het geluid van klappende handen dat zich kilometers ver voortplantte verbrak de zwaarte van de energie waar we de hele dag onder gebukt gingen. Tijdens die momenten veranderden we ons eigen energieveld door te focussen op dankbaarheid in plaats van op de alomtegenwoordige angst. We veranderden de energie om ons heen door hem letterlijk uiteen te jagen met het lawaai van ons handengeklap, wat natuurlijk ook energie is. Gedurende die paar minuten waren onze energieën op elkaar afgestemd omdat we daar allemaal met dezelfde intentie stonden. Ik zou willen dat er een manier was om op elkaar afgestemd te blijven, zonder daar een andere reden voor te hebben dan de wens om samen een verandering van energie teweeg te brengen en onze verbondenheid met elkaar en de planeet waarop we leven te vergroten.

ONUITPUTTELIJKE ENERGIE

Een ander boek dat een snaar bij mij heeft geraakt, is *De goddelijke matrix* van Gregg Braden. Hij omschrijft de goddelijke matrix als 'het reservoir en de brug' tussen onze innerlijke wereld en de wereld om ons heen. Het is een verbluffend boek dat je niet in één ruk uitleest, maar in kleine porties, vanwege de enormiteit van het onderwerp, waarbij je zult merken dat je bepaalde zinnen moet herlezen om de diepe betekenis ervan te herkauwen. Gregg stelt de goddelijke matrix voor als een spiegel, die alle energie die we zelf creëren ook weer naar ons terugkaatst. Dat beeld schenkt mij kracht, omdat het ons veel meer de beschikking over ons eigen lot geeft dan wat ons over het algemeen wordt voorgehouden. We leven in een wereld waarin wereldleiders/media ons bang houden en adverteerders ons ontevreden houden – geen wonder dat de geestelijke gezondheid achteruit holt. We worden niet actief geïnformeerd dat we ook een eigen keuze hebben in waar we ons op richten, om uitkomsten mogelijk te maken die verschillen van degene die ons worden voorgeschoteld. We worden niet opgeroepen om een einde te maken aan klimaatverandering door dit als collectief doel te stellen en onze energie en intentie erop te richten. In plaats daarvan worden we overstelpt door angstaanjagende statistieken zonder dat er echt opties worden aangereikt om te helpen het tij te keren. De doemverhaalcijfers zijn noodzakelijk om ons een trap onder onze kont te geven en vloeien in die zin voort uit een positieve intentie. Maar angst alleen bewerkstelligt geen verandering. Daarvoor is positieve kracht nodig. Angst werkt vaak verlammend. We staan stokstijf van schrik, aan de grond genageld door schuld en schaamte. Door onze collectieve energie positief in te zetten kunnen we de angst terzijde schuiven om plaats te maken voor vooruitgang. Evenmin wordt ons verteld dat we met het bepalen van onze intenties patronen kunnen doorbreken, buitengewone dingen kunnen doen en vermeende grenzen kunnen trotseren. Op het nieuws, in de kranten, op sociale media en via andere kanalen krijgen we dagelijks onze portie angst en ontevredenheid opgediend, en dus schermen we onze energie zorgvuldig af, zodat niemand die van ons kan stelen. Maar daarbij vergeten we dat energie onuitputtelijk en almachtig is.

ALLEDAAGSE VERANDERINGEN

Terugschakelend van het universele naar het individuele: wat betekent dit voor mijn eigen leven? **Mijn individuele energie kan dan wel geen bergen verzetten of planeten uit hun baan brengen, maar ze kan wel de toon van mijn dag bepalen.** Vandaag voelde mijn energie licht. Ik werd wakker in het stapelbed van mijn kinderen, maar in plaats van te focussen op mijn stijve onderrug en mezelf verwijten te maken over het feit dat mijn kinderen nog altijd 's nachts wakker worden, besloot ik mijn neus nog even tegen hun door de slaap verkreukelde wangen en warme haar te drukken en dankbaar te zijn. Ik besloot positieve intenties te stellen en mijn energie licht te houden. Ik had een lange dag voor de boeg, dus ik moest mijn energie met beleid gebruiken, want vanavond – veel later dan ik eigenlijk zou willen – moet ik nog een podcast opnemen en om dat geconcentreerd te kunnen doen moet ik me energiek voelen. Het schoolpleingebeuren verliep ontspannener dan normaal. Ik heb aan de schooltassen en aan het huiswerk gedacht – wat ik anders nog weleens vergeet – de kinderen waren blij en Rex was wat minder opstandig dan hij meestal is. Hardlopen schept ruimte in mijn hoofd en in mijn longen, dus ik koos voor mijn hardloopschoenen in plaats van een bad, wat me even verleidelijk voorkwam. Ik loop enorm achter met het beantwoorden van e-mails, maar in plaats van me hier schuldig over te voelen en mezelf te verwijten dat ik niet professioneel genoeg ben omdat ik mensen op een antwoord laat wachten, geef ik me over aan de rust van mijn keuken. Ik concentreer me op waar ik mijn energie naartoe wil laten stromen.

We weten allemaal hoe het ook kan lopen. Hoe vaak gebeurt het niet dat je chagrijnig wakker wordt en dat je op weg naar school of werk iemand tegenkomt die het nodig vindt luid te claxonneren en woest met zijn vuist naar je te zwaaien? Je bent tien minuten onderweg wanneer je beseft dat je bent vergeten je kinderen wat te eten of te drinken mee te geven; het zelfverwijt hierover komt boven op het gedoe met die agressieve medeweggebruiker. Je aandacht is inmiddels stevig op het negatieve gericht en zuigt de energie om je heen weg. Wanneer je bij school/je werk komt, houd je je blik naar beneden gericht in de hoop dat je met niemand hoeft te praten en wanneer je dan bij je auto terugkomt, zit er een parkeerbon achter de ruitenwissers, enzovoort... Op dit soort dagen kun je het om je heen letterlijk steeds minder licht voelen worden. Doordat je aandacht negatief gericht is, heb je al je energie nodig om je alleen al staande te houden.

Dit is wat Gregg Braden uitlegt in *De goddelijke matrix*. Zijn voorbeelden zijn veel doordachter dan de mijne en worden gelinkt aan het waanzinnige domein van de kwantummechanica, dat ik niet eens pretendeer te begrijpen, maar in ieder geval heb je nu een idee. Energie is overal en alomvattend, en kan op elke manier die we maar willen gemanipuleerd worden. Energie is onuitputtelijk en onsterfelijk. Ik ervaar deze zienswijze als bevrijdend. Doordat ik een beter inzicht heb in mijn eigen energie, de energie van anderen en de universele energie, zie ik helderder voor me hoe ik de verbinding kan realiseren met dat grotere iets: door mezelf eraan te herinneren dat ik deel uitmaak van dat grotere iets.

Een energie-oefening van Giselle La-Pompe Moore

Ga naar een plek waar je rustig kunt liggen of zitten. Sluit je ogen en haal een paar keer diep adem om jezelf te aarden en te centreren. Stel jezelf de intentie om je verbonden te voelen met je energieveld en begin je handen tegen elkaar te wrijven, snel. Voel de warmte die je daarmee creëert en concentreer al je aandacht op je handen.

Ga hiermee door totdat je de energie in je handen zelf voelt en houd ze dan, iets uit elkaar, met de palmen naar elkaar toe, voor je en voel de energie in de ruimte ertussen. Word je bewust van wat je voelt. Plaats je handen op je hart en stel je een wit, helend licht voor dat vanuit je kruin in je lichaam neerdaalt – laat deze energie vrij door je lichaam bewegen en focus op hoe dat voelt. Blijf dit doen totdat je het licht aan de onderkant van je voeten kunt visualiseren. Haal nog een paar keer diep adem voordat je je ogen weer opent.

ENNEAGRAMMEN

Tijdens het schrijven van dit boek hebben zich meerdere toevalligheden voorgedaan, of moet ik het tekens noemen? Er zijn wijze mensen op mijn pad verschenen, die als vanuit het niets zijn opgedoken, als een geest uit de fles, om mij hun hulp aan te bieden. Ik heb op het juiste moment boeken gekregen over relevante onderwerpen en ik ben door verschillende mensen in dezelfde richting gewezen. Hoe enthousiaster ik word over het schrijven van dit boek, hoe meer onderwerpen zich aandienen. Zoals ik in de inleiding al schreef, heeft het schrijven van dit boek mijn leven op tal van manieren veranderd. Een van de tekens die zich van verschillende kanten aan mij opdrongen, is een symbool dat enneagram wordt genoemd.

De eerste negenendertig jaar van mijn leven had niemand ooit in mijn bijzijn het woord enneagram in de mond genomen, en toen, binnen drie maanden tijd, begonnen vier verschillende mensen bij vier verschillende gelegenheden erover. De eerste was de auteur Jedidiah Jenkins, die in een podcast waar ik naar luisterde, vertelde wat zijn enneagramtype was. Een paar dagen later bracht Donna Lancaster, een vriendin van me, haar enneagramtype ter sprake tijdens een gesprek dat we hadden. De derde was Wendy Mandy, uit deel I van dit boek. Je herinnert je misschien dat ze me vroeg wat mijn enneagramtype is en dat ik toen geen flauw idee had. Een maand daarna, tijdens een telefoongesprek met Gabby Bernstein om bij te kletsen, vertelde ze me wat haar enneagramtype was en hoezeer ze zich daarin herkende. Als dat geen teken was om me in dit onderwerp te verdiepen en er meer over te weten te komen, dan weet ik het niet meer.

WAT IS EEN ENNEAGRAMTYPE?

Het begon ermee dat ik me afvroeg wat in hemelsnaam een enneagram is. Uit pure nieuwsgierigheid ben ik in het onderwerp gedoken om daarachter te komen, maar wees gerust, net als in de vorige hoofdstukken ga ik in gesprek met een deskundige voor heldere antwoorden. Het enneagram is een persoonlijkheidsmodel aan de hand waarvan gedragspatronen van individuele mensen en hun reactie op de wereld om hen heen in kaart kunnen worden gebracht. Om erachter te komen welk persoonlijkheidstype je volgens dit model hebt, kun je een online-enneagramtest doen. Binnen dit model worden negen verschillende typen onderscheiden, gebaseerd op de verschillende manieren waarop iemand in het leven kan staan. Dit zijn ze:

1. Perfectionist
2. Helper
3. Presteerder
4. Romanticus
5. Waarnemer
6. Loyalist
7. Avonturier
8. Baas
9. Vredestichter

Het kan zijn dat een van de typeringen je direct al het meest aanspreekt en dat je al denkt te weten welk type je bent, maar zo eenduidig is het beslist niet.

Hoe kan een persoonlijkheidstest je helpen een spiritueel leven te leven, hoor ik je vragen. Je kunt natuurlijk een tijdschrift voor tienermeiden kopen en een van die lijsten met multiplechoicevragen beantwoorden om te weten wat voor persoonlijkheid je hebt en je de moeite te besparen je in enneagrammen te verdiepen, maar daarmee mis je nu juist de essentie. Voor zover ik het begrijp, is het achterhalen van je persoonlijkheidstype de eerste stap die je inzicht kan bieden in welke gedragingen en reacties van jezelf blokkades in je leven creëren, door welke angsten je je laat overrompelen, door welke dingen je je laat belemmeren als gevolg van de bril waardoor je naar de wereld kijkt. Je eigen beperkingen onder ogen zien geeft je de mogelijkheid met een andere blik naar de wereld te kijken. **Hoe we de wereld om ons heen beschouwen, is in grote mate bepalend voor hoe ons leven verloopt.** Het bezielt de wijze waarop we ons verbinden met anderen, met onszelf en met de planeet. Omdat een spiritueel leven geworteld is in verbondenheid, kan het geen kwaad om te weten wat onze beperkingen op dat gebied zijn.

ERBIJ WILLEN HOREN

Enneagramtypering is niet bedacht door een wetenschapper of hedendaagse onderzoeker in de hoop een nieuwe hype te creëren. Het enneagram met zijn negen persoonlijkheidstypen bestaat al duizenden jaren. De oorsprong ervan voert zelfs zo ver terug dat het ontstaan ervan niet met zekerheid bekend is of geduid kan worden. Sommigen vermoeden dat het uit Babylon stamt en rond de 4500 jaar oud is, anderen beschouwen het oude Griekenland als de plek van herkomst en schatten de ouderdom ervan op zo'n 2500 jaar. Zelfs de Italiaanse schrijver Dante wordt een diep inzicht in enneagrammen toegedicht omdat zo veel van zijn personages direct gelinkt kunnen worden aan de negen persoonlijkheidstypen. In onze moderne tijd werd het enneagram als spiritueel symbool in de jaren dertig van de vorige eeuw geherintroduceerd door de Grieks-Armeense mysticus George Gurdjieff, waarna het in de jaren zestig in de Verenigde Staten bekendheid kreeg. De rijke en veelzijdige achtergrond wordt al tientallen eeuwen door mensen overal ter wereld en binnen tal van verschillende culturen in ere gehouden, maar hoe kan het enneagrammodel ons in onze huidige complexe wereld helpen, in een wereld waarin de meesten van ons geen idee meer hebben wie we eigenlijk zijn, in een tijdperk dat misschien wel verwarrender is dan enig eerder tijdperk? De druk op ons om te laten zien wie we zijn, is hoger dan ooit, terwijl we makkelijker dan ooit onszelf kwijtraken in het circus om ons heen. We willen maar al te graag anderen behagen en erbij horen, zozeer zelfs dat we bereid zijn een stukje van wie we zijn in te leveren om maar niet alleen achter te blijven. We kijken op tegen de mensen die zich op sociale media als perfect presenteren en proberen hen na te volgen door onszelf te veranderen. Weet jij wie je bent? Soms denk ik dat ik een redelijk goed beeld heb van wie ik ben, maar op andere momenten heb ik geen idee en voel ik me door het leven opgeslokt.

AANGEBOREN OF AANGELEERD EN WARRIG HAAR

Wanneer ik naar mijn kinderen kijk, met ieder hun eigen unieke persoonlijkheid en kijk op het leven, vraag ik me af hoeveel daarvan is aangeleerd door mij en hun vader en onze bredere kring van dierbaren, en hoeveel ervan al in henzelf aanwezig was. Rex en Honey zijn absolute tegenpolen. Rex is haastig, wanordelijk, een stuiterbal van creativiteit, energie en plezier. Hij weet van geen ophouden en laat geen gelegenheid voorbijgaan om iets nieuws uit te proberen. Hij heeft een hekel aan regels en geniet ervan ze te overtreden en dan te zien wat de gevolgen daarvan zijn... en o ja, hij haalt nooit een borstel of kam door zijn haar. Zijn haar is een afspiegeling van zijn innerlijk. Prachtig, ongetemd, onstuimig, charismatisch, chaotisch.

Honey is bedachtzaam, georganiseerd, grondig, diepzinnig en respectvol. Wanneer ze een grens ontwaart, zal ze die nooit overschrijden, omdat ze het leven wanhopig graag wil begrijpen en in regels houvast vindt. Haar vlamrode haar is vol krullen, die op de een of andere manier altijd glad en zacht aanvoelen en nooit in de knoop raken, een uiting van de noodzaak om de wanorde van het leven te beteugelen. Ze zingt zich zachtjes door de dag en geeft zelfs aan het meest alledaagse melodie.

Ze verschillen als dag en nacht en botsen vaak met elkaar omdat ze allebei even koppig aan hun eigen beleving van de wereld om hen heen en aan hun eigen onmiskenbare persoonlijkheid vasthouden. Wat me moeilijk lukt bij mezelf, lukt me makkelijker bij mijn kinderen: bij hen heb ik meer afstand om hun persoonlijkheid te observeren en te analyseren. Ik hoef alleen maar te kijken, zonder dat ze het in de gaten hebben, als een natuurdocumentairemaker. Het is veel verwarrender voor mij om mijn eigen persoonlijkheid in beeld te krijgen. Wie ben ik eigenlijk? In zijn audioboek *Revelation* ontleedt Russel Brands hoe hij zelf in de wereld staat en hoe verwarrend en verbijsterend ook hij dat vindt. Hij verhaalt over zijn naadloze transitie van hooggehakte, harige grappenmaker naar slipper dragende plattelandsbewoner met een voorkeur voor kaftans. Beide levensstijlen heeft hij met evenveel enthousiasme omarmd en belichaamd en zijn voor hem even waarachtig, en toch kan hij het kantelpunt aanwijzen waarop hij de ene huid voor de andere verwisselde. Ik kan ook kristalhelder de overgangen zien tussen de verschillende fasen in mijn leven. Opzichtig, wanhopig op zoek naar bevestiging, roze gestreept haar, panty's met ladders en meerdere tatoeages, dat was voor een belangrijk deel wie ik eerder was. In dit nieuwe hoofdstuk van mijn leven draag ik meestal geen make-up, verlang ik naar rust en ben ik meer geïnteresseerd in de verhalen van andere mensen dan in die van mezelf. Maar hoe weet ik dan wie ik ben als ik een andere persoonlijkheid aan kan nemen alsof ik een andere jas aandoe?

DE GROTE SPIEGEL VAN HET LEVEN

De meeste spirituele stromingen moedigen je aan om naar jezelf te kijken. Het enneagram lijkt een krachtig hulpmiddel dat je kan helpen jezelf haarscherp te zien. Hoewel ik altijd al een diepgaande interesse in spiritualiteit heb gehad, is de overtuiging dat spiritualiteit deel kan zijn van mijn dagelijkse leven pas de afgelopen tien jaar steeds meer bij me ingedaald. Ik heb veel therapie gehad en dan ontkom je er niet aan om naar jezelf te kijken. Je komt jezelf behoorlijk tegen wanneer je laagje voor laagje afpelt en wroet in je verdriet en ontreddering en de fouten die je hebt gemaakt. Het klinkt zo simpel, hè? Maar dat is het niet. Het is verdomde moeilijk! Je moet je eerst door misschien wel zo'n twintig lagen levensbehang heen werken voordat je bij het echte verhaal bent.

Wie we denken dat we zijn, is voor een heel groot deel gebaseerd op het beeld dat de buitenwereld ons voorhoudt. Je beschouwt jezelf misschien als bazig omdat iemand dat ooit tegen je heeft gezegd. Je verkondigt misschien vol trots dat je goed bent in organiseren, omdat de hele familie het altijd aan jou overlaat om dingen gedaan te krijgen. Je neemt misschien beslissingen vanuit het idee dat je verlegen bent, alleen omdat anderen om je heen zo veel expressiever en spontaner lijken te zijn. In hoeverre zijn deze aannames op de waarheid gebaseerd? Nauwelijks, vermoed ik.

Achteraf zie ik dat er perioden in mijn leven zijn geweest waarin ik actief heb geprobeerd mijn persoonlijkheid te veranderen, in een poging er een volledig andere invulling aan te geven. Het soort werk dat ik heb gedaan, houdt me voortdurend een gigantische spiegel voor, een spiegel die vervormt. En sinds mijn vijftiende, toen ik mijn intrede deed in de televisiewereld, heb ik mezelf aan dat spiegelbeeld aangepast omdat ik dacht dat ik dat was. Mijn persoonlijkheid werd een samengesteld geheel van stukjes die waren gebaseerd op de meningen van anderen over mij, vermengd met mijn eigen ware zelfbesef. Hoe andere mensen mij zagen, werd bijna belangrijker dan wie ik voor mijn gevoel werkelijk was. Ik spoelde mijn oude saaie zelf onder de douche weg zoals ik mijn haar een nieuwe kleur gaf om van de oude kleur verlost te zijn. Ik liet tatoeages op mijn lichaam plaatsen om mezelf interessanter te maken. Maar de cirkel is voltooid, op de drempel van het vierde decennium in mijn leven vind ik weer de aansluiting met een oude versie van mezelf, de versie van voordat ik in de schijnwerpers trad, maar hopelijk inmiddels een beetje wijzer. Als er ooit een moment is geweest waarop ik mezelf kan leren kennen, is dat nu.

DUS: WIE BEN IK?

Het afgelopen jaar is in meerdere opzichten transformerend voor me geweest. Door het schrijven van dit boek ben ik met mijn neus op mijn eigen spiegelbeeld gedrukt om te onderzoeken wie ik werkelijk ben en hoe ik invulling geef aan het leven dat mij is gegeven. Ik zit zo dicht boven op mijn spiegelbeeld dat ik de kraaienpootjes en lijnen op mijn voorhoofd tot in de kleinste details kan volgen, en ik heb daar vrede mee. Ik ben nog altijd vol nieuwsgierigheid op weg naar een ontmoeting met mijn ware zelf: de versie van mij die alle oude verhalen en verwachtingen van zich heeft afgeschud, mijn ware zelf dat niet wordt bepaald door invloeden van buitenaf of door de door anderen vastgestelde normen en waarden, en dat vrede heeft met de ongeregelde kanten van mezelf en oprechte waardering voor de goede kanten. Ha, ouder worden is geweldig!

Ik leer inzien dat onze worstelingen in het leven in veel gevallen worden veroorzaakt doordat we een persoonlijkheid hebben gecreëerd die ons ware zelf in de weg zit. Ik moet mezelf niet zo dwarszitten! Jij moet jezelf niet zo dwarszitten!

DE VRAGENLIJST

Voordat ik in gesprek ga met Robert Holden, onze enneagramdeskundige, moet ik eerst een online-enneagramtest doen om erachter te komen welk type ik ben en met welke karakteristieken mijn type geassocieerd wordt. Twaalf dollar verder heb ik een lijst met 105 multiplechoicevragen voor mijn neus. Op school was ik geen uitblinker en mijn eerste reactie is er dan ook een van lichte paniek, ingegeven door de vrees voor een onvoldoende, terwijl dit geen kwestie is van voldoendes of onvoldoendes, want het zijn vragen die betrekking hebben op mij. In de begeleidende instructies lees ik dat ik niet te lang moet nadenken, maar de vragen intuïtief moet beantwoorden. Ik snel door de vragen heen, nieuwsgierig naar wat de uitkomst zal zijn. Voor ik het weet, ben ik een halfuur verder en zit ik te wachten op de uitslag. Twee van mijn vrienden denken dat ik een 8 ben, een Baas. Dat klinkt krachtig en uitdagend, maar ik betwijfel eigenlijk of ik wel zo sterk ben als het beeld dat zij van me hebben.

Een nieuw bericht in mijn inbox. Ik open het mailtje en klik op de bijlage waarin het resultaat te lezen is. Ik heb het gevoel alsof ik te horen ga krijgen of ik wel of niet geslaagd ben. Maar van slagen of zakken is geen sprake; het enneagram heeft gesproken en geeft me een 2, ik ben een Helper.

Ik ken geen andere 2'en en dus lees ik gauw verder welke karakteristieken er bij dit type horen. Ik zie een opsomming van al mijn beste en slechtste kerneigenschappen. Ik ben zorgzaam, meelevend, liefdevol, behulpzaam, gul en hartelijk, maar ik ben ook uitdagend, behaagzuchtig, zorgelijk, bezitterig en onzeker. Ik zou het zelf niet beter hebben kunnen zeggen. Elk van de genoemde eigenschappen treft doel, midden in de roos, in mijn hart en in mijn hoofd. Onder deze opsomming volgt een nadere uitleg van de verschillende eigenschappen waarin ik me eveneens volkomen herken, het lijkt wel alsof iemand mij zonder dat ik het wist nauwgezet in de gaten heeft gehouden en geanalyseerd. Vooral het stuk dat gewijd is aan de meer verborgen kanten van een 2 is in al zijn nuance zo raak dat mijn mond ervan openvalt. Het zijn kanten van mij die zo verborgen zijn dat ik het gevoel heb dat ik iets nieuws over mezelf leer wat vreemd genoeg ook volkomen vertrouwd voelt. Het gaat over het schijnbare gemak van mijn omgang met anderen, waarachter echter een gevoel van onzekerheid schuilgaat, een angst dat anderen me er misschien niet bij willen hebben. Ik heb dit sociale ongemak nooit zo voor mezelf kunnen verwoorden. Ik heb het zelfs nooit als zodanig kunnen duiden. Maar altijd wanneer ik bij vrienden op bezoek ben geweest, zelfs bij goede vrienden die ik al jaren ken, vraag ik me af of ze me wel aardig vinden en of ze me niet saai vinden om mee om te gaan. Ik spoel de band met elk woord dat ik heb gezegd in gedachten weer terug en beeld me in dat ze liever iemand anders op bezoek hadden gehad. Ik stel me hun afwijzing voor om erop voorbereid te zijn wanneer ik ermee word geconfronteerd. Er zijn nog meer detailkarakteristieken, zoals dat ik van anderen verwacht dat ze mijn gedachten kunnen lezen, iets wat in de loop der jaren voor de nodige spanning in mijn relaties met anderen heeft gezorgd. Hoe vaak heb ik me niet lopen opwinden van boosheid dat een ander niet gewoon aanvoelt wat ik van hem of haar verwacht? Deze misplaatste woede is vermoedelijk eerder op mezelf gericht, omdat ik mijn mond weer eens niet heb opengedaan wanneer dat wel nodig was. Ik heb ooit zelfs iemand uit mezelf een lift aangeboden, terwijl ik tegelijkertijd de boodschap uitstraalde dat ik daar helemaal geen tijd voor had en er ook helemaal geen zin in had. Toen diegene mijn aanbod dankbaar aanvaardde, was ik vanbinnen laaiend van woede over de brutaliteit ervan. Het is eigenlijk best lachwekkend.

Er staan ook dingen in die als een ware openbaring voelen: een 2 gelooft dat er alleen van hem wordt gehouden als hij zich volkomen inzet voor de behoeften van anderen. Deze komt aan als een stomp in de maag. Diep vanbinnen heb ik dit altijd wel geweten, maar ik heb me nooit in staat gevoeld er wat mee te doen. Mensen van wie ik houd of die ik zelfs alleen maar aardig vind, overstelp ik met alles wat ik maar te geven heb in de hoop dat ze mijn gevoelens voor hen beantwoorden. Het voelt voor mij nooit genoeg om mezelf te zijn wanneer ik aan een nieuwe relatie begin. Hoe vaak heb ik een ander niet de sleutels gegeven tot mijn hart, mijn auto en mijn ziel? Ik word er bijna misselijk van wanneer ik eraan denk. Het heeft me soms tot verbittering gedreven en het heeft ook tot de totale ondergang van sommige relaties geleid.

Wauw, dit enneagramgebeuren is boeiend en onthullend en ook wel een beetje griezelig. Ik heb het gevoel alsof er een ontleedmes in me is gezet en ik nu tot in mijn diepste kern open en bloot ben gelegd. Deze test heeft aspecten van mij boven water gehaald die zich hadden verscholen achter gewoonten en sociale conventies, aspecten waarvan ik het bestaan helemaal niet vermoed had.

Deze complexe analyse van mijn enneagramtype en van wie ik ben, voelt nu al als een geschenk, maar ik wil beter begrijpen hoe dit mij kan helpen een spiritueel leven te leven, en daarvoor ga ik te rade bij enneagramdeskundige Robert Holden.

Ik: Hoi, Robert.

Robert: Leuk je te leren kennen, Fearne.

Ik: Nou, ik heb de test gedaan en ik ben een 2.

Robert: En wat vond je daarvan?

Ik: Schrikbarend accuraat!

Robert: Het heeft allemaal te maken met hoe je je vanbinnen voelt. Alleen jij weet of je je in de uitkomst herkent.

Ik: Het heeft me nu al een beter inzicht in mezelf gegeven. Er waren een paar dingen die me de weg hebben gewezen om een betere relatie met mezelf op te bouwen.

Robert: De meesten van ons hebben een zelfbeeld dat we van oudsher het 'ego' noemen, of 'persona' of 'masker', omdat het niet meer dan een idee is, hoe hard we ook ons best doen er meer van te maken, en het iets is waar je overheen hoort te groeien. Als je als mens wilt groeien, moet je bereid zijn je eigen beeld van jezelf, wie je bent en waartoe je in staat bent, te ontgroeien. Groei is prikkelend wanneer je denkt aan dat wat 'groter is dan wij zijn'. Dat 'grotere iets' is niet iets wat los van ons staat. Ik denk dat het onze ware identiteit is. Ik heb een opleiding tot psycholoog voltooid. Het woord 'ziel' werd tijdens de opleiding niet gebruikt. Ik heb Freud bestudeerd, neuroses, psychoses, lijden, depressie.

Ik: Klinkt leuk.

Robert: Allemaal ellende. Daarna heb ik binnen de National Health Service het zogeheten Happiness Project opgezet. Het was een project van acht weken gericht op het bevorderen van geluk, waarbinnen ik ben begonnen het idee te verkennen dat we over ons zelfbeeld heen kunnen groeien. En daarvoor hebben we de juiste hulpmiddelen nodig.

Ik: Zoals het enneagram. Het geeft je inzicht in je eigen beperkingen die voortvloeien uit je ego.

Robert: Precies. Ons ego is hoe we onszelf zien als gescheiden van onszelf. Dat is de letterlijke betekenis van ego. Die zogenaamde scheiding is wat Einstein een 'optische illusie' noemde, omdat er geen scheiding is. De grote pijn voor een 2 zoals jij is dat je weet dat we allemaal verbonden zijn. Je snapt niet waarom zo veel mensen doen alsof we niet verbonden zijn.

Ik: Je hebt gelijk – ergens op een diep onbewust niveau is dat iets wat me vaak pijn doet.

Robert: Dat is een van je gaven die het enneagram je helpt ontdekken. Jij behoort tot het type dat als laatste zal vergeten dat we allemaal verbonden zijn. Het is een gave van de ziel. Elk enneagramtype heeft een eigen zielsgave.

Ik: Gebruiken we het ego als een barrière waarachter we ons kunnen verschuilen om onze verbondenheid met het spirituele, het universum of dat grotere iets te negeren? Is het ego de boosdoener?

Robert: Het ego probeert alles zelf te doen. Het lijdt vaak aan wat ik 'disfunctionele onafhankelijkheid' noem. Enneagramtype 2 bijvoorbeeld, de Helper, helpt graag anderen, maar neemt moeilijk zelf hulp aan. Een type 2 zegt: 'O, het gaat prima, ik heb geen hulp nodig. Het lukt me alleen wel.'

Ik: Alsof ik mezelf hoor praten!

Robert: Je schept er vreugde in om te helpen, maar als je dat doet vanuit je ego en het allemaal zelf wilt doen, put je jezelf uit. Als psycholoog ben ik opgeleid om een diagnose te stellen en mensen weer 'op te knappen'. In wezen werkte ik met een zelfverbeteringsmodel. Uiteindelijk zag ik in dat geen enkele hoeveelheid zelfverbetering een gebrek aan zelfacceptatie kan goedmaken. Als je de weg van zelfverbetering bewandelt, zal er voor je gevoel altijd iets blijven om te verbeteren. Zo voelde ik het ook. Het einde van die weg kwam nooit dichterbij en ik vroeg me af waarom dat zo was, terwijl ik toch zo mijn best deed. Toen kwam ik tot het besef dat ik vastzat in een paradigma en dat ik iemand probeerde te verbeteren zonder dat ik die iemand eerst had leren kennen. Het enneagram, dat het oudst bekende zelfbewustzijnshulpmiddel ter wereld is, wil jou niet verbeteren, het wil je helpen jezelf te zien zoals je bent.

Ik: Dat is geweldig. Maar wacht even, om jezelf te kunnen accepteren moet je dus zelfbewust zijn? Dat klinkt waarschijnlijk enorm voor de hand liggend, maar ik vraag het omdat het me nu pas begint te dagen.

Robert: Het enneagram helpt je daarbij. Het is een vreemde paradox, maar hoe meer je over jezelf oordeelt, hoe minder je jezelf kent. Als ik bijvoorbeeld alleen maar een oordeel over jou heb, zie ik jóú niet, maar zie ik alleen mijn eigen oordeel over jou. Dan kan ik mezelf een schouderklopje geven en denken: 'Zie je nou wel, ik heb helemaal gelijk over haar.' Zo werkt het ook als ik vanuit mijn oordeel over mezelf naar mezelf kijk: ik denk dan wel dat ik mezelf zie, maar ik zie alleen mijn oordeel over mezelf. We moeten op onderzoek uitgaan en onszelf als interessant beschouwen in plaats van proberen onszelf te verbeteren. Hoe zou het zijn om jezelf interessant te vinden?

Ik: Hoe bewust moet je je eigenlijk van jezelf zijn om een enneagramtest te doen? Wat als iemand die een deel van zichzelf ontkent of erger nog, iemand die zichzelf volkomen voor de gek houdt de test doet? Dan kan de uitkomst toch nooit een afspiegeling zijn van hun ware zelf?

Robert: Dat is een goede vraag. Als je aan een enneagramtest begint met een beeld van jezelf zoals je je aan de buitenwereld verkoopt, dan zullen je antwoorden aan dat beeld voldoen in plaats van aan je authentieke zelf. Het mooie van de enneagramtest is dat het een persoonlijkheidstest lijkt, maar dat is het niet, het is veel beter. Het is ook geen typering van jou, omdat de ziel zich niet laat typeren. Het is een typering van je egobesturingssysteem. Je besturingssysteem laat zich kennen als een type 2, een Helper. Dat ben jij niet, het is het besturingssysteem waarmee je werkt.

Ik: Ik begin het te snappen. Ik vraag me af of het doel in ons leven is om te ontdekken wie we werkelijk zijn of is de bevrijding gelegen in het besef dat we dat niet kunnen?

Robert: Er zijn bepaalde enneagramtypen die echt willen weten wie ze zijn. Type 5 bijvoorbeeld, de Waarnemer, wil het wanhopig graag weten, maar voor elk type speelt het verlangen om zichzelf te kennen op een andere manier. Elk type heeft zijn eigen besturingssysteem. Het enneagram helpt je om inzicht te krijgen in de werking van dat besturingssysteem. Over het algemeen kost het mensen een hoop pijn en verdriet en spijt om daarachter te komen.

Ik: Ja, in mijn verlangen om anderen te helpen ben ik vaak over mijn eigen grenzen heen gegaan en dan voel ik wrok. Ik heb mijn ego dan de teugels in handen gegeven in plaats van zelf de controle te houden. Hoe denk je dat het enneagram heel vroeger door mensen is gebruikt?

Robert: Rond de derde eeuw zijn de woestijnvaders en -moeders het enneagram gaan gebruiken als hulpmiddel in de hoop daarmee het goddelijke bewustzijn op aarde toegankelijk te maken. Ze voelden het bestaan van een universele inspiratie, wat Louise Hay haar 'innerlijke bel' noemt, een oneindige intelligentie. De woestijnvaders vroegen zich af: 'Hoe komt het dat we ons zo verloren en ongeliefd voelen als deze universele inspiratie ons ten dienste staat? Hoe kan het dat het leven hier op aarde als een hel voelt terwijl het de hemel zou moeten zijn? Hoe kunnen wij een spirituele hand bieden om die hemel op aarde te realiseren?'

Het enneagram is bedoeld om inzicht te geven in de drie kernblokkades van jezelf. De eerste blokkade is de fundamentele angst die zich vanuit ons zenuwstelsel laat gelden. Het is een angst die niet logisch is, maar die we in ons lichaam met ons meedragen als voortvloeisel van het concept van scheiding. De tweede blokkade is een passie, een bron van verdriet voor jezelf. De derde is een fixatie, een dwang- of gewoontegedachte die je in de problemen brengt. Het enneagram helpt je die fundamentele angst tegemoet te treden, je passie de teugels uit handen te nemen en je gedachten op orde te krijgen om vrijelijk te kunnen putten uit de gaven waarover we beschikken.

Ik: Toen ik over het enneagram hoorde, dacht ik dat het me zou kunnen helpen te begrijpen wie ik ben, aan de hand van het type dat ik zou blijken te zijn en de daarbij behorende karakteristieken, maar na wat jij me hebt verteld, begrijp ik dat het eigenlijk een hulpmiddel is om ons inzicht te geven in de blokkades en angsten die ons belemmeren ons waarlijk verbonden te voelen – klopt dat?

Robert: Het enneagram biedt ons de meest verhelderende blik op onze innerlijke blokkades. Het geeft je inzicht in hoe jij jezelf succes, geluk en innerlijke rust ontzegt. Maar dat is niet het enige. Het toont je ook wat je gaven zijn. Je gaven zijn vreemd genoeg namelijk juist ook je blokkades.

Het ego is bang. Punt. Het handelt vanuit angst. Wanneer we vanuit het ego handelen, werken we de gaven waarover we beschikken tegen, maar wanneer we uit liefde handelen, weten we ons verbonden met wie we zijn, met onze zielsgave. We moeten beslissen – of we enkel willen functioneren of dat we willen groeien. Door enkel te functioneren in je leven kun je met een leeg gevoel achterblijven. Je kunt ook zeggen: 'Oké, ik functioneer, maar wat zou er gebeuren als ik me van daaruit verder ontwikkel?' En daar kan het enneagram je bij helpen. Elk type heeft een kenmerkende deugd. Deze deugd is het deel van je dat jou kan helen. Elk type beschikt daarmee over een manier om het ego, en het idee dat er geen verbinding is, als illusie aan de kaak te stellen. Als je weet dat het enneagram negen besturingssystemen omvat, kun je zelfs een stap verder gaan en denken: op een bepaalde manier staat dit alles los van mij. Ik kan het als hulpmiddel gebruiken, maar ik word er niet door gebonden. Het geeft je zelfbewustzijn, het helpt je om betere keuzes te maken en uiteindelijk is het een pad naar groei. Het helpt je te groeien door je inzicht te geven in je innerlijke blokkades, maar het helpt je ook om je grootste gaven te ontdekken en te erkennen.

Ik: Nu begrijp ik pas dat verbondenheid gelijkstaat met eenheid, wat hetzelfde is als liefde, en dat de rest gelijkstaat met gescheidenheid en angst, oftewel het ego. Bam. Wat vind ik dit geweldig!

Robert: Yep, er zijn beslissingen uit angst en beslissingen uit liefde. Het enneagram verruimt je blik op de wereld en op de beslissingen die je neemt en op waar je beslissing door gestuurd wordt, door liefde of door angst. Liefde is eenheid. Het enneagram wordt uitgebeeld als een cirkel met rondom de getallen 1 tot en met 9 – de negen enneagramtypen, de negen verschillende menselijke besturingssystemen.

HET ENNEAGRAM

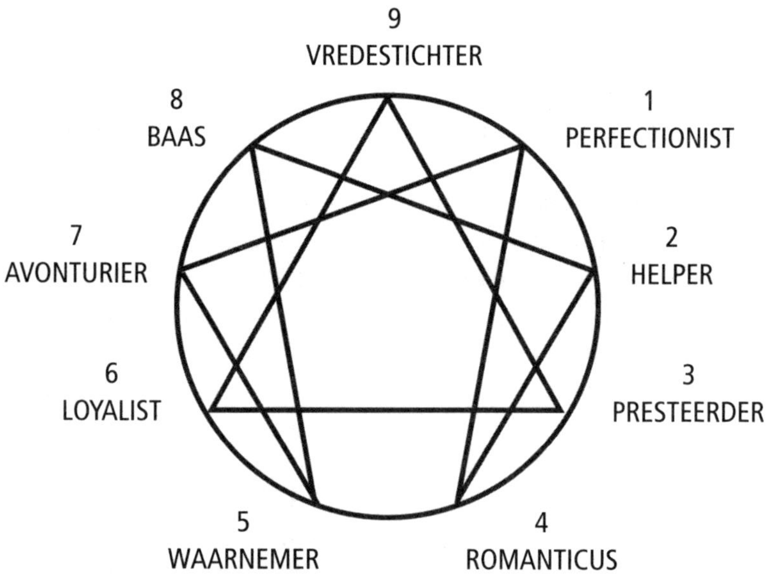

Het enneagram laat ons zo zien dat we niet zo klein moeten denken, dat we ons niet met slechts één type moeten identificeren, maar met de hele cirkel. De cirkel verbeeldt eenheid en compleetheid en oneindig potentieel.

Ik: Wees de cirkel! Mijn nieuwe levensleus! Heel erg bedankt, Robert.

* * *

Mijn hoofd staat op springen. Met kloppende slapen probeer ik de enormiteit van het enneagram te verwerken. Het stemt me optimistisch en het voelt bevrijdend dat ik nu begrijp wat me ervan weerhoudt me werkelijk verbonden te voelen. Wat ironisch en tegelijkertijd fantastisch dat onze blokkades ook onze gaven zijn. Mijn gave is het helpen van mensen, mijn blokkade is de drang om anderen te helpen en het afwijzen van de hulp van anderen. Ik voel me tot de kern teruggebracht. Alsof ik ben doorgelicht en de röntgenfoto heeft aangetoond dat mijn blokkade en mijn gave één en hetzelfde zijn: het helpen van anderen. Jemig, ik zit veel simpeler in elkaar dan ik dacht. Wanneer ik terugdenk aan sommige ellende waar ik in de loop der jaren in verzeild ben geraakt – verbroken relaties, misverstanden op mijn werk, volslagen verlies van zelfvertrouwen – dan kan ik dat allemaal terugbrengen tot precies deze blokkade: ik kan geen hulp van anderen aannemen.

Dat besef steekt een beetje. Dit gegeven loopt als een knalrode draad door mijn leven en toch ben ik er blind voor geweest. Ik heb elke gebeurtenis zo veel ingewikkelder gemaakt dan nodig was. Ik heb hele brokstukken van mijn leven, mijn eigen persoonlijkheid en die van anderen ontleed, terwijl ik mezelf uren en uren piekeren had kunnen besparen als ik had ingezien dat het in feite allemaal op hetzelfde neerkomt: geen hulp willen aannemen. Dat zou in een bepaald licht nog als iets nobels of heldhaftigs kunnen worden beschouwd, maar ik ben maar al te vertrouwd met dit sentiment en daar is weinig nobels of heldhaftigs aan. Mijn onwil om hulp te aanvaarden maakt me soms erg veroordelend naar anderen en blind voor hulpvragen waar ik die niet verwacht. Ik doe niets liever dan anderen helpen, maar dan wel op mijn voorwaarden. Die drang om te helpen heeft het me op tal van manieren onmogelijk gemaakt me oprecht met anderen verbonden te voelen en heeft ervoor gezorgd dat ik in mijn schulp kruip wanneer het te moeilijk wordt. In plaats van een onzekere hand uit te steken, een gebaar te maken dat ik hulp nodig heb, klap ik als een oester dicht.

Ik ga soms over mijn eigen grenzen heen om maar aan anderen te bewijzen dat ik geen hulp nodig heb. Ik heb me er zelfs onbewust op laten voorstaan hoe capabel ik wel niet ben. Daarmee heb ik echter niets bewezen, maar wel anderen een reden gegeven om een beroep op mij te doen om een klus te klaren, en daarbij heb ik uiteraard geen hulp nodig, nee, ik red me wel. VERMOEIEND. Waarom doe ik mezelf dit aan? Dit gedrag is zo'n gewoonte geworden dat het me steeds verder de diepte in sleurt tot ik er zelf van overtuigd ben dat ik geen hulp verdien. Ik ben iemand die het niet waard is om geholpen te worden. En wat ontzeg ik mezelf daarmee? Hetzelfde als wat jij jezelf met jouw blokkade ontzegt: oprechte, waarachtige verbondenheid. Jouw blokkade kan heel anders van aard zijn dan de mijne. Misschien weet je zelfs al wat jouw blokkade is zonder dat je daarvoor de enneagramtest hoeft te doen, maar had je dan ook al door dat die blokkade tegelijkertijd je gave is? Ik had daar tot nu toe geen flauw idee van.

IK HEB EEN GAVE

Nu ik mijn blokkade helemaal begrijp, kan ik – hoe on-Brits dat ook mag zijn – juichen dat ik een gave heb! Mijn gave is helpen. Juist datgene wat verbondenheid tegenhoudt, maakt verbondenheid mogelijk, maar daarvoor moet ik mijn gave op de juiste manier inzetten. Zoals ik eerder al schreef, is mijn drang om te helpen tomeloos en grenzeloos. Hoe geweldig zou het niet zijn als ik mijn egobesturingssysteem onder controle heb? Ik zou mijn passie om anderen te helpen, willen gebruiken om mijn leven meer betekenis en verbondenheid te geven. Niets liever. Wanneer ik mijn gave om te willen helpen niet op de juiste manier gebruik, verbijstert het me soms wanneer mensen me niet bedanken voor wat ik voor hen heb gedaan (ook al hebben zij me daar helemaal niet om gevraagd). Ik zal het punt moeten bepalen waarop ik precies 'raak sla' met mijn hulp. Is dat het punt waarop iemand mij voor mijn hulp bedankt? Nee. Is het het punt waarop ik het gevoel heb dat ik mijn tijd nuttig besteed? Misschien, maar ik heb het vermoeden dat het dieper gaat dan dat. Is het het punt waarop ik op een onbewust niveau voel dat we allemaal verbonden zijn, dat onze levens, gedachten en ervaringen allemaal met elkaar verweven zijn? Ik denk dat dat het is. Ik verlang er vanuit mijn diepste zelf naar om me met anderen verbonden te voelen. Ik wil anderen niet alleen maar helpen om mezelf beter te voelen; ik wil oprecht dat het anderen om me heen goed gaat. Ik wil dat het met mij goed gaat, te midden van anderen met wie het goed gaat. Een groot gedijend geheel van verbondenheid en groei.

Misschien dat ik onbewust mijn gave al op een goede manier ben gaan gebruiken toen ik vijf jaar geleden Happy Place heb opgericht, waarmee ik voor mezelf het perfecte speelveld heb gecreëerd om elke dag mensen te helpen met de gesprekken en verhalen die ik deel via de verschillende platforms die ik gebruik. Ik heb een nieuw doel in mijn werk gevonden en het stimuleert me om te weten dat een podcast die ik heb opgenomen of een stuk dat ik heb geschreven iemand die dag heeft doen glimlachen. Maar met alle nieuwe informatie die ik nu heb – dat helpen inderdaad een van mijn missies in het leven is – wil ik een tandje bijzetten en woest gaan experimenteren met hoe ik mijn gave kan gebruiken. Roept het woord 'gave' bij jou ook een beetje de kriebels op? Ik merk dat mijn tenen zich nog steeds een beetje krommen elke keer wanneer ik het gebruik, maar daar laten we ons niet door tegenhouden en we noemen het wat het is: **we hebben ALLEMAAL een gave.**

Wat is jouw gave? Weet je het al? Het is waarschijnlijk iets wat je al gebruikt zonder erbij na te denken. Maar als we onze gave gericht en bewust gebruiken, kunnen we daarmee een positieve verandering teweegbrengen in ons eigen leven en dat van anderen. En dat is geweldig.

HULP KRIJGEN

Onze gaven kunnen weliswaar verschillend zijn, maar het resultaat is altijd hetzelfde: verbinding. Je gave is een enkeltje naar verbondenheid met andere mensen, de planeet en het universum om je heen. Wanneer voelde jij je voor het laatst echt verbonden? Een zo'n moment voor mij was toen ik de afgelopen maand mijn winterwitte lichaam in de ijskoude voorjaarszee onderdompelde. Ik voelde me deel van de oceaan. Ik stelde me open voor de kou in plaats van me ertegen te verzetten en het luidkeels uit te schreeuwen, zoals mijn brein wilde. Onder de omarmende begeleiding van de onregelmatig dansende golven wankelde ik als herboren het water uit. Ik heb ook waarachtige verbondenheid ervaren op die flitsmomenten van eenwording wanneer ik iemand kon helpen of zelf hulp heb gekregen. Zoals ik eerder (misschien zelfs iets te vaak) al schreef, heb ik er moeite mee om hulp van anderen aan te nemen, maar soms heb je geen keuze. Soms is een ware vriend, iemand die recht door je heen kijkt, bereid zijn of haar nek uit te steken om ervoor te zorgen dat je de hulp krijgt die je nodig hebt. Zoals die keer dat een vriendin een doktersafspraak voor mij maakte toen mijn aanhoudende somberte duidelijke trekken van een serieuze depressie begon te vertonen. Ze had naar me kunnen blijven luisteren terwijl ik over de telefoon maar bleef herhalen dat ik het niet meer aankon, maar dat deed ze niet. Ze pakte zelf de telefoon en regelde voor mij een afspraak, waar ze me in de stromende regen in haar auto naartoe bracht om er zeker van te zijn dat ik ook echt hulp zou krijgen. Ik denk niet dat ik me ooit meer verbonden heb gevoeld na een lange periode van volkomen hulpeloosheid.

Dat moment van vriendschap was zo vervuld van betekenis. Het was geen geschenk in een grote doos met een mooi lint eromheen. Het was geen moment om op Instagram te delen. Het was een telefoontje achter mijn rug om naar een dokter en een zwijgzame rit in de auto met boven ons een zwaarbewolkte lucht. Het was rust die vol betekenis was. Verbinding gaat altijd hand in hand met betekenis. Zonder betekenis is het slechts uiterlijk vertoon. Je kunt meer betekenis ervaren in de glimlach van een oude buurman dan in het gejuich van duizenden mensen. Het gaat niet om aantallen, grootte of zichtbaarheid – het gaat om betekenis en het onderkennen van de enormiteit van die flitsmomenten in het leven.

EENHEID IN EEN VERDEELDE WERELD

De behoefte aan eenheid lijkt verontrustend relevant in deze tijd van verdeeldheid. Of misschien zijn er altijd al dergelijke tegengestelde ideeën geweest die tegen elkaar aanschuren, maar leven we nu in een tijd waarin die verschillende meningen door sociale media en de tv nog eens extra worden uitvergroot en opgeblazen door bijtende opmerkingen en haatdragende reacties. Als we moeten geloven wat we in de kranten lezen en op het journaal horen, lijkt eenheid een vergezocht, dwaas ideaal dat in het beste geval in een verre toekomst realiseerbaar zal zijn. En misschien is eenheid op wereldschaal ook wel te veel gevraagd of gewenst, maar is het dat ook als we het over een veel kleinere schaal hebben, over ons eigen leven? Kunnen we niet meer eenheid en harmonie realiseren binnen ons eigen mini-ecosysteempje dat bij onszelf begint en uitwaaiert naar onze kring van familie en vrienden en collega's?

Ironisch genoeg denk ik dat we daarvoor moeten beginnen met het loslaten van het idee van wie we zijn. **Wanneer we krampachtig vasthouden aan een specifiek beeld van onszelf, van wie we zijn en waar we voor staan, staan we al te makkelijk klaar met een oordeel over anderen.** Dat is wat Robert uitlegde in het gesprek dat ik met hem had. Als je enkel door een oordelende lens naar de ander kijkt, zie je de ander helemaal niet. Kunnen we voorbij onszelf kijken om de ander echt te zien? Het kan moeilijk zijn om ons open te stellen voor mensen die denken, handelen en zich door het leven bewegen op een manier die lijnrecht tegenover die van onszelf staat, maar als we proberen zonder oordeel te zijn, krijgen we misschien oog voor de pijn achter de woede, voor de onzekerheid achter het geschreeuw, voor de angst achter de snauw. Kunnen we wat Robert ons heeft geleerd gebruiken om naar anderen te kijken als personen met hun eigen gave en blokkade? Kun je kijken naar de vriend met wie je ruzie hebt gekregen en zijn gave en zijn blokkade zien? Kun je kijken naar je buurvrouw die er andere politieke denkbeelden op na houdt en haar gave en blokkade zien? Kun je eenheid ontdekken in een wereld waarin iedereen zich op een andere manier beweegt? En wat misschien wel het allermoeilijkst is: kun je in de spiegel kijken en je eigen gave en blokkade zien?

ASTROLOGIE EN DE BEWEGING VAN DE PLANETEN

Het doel van dit boek is om concepten onder de aandacht te brengen die groter zijn dan onze individuele gedachten, en wat is nu groter dan die glorieuze planeten en manen die hun omloopbaan om de zon volgen? We zijn zo gericht op alle kleine dingen en gedachten van ons leven hier op aarde: we verorberen gulzig elk nieuwtje dat we van onze schermpjes plukken, we maken ons druk over elk detail van ons dagelijkse leven, we schieten in de stress over een afgebroken tand, een koekje dat we te veel hebben gegeten, een lekke band... en we vergeten helemaal hoe enorm groot het universum om ons heen is. We negeren in feite het belang ervan en wellicht zelfs het bestaan ervan. Ik denk dat we groot moeten leren denken om een spiritueel leven te kunnen leiden. We moeten onze blik verruimen en onze geest en ons hart openstellen voor de gigantische ruimte en energie rondom ons, die tot de verste uithoeken van het zonnestelsel en daar voorbij reiken.

Hoewel ik me nooit echt in astrologie heb verdiept, heeft het me wel altijd gefascineerd. Het opent de deur naar een bewustzijn dat ver voorbij ons eigen kleine leventje reikt. Wanneer we onze blik vol verwondering omhoogrichten, zullen we minder geneigd zijn vast te lopen in kleinigheden. Wanneer je je voorstelt dat ver boven je hoofd Saturnus sierlijk door de ruimte beweegt, zul je minder snel in de stress schieten wanneer je kind zijn groente niet wil opeten. Laten we beginnen met iets waar iedereen wel mee bekend zal zijn: sterrenbeelden.

Ik ben een Maagd. Een Maagd in het kwadraat, zou je kunnen zeggen. In plaats van de omschrijving van het sterrenbeeld Maagd, zoals dat bij horoscopen gebruikelijk is, zou je ook een foto van mij kunnen plaatsen. Als kenmerken worden meestal genoemd: praktisch, redelijk, loyaal, nauwgezet, netjes en verzorgd, georganiseerd, doelgericht en perfectionistisch. Stuk voor stuk op mij van toepassing. Mijn man zegt vaak dat het wel lijkt alsof er een spuitbus met allesreiniger uit mijn rechterarm is gegroeid omdat ik voortdurend spray bij de hand heb om het aanrechtblad glanzend te houden. Mijn stiefkinderen rollen met hun ogen wanneer ik al aan het boenen en vegen ben rondom hun bord wanneer ze nog niet eens uitgegeten zijn. Wanneer ik bij ons thuis een kamer binnenkom, scan ik de ruimte onbewust en zie ik in een mum van tijd of er iets is verplaatst of niet is opgeruimd. Ik ben een huishoudelijke Sherlock Holmes: de geringste aanwijzing is voor mij al voldoende om te reconstrueren waar iets is en hoe het daar gekomen is. Alles in ons huis en in mijn leven heeft een vaste plek en als het daar niet is, ben ik nergens meer. Het voelt als een wezenlijk deel van me. Ik kan niet tot rust komen wanneer mijn omgeving niet volledig op orde is. Uiterlijke chaos, innerlijke chaos. Een van mijn beste vrienden, Giles, is ook een Maagd en is precies hetzelfde. Hij heeft me ooit bamboevaatdoekjes gegeven; ik heb me nog nooit zo gezien gevoeld!

WAT ZEGT DE HOROSCOOP?

Ook bij familieleden en vrienden zie ik dat de bij hun sterrenbeeld behorende eigenschappen grotendeels op hen van toepassing zijn. Mijn man is een Schorpioen, een teken dat wordt geassocieerd met eerlijkheid, moed, jaloezie, gereserveerdheid, intuïtiviteit en flexibiliteit – eigenschappen die in meerdere of mindere mate allemaal door Jesse worden belichaamd. Een vriend van mij die een Leeuw is, staat graag in het middelpunt van de belangstelling; mijn moeder, een Tweeling, is iemand van uitersten. Dan moet er toch iets in zitten?

Je hoeft niet spiritueel aangelegd te zijn om te weten wat je sterrenbeeld is en misschien zelfs wel nieuwsgierig te zijn naar wat de horoscoop te zeggen heeft. Met horoscopen in sensatiekranten heb ik altijd wat moeite. Het is raar om iets van historische, mathematische, esoterische en spirituele waarde te zien afgedrukt tussen schaars geklede modellen en sportnieuws. Alsof je in Disneyland een monnik ziet lopen. Maar is het aan de andere kant ook niet briljant? Iets wat al duizenden jaren oud is, heeft een plek gevonden in het dagelijkse leven en is als volkomen normaal omarmd. Of je nu wel of niet in horoscopen gelooft, ze zetten je toch aan het denken.

Als tiener, met een beugel in mijn mond en mijn haar met een fluwelen scrunchie naar achteren gebonden, deed ik niets liever dan wegduiken in het meidenblad *Sugar* en de maandelijkse horoscoop van voren naar achteren en van achteren naar voren spellen. Elk woord was voor mij heilig. Als mijn horoscoop van die maand zei dat er liefde aan de horizon gloorde, ging ik zo alert als een speurhond op zoek naar mijn nieuwe liefde. Als het advies luidde dat ik beter van mijn kansen gebruik moest maken, zei ik overal ja tegen. Ik gebruikte *Sugar* als mijn persoonlijke gids voor het leven. Ik herinner me met name dat ik las (en het internet moest toen nog worden uitgevonden hè, dus je kon zoiets niet zomaar eventjes googelen) dat Maagden en Vissen uitstekend bij elkaar pasten, dat de kans zelfs groot was dat je in de ander je zielsverwant zou vinden, en laat het toeval nu willen dat mijn tienerliefde Taylor Hanson (van de band Hanson, het nummer 'MMMBop', et cetera) een Vis was. Ik was in de wolken en ik zag meteen voor me hoe we zouden trouwen en alles wat daarna kwam.

Ook nu nog kan ik het soms niet laten om in een tijdschrift de horoscooppagina op te zoeken om te lezen wat er voor me in het verschiet ligt. Deze maand staat er dat ik even niet actief de aandacht van andere mensen moet zoeken, maar anderen naar mij toe moet laten komen. Het is een advies waar ik op dit moment in mijn leven beslist de relevantie van inzie, maar in hoeverre is het ook waar? In hoeverre is het een bruikbaar advies? En hoe helpt het ons een spiritueler leven te leiden?

WAAR IS HET ALLEMAAL BEGONNEN?

Astrologie wordt in verschillende culturen wereldwijd al duizenden jaren gebruikt als leidraad en steun in het leven. In het oude Mesopotamië, gelegen in het huidige Irak, waren de mensen bekend met het grondbeginsel van de astrologie. De oudste bewijzen hiervan dateren van 1500 v.Chr. Ze waren er fundamenteel van overtuigd dat wanneer er aan de hemel een slecht teken verscheen, dit op aarde door iets slechts gespiegeld werd en omgekeerd. De oudst bewaard gebleven geboortehoroscopen werden omstreeks 550 v.Chr. op kleitabletten geschreven, nadat Mesopotamië door de Perzen was veroverd. Dit is het oudst bekende bewijs van het geloof dat de stand van de planeten aan de hemel van invloed zou zijn op iemands persoonlijkheid en het verloop van zijn leven. Rond diezelfde tijd hadden de oude Egyptenaren een eigen astrologisch systeem ontwikkeld, waarbij de stand van de sterren werd gebruikt om de tijd van het jaar te bepalen en bepaalde rituelen te vieren. Iets later, rond 323 v.Chr., doken voor het eerst onmiskenbaar de twaalf tekens van de dierenriem en hun associaties op, die samensmolten met de reeds bestaande ideeën van de oude Mesopotamiërs en Egyptenaren. Daarna ontwikkelden de theorieën zich verder, met in het bijzonder aandacht voor welke planeten over welke dierenriemtekens heersen, en hoe de stand van de zon zich verhoudt tot de ziel en het spirituele, terwijl de stand van de maan meer in relatie werd gebracht met het lichaam en het materiële.

Wat we nu doorgaans ons sterrenbeeld noemen, is in feite ons zonneteken, het teken aan de hemel waarin de zon zich bevond op het moment van onze geboorte. We hebben ons zonneteken blijkbaar als belangrijker beschouwd dan alle andere aspecten van onze horoscoop, zoals de stand van de maan en die van andere planeten. Maar waarom? De meest voor de hand liggende verklaring is dat dit het makkelijkste en meest toegankelijke aspect van de geboortehoroscoop is. Je hoeft alleen maar je geboortedag te weten om uit te vogelen wat je sterrenbeeld is en elk sterrenbeeld omvat zo'n dertig dagen. Op een gegeven moment zijn toen in tijdschriften en dergelijke de moderne horoscopen verschenen met hun maandelijkse voorspellingen.

In de loop der tijd zijn we blijkbaar minder waarde gaan hechten aan wat de bewegingen van de planeten en de zon ons kunnen vertellen en kijken we liever naar het scherm van onze telefoons en laptops. Dat vind ik een deprimerende gedachte. Hoe weinig ik ook weet van astrologie en de beweging van de planeten, ik weet wel dat ik liever omhoogkijk dan naar beneden. Ik volg veel liever de bewegingen aan het hemelgewelf dan Instagram of Facebook. Ik laat me veel liever leiden door iets van historische en esoterische waarde als astrologie en de beweging van de planeten dan door de waan van de dag in kranten en op websites.

JEZELF LEREN KENNEN

Ik weet nog niet precies welke rol astrologie kan spelen op mijn spirituele zoektocht, maar ik vermoed dat het me kan helpen mezelf beter te leren kennen en als er één ding is dat ik tot nu toe heb geleerd, dan is het wel dat zelfkennis essentieel is om spiritualisme een dagelijks gegeven in je leven te kunnen maken. Hoe meer je bereid bent om eerlijk naar jezelf te kijken, naar de versie van jezelf achter de muur van verhalen en overtuigingen die je hebt opgetrokken, hoe oprechter je kunt leven. Wanneer je weet wie je bent, is het makkelijker om beslissingen te nemen. Wanneer je weet waar je grenzen liggen, is het makkelijker om nee te zeggen. Wanneer je inziet en voelt dat je deel uitmaakt van het grotere iets, kun je je dromen en verlangens helderder voor je zien. Wanneer je jezelf in die mate kent, is het makkelijker om jezelf te leren accepteren voor wie je bent, wie je werkelijk bent, in je diepste wezen en alles wat daarbij hoort – de fouten die je hebt gemaakt, de misstappen die je hebt begaan, de uitglijders die je hebt gemaakt, de verkeerd gekozen woorden die je hebt gebruikt, de negatieve gedachten die je hebt gehad. Misschien dat kennis van de hemelkaart op het moment van je geboorte en hoe de hemelse energieën van invloed zijn geweest op je wezen en hoe je in de wereld staat, je kan helpen jezelf op die manier te leren kennen.

Daarover ga ik in gesprek met Paula Shaw, een geweldig iemand die me, net als eerder Wendy Mandy, door Rebecca Dennis werd aanbevolen. Paula is een spirituele leermeester en gids die gebruikmaakt van geboortehoroscopen en tarotlezingen om mensen te helpen hun weg in het leven te vinden en zich daar dieper mee verbonden te voelen. Ik heb enkele persoonlijke sessies gehad – via Zoom, omdat Paula in Australië woont – die verhelderend en bemoedigend waren omdat haar lezingen me vertrouwen hebben gegeven bij het nemen van beslissingen en het richting geven aan mijn leven.

Om acht uur 's ochtends Britse tijd verschijnt op mijn scherm Paula in beeld, bij wie het aan de andere kant van de wereld avond is.

Ik: Hallo Paula, zo te zien is het daar bij jullie nog lekker warm, ook al is het avond.

Paula: Hallo Fearne. Jij een goede morgen gewenst.

Ik: Ik verheug me op ons gesprek. Ik ken horoscopen vooral als iets wat je niet al te serieus moet nemen, maar dat komt omdat ik me er eerder nooit echt in heb verdiept.

Paula: Wanneer we het hebben over sterrenbeelden en horoscopen, moeten we niet vergeten dat deze sterrenbeelden slechts betrekking hebben op de positie van de zon aan de hemel op het moment van iemands geboorte. De hierop gebaseerde horoscopen kunnen niet persoonlijk zijn omdat ze gelden voor iedereen die binnen dezelfde periode van ongeveer een maand is geboren. Het heeft in feite weinig met astrologie te maken, omdat de positie van de maan en die van alle andere planeten op je geboortedag buiten beschouwing worden gelaten, evenals bijvoorbeeld in welke fase de maan zich bevond. Wanneer we alleen naar iemands sterrenbeeld kijken, vertelt ons dat niets over iemands persoonlijke ontwikkeling. Een geboortehoroscoop gaat veel dieper. Als je de exacte tijd weet waarop je bent geboren, krijg je een veel helderder en veelzeggender beeld. Astrologie is een voorloper van de moderne religie. Het wordt al vele duizenden jaren gebruikt, het omvat zo veel geschiedenis en kennis, en het feit dat het ons nog altijd intrigeert, duidt er voor mij op dat het iets te zeggen heeft wat voor ons als mensen van betekenis is.

Ik: Hoe kun je je geboortehoroscoop berekenen als je precies weet hoe laat je bent geboren zonder dat je een hoop geld kwijt bent aan iemand met de kennis om dat voor je te doen?

Paula: Er bestaan tegenwoordig apps die je daarvoor kunt gebruiken, maar dan moet je wel op de minuut nauwkeurig je geboortetijdstip weten. Als je er maar een paar minuten naast zit, kan er al een compleet andere horoscoop uit rollen.

Ik: Hoe weinig persoonlijk en hoe weinig gedetailleerd de twaalf sterrenbeelden ook zijn, toch herken ik mezelf heel erg in mijn teken Maagd. Hoe valt dat te verklaren?

Paula: Astrologie is het samenspel van hemelse gebeurtenissen. In astronomisch opzicht is de zon de spil van ons zonnestelsel. Hij is er het stralende middelpunt van. Wanneer je vanuit dat idee naar je sterrenbeeld kijkt, naar je zonneteken, Maagd, dan kunnen we stellen dat jouw psyche en persoonlijkheid worden beïnvloed door de essentie van dit teken. Het is dus niet zo raar dat de meeste mensen zich in hun sterrenbeeld herkennen. Het geeft hun karakteristieken weer. Zullen we anders nu je geboortehoroscoop berekenen? Op welke dag en op welk tijdstip ben je geboren?

(Ik denk hard na en probeer me te herinneren of ik dit eigenlijk wel ooit aan mijn ouders heb gevraagd.)

Ik: Drie september 1981 en de tijd... Ik heb echt géén idee (zeg ik met enige schaamte). Ik vraag het aan mijn moeder. Ik stuur haar nu meteen een berichtje.

(En 'ping', daar is mijn vraag al onderweg.)

Paula: Ik beschouw het beoefenen van astrologie als het lezen van een hemelkaart. Jouw persoonlijke geboortehoroscoop is een foto, een overzicht, van het hemelbeeld op het moment dat jij werd geboren. Wat een astroloog doet, is kijken naar het samenspel tussen de verschillende planeten, tussen de zon en de maan, om aan de hand daarvan een idee te krijgen welke krachten jouw persoonlijkheid en de gebeurtenissen in je leven vormgeven. We leggen alle stukjes naast elkaar, houden rekening met alle posities en bewegingen, zoals in welke fase van haar cyclus de maan was.

Een voorbeeld. Je hebt misschien weleens gehoord van de 'terugkeer van Saturnus', een periode rond je negentwintigste of dertigste waarop de planeet Saturnus zich weer in dezelfde positie bevindt als op het moment van je geboorte. Dit is voor iedereen een kantelperiode in het leven, het begin van een nieuwe levenscyclus. De meeste mensen hebben wel een verhaal over deze periode in hun leven, een periode van grote veranderingen: huwelijk, kinderen, een depressie, een verandering van baan, noem maar op.

Ik: IK OOK! Rond mijn negentwintigste gebeurden de mooiste en de ergste dingen in mijn leven. Toen ik negentwintig was, kwam er een einde aan mijn verloving en leerde ik mijn man kennen. Maar ongeveer een jaar later zakte ik weg in een ernstige depressie en het heeft me veel tijd gekost om daaruit te komen. Achteraf gezien is die periode van depressie noodzakelijk geweest, omdat ik erdoor ben veranderd en het me gevormd heeft tot wie ik nu ben. Dit heeft dus niet zozeer te maken met het bereiken van een bepaalde leeftijd, maar veeleer met de voltooiing van de baan die Saturnus om de zon maakt vanaf het moment van je geboorte?

Paula: Saturnus doet er gemiddeld achtentwintig tot negentwintig jaar over om rond de zon te draaien, om vanaf het punt waar hij stond toen jij werd geboren weer naar datzelfde punt terug te keren. Ik kan me zo voorstellen dat onze vroege voorouders deze beweging aan de hemel waarnamen, omdat Saturnus een van de vijf planeten is die vanaf de aarde met het blote oog zijn waar te nemen. De wetenschap heeft ons verlangen verdrongen om de blik omhoog te richten en de beweging van de planeten zelf waar te nemen. Wetenschappelijke ontwikkeling is geweldig, dat betwist ik niet, maar het is jammer dat hierdoor veel betekenis en oude kennis verloren is gegaan.

Ik: Dat klopt. Ik sta nooit stil bij de planeet Saturnus. Daarvoor in de plaats loop ik me te druk te maken of ik wel op tijd ben om de kinderen van school te halen of dat ik iemand ergens mee voor het hoofd heb gestoten. Ik vergeet helemaal om omhoog te kijken. Waar kunnen we het best beginnen om in ons dagelijkse leven onze blik te verruimen? Hoe kunnen we de natuurlijke cycli van de aarde, het leven en het zonnestelsel weer een plek geven in ons dagelijkse bestaan?

Paula: De beste manier om te beginnen is om oog te hebben voor de fasen van de maan. Daarvoor hoef je alleen maar omhoog te kijken. De maan stuurt de watermassa's van de aarde aan en bepaalt zo de getijden. Wij mensen bestaan voor zestig procent uit water, dus het zou raar zijn om te denken dat de maan niet op ons van invloed was. Als je mensen die in de verpleging werken vraagt of hun iets opvalt met volle maan, zullen de meeste zeggen dat zich dan andere gedragspatronen voordoen. Ik heb genoeg mensen gesproken die niet in astrologie geloven, maar die het wel is opgevallen dat ze rond volle maan anders slapen, emotioneler reageren en meer dromen. Dergelijke verhalen bewijzen natuurlijk niets, maar ik kan voor mezelf eerlijk zeggen dat alles intenser lijkt rond volle maan en rond donkere maan, dat wil zeggen nieuwe maan. Wanneer de maan nieuw is, is alles donker en voelt de wereld stiller en vrediger.

Ik: Ja, en zonder de mannelijke lezers te willen uitsluiten, maar wij vrouwen hebben natuurlijk ook nog onze eigen maandelijkse cyclus.

Paula: Dat klopt, en onderzoek heeft aangetoond dat de maancyclus inderdaad van invloed is op de aanmaak van bepaalde hormonen. Toch is het relevanter om te kijken naar het grotere verband tussen onze cycli en die van de kosmos. Het is niet zo dat wij 'de speelbal van de planeten' zijn. We kunnen de schuld niet bij de natuur leggen of bij de natuurlijke cycli. We moeten onze relatie met de natuur en deze natuurlijke cycli onderkennen en respecteren. De wetten van de natuur kunnen ons veel leren. Neem bijvoorbeeld de transformatie van een rups in een vlinder. Ik kwam er kortgeleden achter dat een rups die aan het verpoppen is niet zomaar van vorm verandert en vleugels krijgt, maar in zijn cocon volledig tot moes wordt afgebroken en uit die moes weer helemaal opnieuw wordt opgebouwd. Vraag jezelf nu eens hoe vaak je op een absoluut dieptepunt hebt gezeten, dat je niet meer wist wie je was, dat je je tot moes voelde afgebroken, waarna je het roer hebt omgegooid en jezelf weer hebt opgebouwd tot iets nieuws, iets groters.

Ik: Ik heb me weleens niet meer dan een hoopje moes gevoeld, en ja, dat heeft tot een transformatie geleid die een afspiegeling is van die natuurlijke cyclus die jij noemt. Dit gesprek heeft een wending genomen die ik niet had verwacht. Ik was van plan je te vragen naar de invloed van de planeten op ons leven, maar nu ik zo met je praat, begrijp ik dat dat de verkeerde manier is om ernaar te kijken. Het gaat om het eerbiedigen van onze relatie met de natuur en met de cycli die zo veel groter zijn dan wij. Om ervan te leren en oog te hebben voor de afspiegelingen ervan in ons eigen leven. De natuurlijke cycli lijken uit beeld te zijn verdwenen, verdreven door de wetenschap en het menselijke ego. We willen de controle hebben en we denken dat we geen rekening hoeven te houden met deze natuurlijke cycli, dat we kunnen doen wat we willen. Het is meer dan treurig.

Vorige week had ik het met een vriend over de magnoliaboom in onze tuin. Kortgeleden stond hij in bloei en dat maakte me blij, maar een week later al lagen al die prachtige lichtroze blaadjes op de grond. Ik was ontdaan dat de bloeiende boom nu in mijn uitzicht ontbrak en dat vertelde ik tegen Henry, een vriend van me, in een berichtje dat ik hem stuurde. Hij schreef me terug dat het een les was om te genieten van het moment, om niet te krampachtig aan de dingen vast te houden, om het komen en gaan van de natuur als voorbeeld voor mijn leven te beschouwen, om te leren accepteren dat niets blijvend is.

Paula: Precies. Astrologie biedt ons een blik op de verbondenheid tussen onszelf en het universum, waar we deel van uitmaken. Astrologie heeft mij geholpen om vertrouwen te hebben in de cyclische loop van dingen. Je kent vast wel de uitdrukking 'Ook dit gaat voorbij'. Er zijn perioden waarin ik in een stijgende lijn zit en andere die neerwaarts voeren, er zijn perioden van terugval en perioden van wedergeboorte. Het heeft me ook geholpen om in te zien dat we allemaal verschillend zijn. Geen enkele geboortehoroscoop is hetzelfde en geen enkel mens is hetzelfde, dat inzicht heeft me geholpen geduld en mededogen te hebben. Ik zie dit het duidelijkst bij mijn eigen kinderen. Het heeft me ook geleerd om me over te geven. We moeten ons overgeven aan de wetten en de cycli van de natuur.

Er is een verband met de hemellichamen, er is betekenis achter dit alles. Ik leef veel liever in een wereld waarin Venus een godin is en alles betekenis heeft dan te geloven dat we enkel en alleen materie zijn en doelloos door het heelal suizen. Nee, zo kan ik niet naar het leven kijken. Onze vroege voorouders zullen zich hebben georiënteerd op de planeten die vanaf de aarde met het blote oog zichtbaar zijn: Jupiter, Saturnus, Mercurius, Mars, Venus en de maan. In de oudheid bestudeerden astrologen de bewegingen van deze planeten in relatie tot gebeurtenissen op aarde. Zo is Venus niet het hele jaar zichtbaar: ze verandert van avondster in ochtendster. Vroeger hechtten de mensen betekenis aan deze planeet. Venus stond voor liefde, relaties en verbinding. Wanneer Venus niet aan de hemel zichtbaar was, viel het de mensen op dat er binnen het geheel iets veranderde en verschoof. Ik let zelf ook op deze planeetbewegingen. Op het moment staat Venus buiten ons zicht en ik merk dat mensen minder gevoelig zijn voor de magie in het leven. Vroeger waren mensen zich hier voortdurend van bewust.

Neem de steencirkels, zoals Stonehenge, bij jou in Groot-Brittannië. Deze cirkels zijn in hun ontwerp afgestemd op de zonnewendes en de dag-en-nachteveningen, keerpunten in het jaar die met de seizoenen samenhangen. Gemeenschappen van mensen kwamen hier samen om met rituelen en ceremonies de seizoenswisselingen te vieren. Ze deelden voedsel en kennis en verhalen om zich met elkaar en met de natuur verbonden te voelen. Ze eerden het ritme van de natuurlijke cycli, iets wat wij helemaal niet meer doen. We vragen ons niet af wat het betekent, wat er verandert wanneer Venus uit ons zicht is.

Ik: Je zou er triest van worden dat er zo veel magie is en dat we daar geen oog voor hebben.

Paula: Wanneer je je voortdurend laat afleiden door het moderne leven en je je gespannen en onrustig voelt, richt je dan op de natuurlijke cycli en op de planeten – ze stralen een soort schoonheid en kalmte uit.

Ik: We eerbiedigen zelfs het fundamentele wezen van onze planeet niet meer. We eten niet langer wat de seizoenen ons bieden, maar halen midden in de winter onze aardbeien uit een ander deel van de wereld en laten ze, verpakt in plastic, bij ons thuis bezorgen. We verstoren het evenwicht enkel en alleen voor ons eigen gemak. Of als ik geen zin heb in de winter, kan ik in november naar Australië vliegen en wanneer bij jullie de zomer dan voorbij is, kom ik deze kant weer op, van de ene zomer naar de andere zomer vliegend. Eigenlijk keren we ons een groot deel van de tijd juist van de natuurlijke cycli af.

Paula: En wat is het gevolg daarvan? Dat steeds meer mensen gezondheidsklachten hebben die te maken hebben met hun manier van leven. Het aantal lichamelijke en geestelijke problemen is enorm gestegen en de meeste houden verband met onze levensstijl. We zijn uit balans met het natuurlijke ritme. Ons ritme wordt bepaald door consumeren, consumeren, produceren, produceren. Rituelen zijn heilig voor mij (lees meer over rituelen verderop in dit boek, op pagina 258-282). Weet je dat jullie in Groot-Brittannië aan de vooravond van de industriële revolutie per jaar dertig feestdagen hadden, dagen die samenvielen met de zonnewendes en de dag-en-nachteveningen? Met de komst van de fabrieken, en vermoedelijk ook door de oorlog, zijn die dagen vrijwel allemaal komen te vervallen, om mensen maar aan het werk te houden.

Ik: Dat meen je niet!?

Paula: Ze wilden dat mensen doorwerkten, om meer te produceren. Er ontwikkelde zich een nieuw soort hebzucht naar meer en meer. En kijk waar ons dat heeft gebracht: verstrikt in een vicieuze cirkel van produceren en consumeren. Hoe kan astrologie ons juist nu van nut zijn? Het kan ons helpen ons verbonden te voelen met de wereld waarin we leven. Hoe moeten we ons dat voorstellen? We kunnen beginnen met naar onze intuïtie te luisteren. Met naar onszelf te luisteren. We kunnen ons afvragen: 'Wie ben ik diep vanbinnen? Hoe wil ik in de wereld staan?' Astrologie is een manier om te luisteren en de antwoorden op die vragen te horen. Als je dag in dag uit in de metaforische fabriek aan het werk bent, luister je niet.

Ik: Tegenwoordig is de fabriek de telefoon, of niet? Nu zijn we voortdurend bezig met onze telefoons en laptops. We denken dat daar de antwoorden te vinden zijn. We zijn vervreemd geraakt van wat natuurlijk is en hebben het gedevalueerd omdat we zo veel waarde zijn gaan hechten aan geld, titels, prestige, status en positie.

Paula: Daarom moeten we voorbij onszelf kijken. Zoals ik al zei, kunnen we beginnen met de maan en de planeten die we met het blote oog kunnen zien. En er de verbinding mee zoeken.

De cyclus van de maan bestrijkt ongeveer negenentwintig dagen. Wanneer de maan als een heldere cirkel aan de hemel staat, spreken we van een volle maan. De maan staat dan, vanaf de aarde gezien, recht tegenover de zon en wordt vol verlicht. De fase die we nieuwe maan noemen, is wanneer je de maan vanaf de aarde niet kunt zien omdat ze zich direct naast de zon bevindt en dus niet belicht wordt. Het proces waarbij de nieuwe maan langzaam groter wordt, van sikkel tot volledig rond, noemen we het toenemen of wassen van de maan, het omgekeerde proces van volle maan naar nieuwe maan noemen we het afnemen van de maan. **De fase van de nieuwe maan is de tijd om je intenties te bepalen, om ideeën en vragen te planten en te kijken of ze ontkiemen. Het is een tijd van beschouwing. De nachten zijn donker en rustig. Wanneer de maan vol is, is het alsof het licht doordringt tot in de meest verborgen hoekjes van je leven. Het is een tijd om alle onnodige ballast in je leven los te laten.** De maan daar boven in de lucht geeft je daar toestemming voor. Je handelt daarmee vanuit je kracht, in overeenstemming met de cyclus van de maan. Je kunt zo van je leven zelf een ritueel maken.

Ik: O wacht, mijn moeder heeft me antwoord gestuurd. Daar komt-ie: ze zegt dat ik 's middags ben geboren, om vijf voor half zes. Nooit geweten!

Paula: Oké, dan gaan we daarvan uit.

Ik: Eerst nog dit. Wanneer ik me in het spirituele verdiep, dringt zich altijd de vraag aan me op in hoeverre ons leven door het lot is bepaald en in hoeverre we er zelf richting aan kunnen geven door de beslissingen die we nemen en de doorwerking van zelfs de kleinste dingen, het vlindereffect. Is dat een vraag waarop een antwoord mogelijk is?

Paula: Mijn gevoel zegt me dat er geen definitief antwoord op die vraag kan zijn. Het is een mysterie en ik zou niet in een wereld willen leven waarin geen plek meer is voor mysterie. Ik denk dat een zeker aspect van ons leven wordt bepaald door eeuwig voortbewegende ritmes en cycli – veelal karma genoemd. Maar ik geloof ook dat we een vrije wil hebben met betrekking tot hoe we op gebeurtenissen in ons leven reageren. Als we leven zonder ons te verdiepen in iets als astrologie, kunnen we ons verloren, machteloos en klem voelen zitten in situaties. Je ervaart dan het leven zonder de betekenis erachter. Vrije wil is het uitvloeisel van het besef dat je de vrijheid hebt om vanuit wijsheid en liefde op situaties in je leven te reageren in plaats van vanuit angst. Astrologie biedt ons het inzicht en perspectief om naar onze reacties te kijken en ons er niet door te laten bepalen en klem te laten zetten.

Ook mysterie is belangrijk om te eren en te koesteren. Beeldende kunst, muziek, poëzie en andere vormen van kunst helpen ons om daar verbinding mee te voelen, maar we zullen het volledige verhaal erachter nooit kunnen begrijpen. Praktijken als astrologie, rituelen en zelfheling zijn manieren om ons met mysterie en mythologie bezig te houden, en inspireren ons zo om de realiteit vorm te geven in plaats van doelloos rond te dwalen in een betekenisloze materialistische wereld.

Ik: Ons brein kan de enormiteit van het leven niet bevatten. De gedachte alleen al is te veel voor mijn brein.

Paula: Laten we dan nu naar je geboortehoroscoop kijken. Je bent geboren tijdens het eerste kwartier van de maan, in het beginstadium van de wassende fase dus, toen de nieuwe maan zich tot een sikkel aan het ontwikkelen was. Dat betekent dat je nieuwsgierig bent, iemand die zich open naar de wereld opstelt om te leren en zich te ontwikkelen. Jouw maan staat in Schorpioen. Zoals we al wisten, staat je zon in Maagd. Hierdoor wordt je drang tot precisie nog versterkt.

Ik: O jee! Dat verklaart een hoop.

Paula: Een Schorpioen is intens. Je maanteken staat voor hoe je het leven ervaart. De maan is van alle hemellichamen het intiemst met onze planeet aarde verbonden, ze stuurt de watermassa's aan. De maan is emotie en gevoel, ze is vrouwelijk en heeft betrekking op ons innerlijk. Met een maan die in Schorpioen staat, ervaar je alles intens.

Ik: Ja, dat ben ik! Ten voeten uit! Ik ben net een watermeloen zonder schil. Elke geringste aanraking laat haar sporen achter.

Paula: Ik zie dat je tiende huis, het huis van je publieke persoonlijkheid, wordt gedomineerd door Weegschaal, wat betekent dat je goed bent in de omgang met andere mensen, een geboren gastvrouw. Je straalt iets uit waardoor mensen zich op hun gemak voelen en zich voor je openstellen. Maar met je maan in Schorpioen kijk je makkelijker door flauwekul heen.

Ik: KLOPT! Mijn flauwekulantenne staat altijd op scherp.

Paula: De aanwezigheid van Weegschaal in je horoscoop duidt op het vermogen de sterke en zwakke kanten van anderen te doorzien. Daar zou je gebruik van kunnen maken, maar dat doe je niet. Dit levert ook wel strijd op voor jezelf, omdat Weegschaal het je moeilijk maakt duidelijk je grenzen aan te geven naar anderen toe. Je noordelijke maansknoop vormt een sterk karmapunt van je geboortehoroscoop en staat bij jou in het negende huis in het teken Leeuw. Dat betekent dat je een sterke drang hebt om een sfeer te creëren waarbinnen mensen over onderwerpen kunnen praten die als taboe worden beschouwd. Het zaadje hoefde dus alleen nog maar te ontkiemen.

Ik: Ja, dat is in mijn werk de afgelopen paar jaar gebeurd. En grenzen aangeven is inderdaad geen sterk punt van mij. Daar ben ik heel slecht in. Maar ik probeer er echt beter in te worden. Ik vond het een fascinerend gesprek. Dank je wel Paula, voor het delen van je wijsheid en je gedachten. Het was me een groot genoegen.

* * *

Ongeveer vier seconden na dit gesprek download ik een maancyclusapp. Waarom heb ik dat niet eerder gedaan? Waarom heb ik wel een app die zegt wat voor weer het de komende week wordt zodat ik daar rekening mee kan houden bij wat ik DOE, maar geen maancyclusapp die kan voorspellen hoe ik mij de komende week VOEL? Waarom heb ik wel apps om pakjes te volgen van spullen die ik besteld heb, maar geen app die de maan in haar cyclus volgt? Ik ben zo uit balans met de natuurlijke ritmes in ons universum. En ik denk dat de meesten van ons dat zijn. We zijn één grote uitpuilende massa consumenten, omdat een niet-aflatende stroom van informatie ons een neerwaartse spiraal van kwalijke afleiding binnenzuigt en van de waarheid afhoudt. Van de waarheid die te vinden is in de natuurlijke cycli van het universum.

AAN ZEE

Mijn gesprek met Paula vond plaats rond de tijd dat we een korte gezinsvakantie hadden gepland aan de zuidkust van Engeland, mijn favoriete kustgebied. In Dorset vind je de Jurassic Coast en de meest sensationele landschappen. Ik zou het mijn spirituele thuis willen noemen. In de omarming van Lulworth Cove voel ik me op mijn plek, helder en kalm. Onder de sierlijke boog van Durdle Door voel ik inspiratie en verbinding. En op de eerste dag van onze vakantie blijkt het toevallig ook nog eens nieuwe maan te zijn. De nacht voor ons vertrek heb ik beroerd geslapen omdat ik me sinds de geboorte van de kinderen tot een zorgelijke reiziger heb ontpopt, maar zodra we ter plekke zijn en ik op het strand sta, voel ik me geaard.

Mijn vriendin Ella en ik besluiten in zee te gaan zwemmen. Het is april en de zon staat te stralen aan een eendenei-blauwe lucht, maar de vroege voorjaarswind danst om onze blote schouders wanneer we ons op onze tenen over de kiezels naar de rand van het water begeven. Het water is kouder dan ik me had kunnen voorstellen. Voetje voor voetje doorbreken we het glanzende wateroppervlak, dat met talloos veel kleine mesjes lijkt terug te slaan, zo voelt het voor onze huid. De kou beneemt ons onze adem. Als twee hyperactieve stedelingen dobberen we hijgend op de golven. Ik sla wild heen en weer met mijn armen en benen terwijl ik op de kustlijn probeer te focussen. We kunnen geen woord uitbrengen; woorden blijven steken achter ons gesnak naar levensreddende adem. Ik wankel onelegant het water uit en ren op mijn gevoelloze voeten over de gladde kiezels naar mijn handdoek. Ik slaak een kreet van vreugde. Ik leef. Op dat moment voel ik me zo wakker als ik maar kan zijn en volledig deel van mijn directe omgeving. Mijn zicht is scherper, mijn gehoor is kristalhelder, mijn longen zijn gezuiverd van de Londense smog, mijn lichaam voelt licht en tintelend van de adrenaline en het snelle stromen van mijn bloed. Ik sta op het strand met een handdoek om me heen geslagen die ik met mijn twee ijsblokken van handen vasthoud, en kijk uit over zee.

Het is ochtend en opkomend tij. Het water bedekt het leven en de schoonheid die eerder droog lagen. De natuurlijke cyclus van het door de maan gestuurde getij, waar ik normaal gesproken helemaal niet bij stilsta, vertelt me nu dat dit een goed moment is voor beschouwing. Een flintertje tijd om na te denken over de schoonheid en het mysterie als ik mijn vermoeide alledaagse gedachten kan laten voor wat ze zijn. In de aanloop naar deze vakantie heb ik het erg druk gehad met mijn werk en vaak loop ik dan vast in stress en zorgen en vergeet ik hoe mooi het leven kan zijn. Zee, ik hoor je en ik zal naar je luisteren, dat beloof ik. De komende week laat ik me elke dag door de ijskoude greep van het water omarmen, dat zweer ik.

ONDER ELKE ROTS IETS NIEUWS

Die middag heeft het water zich teruggetrokken en een stad van rotspoelen en slijmerig, glinsterend zeewier blootgelegd. Rex is in zijn element. Mijn zoon is een Vis en hij is geobsedeerd door water en alle waterbewoners. We rennen over het strand en springen van rots naar rots, alsof we een gigantisch hinkelspel doen. We kijken oplettend rond, alert op elke beweging op de grond. We hurken neer bij kleine poeltjes vol met leven. Elke rotspoel is een kleine wereld op zich van kleur en beweging. We tillen stukken rots op, waaronder we kleine krabbetjes aantreffen met een grijs pantser en opmerkelijk grote scharen. We zien zeeanemonen met hun scharlaken tentakels meedansen op de beweging van het water. Onder elke rots ontdekken we iets nieuws, iets magisch. Ik neem me op dat moment voor om in de week dat we hier zijn op de getijden te letten en om hier aan zee en in mijn leven onder rotsen te blijven kijken. Welke metaforische rotsen heb ik in mijn gedachten nooit omgedraaid? Aan welke rotsen heb ik zelfs helemaal geen aandacht besteed? Waar zouden zich nog meer onontdekte magie en schoonheid kunnen bevinden? Op een gegeven moment vindt Rex een enorme krab met een robuust, stram lichaam. Vol ontzag bekijken we deze nieuwe vriend en vragen ons af wat voor soort krab het is en wat hij zoal eet. Het is een magisch en onvergetelijk moment daar in mijn favoriete baai.

Onze ontdekkingen die dag en de schoonheid die we zagen, hebben zich aan ons geopenbaard omdat we op onze hurken zijn gaan zitten en hebben gekeken. We zaten daar en hebben gewacht om de natuur de kans te geven zich in al haar schoonheid aan ons te tonen. Die schoonheid van het veelkleurige onderwaterleven kon ze onthullen omdat de zee door de trekkracht van de maan werd teruggetrokken. Ik leer nu al zo veel meer door te vertragen en om me heen te kijken.

BLIJE GEZICHTEN

Die avond zat ik met de herinnering van wind op mijn wangen en het zout nog op mijn lippen uit het raam te kijken naar de baai. Het tij was gekeerd, de zee was terug naar de kust geleid om het leven onder zijn oppervlakte te beschermen. De adrenaline van de reis die ochtend was weggeëbd en de deken van duister die was neergedaald, ervaarde ik als geruststellend. De nieuwe maan was een tijd om de blik naar binnen te richten. Er was geen tv of ander scherm om me af te leiden, enkel de stilte en de maanloze lucht. In gedachten stelde ik mezelf enkele vragen. Waarom ben ik thuis altijd zo druk bezig? Waar loop ik voor weg? Hoelang kan ik dat nog vol blijven houden? Ik denk dat we ons allemaal wel in dergelijke vragen kunnen herkennen. In onze moderne westerse wereld is druk zijn de norm. We complimenteren mensen die nooit een dag vrij nemen om eens rustig om zich heen te kijken. Maar waarom? Waarom complimenteren we mensen die het verst van de wereld om hen heen af staan?

De volgende ochtend loop ik enthousiast naar het strand, in de wetenschap dat ik een plechtige eed aan de zee heb afgelegd. Onder mijn trainingspak heb ik mijn badpak al aan, dus terugkrabbelen kan niet meer. Op het muurtje bij de trappen die naar het strand leiden, zie ik een paar zeventigjarige plaatselijke bewoners zitten. Met een blij gezicht en een brede glimlach kijken ze uit over een landschap dat hun het meest vertrouwd is. Ze hebben geen haast, ze hoeven niet te dringen of te stressen om ergens te zijn of te komen; ze scheppen vreugde in de aanblik van de machtige zee. Waarom zwaaien we hun niet alle lof toe, mensen die de tijd nemen om te zitten en de wereld om zich heen in zich op te nemen? Mensen die leren door te observeren in plaats van te streven. Het begint allemaal al veel duidelijker en helderder te voelen.

DE ZEE TOEFLUISTEREN

Vandaag loop ik doelbewust het water in, zonder paniekerig te hijgen of als een inktvis op de vlucht met mijn armen om me heen te slaan. Ik laat mijn lichaam omarmen door de zee en vul mijn longen op beheerste wijze met lucht. Ik zwem rustig en glijd met mijn met kippenvel bedekte lichaam gracieus door het water, met in mijn kielzog slechts een lichte rimpeling. Ik voel rust en misschien zie ik er zo wel uit als iemand van hier die dit dagelijks doet.

Op dag drie lukt het me om zes minuten te zwemmen, waarbij ik word getimed door mijn stiefdochter Lola en haar beste vriendin Skye, die me aanmoedigen om zo lang als ik het kan volhouden in het krimpend koude water te blijven. Na drie minuten voel ik me helemaal ontspannen, tot diep in mijn binnenste. Ik vertrouw erop dat de zee me draagt, ik vertrouw erop dat ik van deze zes minuten meer leer dan van de zestien minuten die ik eerder vanochtend op Instagram zat, ik vertrouw erop dat ik één ben met het water en de maan die het water beweegt.

Tegen het eind van onze vakantie is de nieuwe maan uitgegroeid tot een dun sikkeltje dat wanneer ik 's avonds nog een wandeling maak als een boogje licht aan de gitzwarte hemel staat, zwevend boven de machtige, naar zee gekeerde rotswand. Het toenemende licht van de maan staat voor toenemende nieuwsgierigheid en behoefte aan antwoorden. Ik fluister de oneindige zee toe: 'Waar loop ik voor weg?' Want de tijd die ik vul met alles wat losstaat van de natuurlijke cycli van de aarde, de maan en de planeten, is tijd waarin ik wegloop voor de waarheid van het universum en van mijzelf. Het antwoord hierop kwam langzaam en werd mij aangereikt als sprankjes magie. Een straal maanlicht die als parelmoer de zee deed oplichten, een zwerm vogels die in formatie in de lucht boven mij vloog, het geluid van de golven die beneden mij tegen de rotsen sloegen. Mijn ego. Mijn ego houdt me weg van wat belangrijk is in het leven. Mijn ego voedt de behoefte om bij te blijven, om gezien te worden als iemand die alles in de hand heeft, de behoefte om iemand te zijn en verder te komen en me te voelen als iemand die er wel komt. Het ego weerhoudt de meesten van ons er zo van om ons verbonden te voelen met de wereld om ons heen en maakt ons blind voor onze verborgen waarheden. Soms is het ego een opgeblazen ballon van arrogantie, maar meestal is het een muur waarmee we onszelf buitensluiten, een muur opgebouwd uit de ideeën en verhalen over wie we denken dat we zijn en die de waarheid over onszelf overschaduwt. Ik weet op dit moment dat ik een groot deel van die verhalen zal moeten loslaten en moet vertrouwen op mijn intuïtie en op de waarheid van wie ik ben.

ZONDER BALLAST

Eenmaal terug van vakantie, met een neus bezaaid met sproeten, probeer ik het geluid van de golven en het gevoel van het ijskoude water dat om mijn tenen spoelt vast te houden. Ik kijk elke dag op mijn maancyclusapp om mijn week in te richten naar het ritme van de maan. Vandaag is het bijna halve maan. Ik bevind me halverwege de nieuwe maan die rust en zelfreflectie brengt en de volle maan die haar schijnwerper van licht op mijn onbeantwoorde vragen zal werpen.

Online volg ik Kirsty Gallagher, een auteur en meditatiedocent die bij haar meditatiebeoefening en -lessen de maan als leidraad gebruikt. In haar Instagrampost van vandaag schrijft ze dat de nieuwe maan in Ram voor krachtige energie staat die ons helpt om de bladzijde om te slaan en aan een nieuw hoofdstuk te beginnen. In mijn hart ben ik een romanticus en het idee dat er achter de horizon iets nieuws wacht, heeft me dan ook altijd enorm aangesproken. Een gloednieuwe ik, met nieuwe ideeën en oneindige mogelijkheden en zonder oude ballast. Ik denk dat ik daarom vroeger zo graag naar het buitenland ging. Wanneer ik een week ging kamperen in Zuid-Frankrijk, creëerde ik een compleet nieuwe identiteit voor mezelf. Ik werd iemand met een enkelbandje die ontbeet met een brioche. Eigenlijk doe ik dat nog steeds wel een beetje. In Dorset heb ik in meerdere opzichten mijn oude zelf van me afgeschud. Een week lang heb ik mezelf bevrijd van de drukte en de snelheid waarmee ik in Londen functioneer, van mijn make-up en zelfs van mijn bh, en heb ik gas teruggenomen. Ik veranderde in iemand die elke dag dezelfde trui aantrekt en die zonder een gil te slaken in de ijskoude zee gaat zwemmen. Wie is deze nieuwe ik? Wat brengt dit nieuwe hoofdstuk? Kirsty stelde deze vragen gisteren op haar Instagrampagina en moedigde haar volgers aan zich open te stellen voor en te verdiepen in de mogelijkheden van deze nieuwe energie.

Ik voel dat ik een oude huid aan het afwerpen ben. Dit strakke, vaak oncomfortabele jasje dat ik nu al jaren draag en dat me vastpint op het narratief dat ik altijd maar naar buiten moet treden en het beter moet doen, glijdt langzaam van mijn schouders. Wanneer ik de vraag krijg om een tv-show te doen of om mee te doen aan een groot tv-evenement, ben ik soms uit angst geneigd om ja te zeggen. Niet een ja dus uit een verlangen weer op tv te verschijnen, maar uit angst dat als ik nee zeg, ik uit beeld verdwijn. De laatste tijd valt het mij veel makkelijker om nee te zeggen. Ik denk dat dat iets over mijn nieuwe hoofdstuk zegt. De maan schreeuwt me toe om op te houden met ja zeggen uit angst en om in plaats daarvan naar mijn gevoel te luisteren en me door de natuurlijke cycli van het leven te laten leiden. Mijn eigen levenscyclus is voortdurend in beweging en ik heb de fase inmiddels wel achter me gelaten waarin ik het gevoel had dat ik bepaalde dingen moest doen om door anderen gezien te worden. Ik bevind me nu in een rustigere en langzamere fase van mijn leven waarin de pauzes tussen werk of opwinding me veel meer voldoening schenken dan de activiteiten zelf. Dank je wel maan, dat je me helpt de tijd te nemen om deze bladzijde om te slaan en stil te staan bij hoe ik mijn leven met meer zelfvertrouwen deze andere richting uit kan sturen.

Kirsty schrijft ook dat de maan deze week in sextiel staat ten opzichte van Venus en Uranus. Ik heb geen flauw idee wat dat betekent, maar Kirsty legt uit dat Venus wil dat we onszelf vooropstellen en dat Uranus wil dat we onszelf uitdagen en wakker schudden om waarachtig te kunnen leven. De meeste Britten die dit lezen, zullen in eerste instantie gruwen bij de gedachte zichzelf op de eerste plaats te zetten. Velen van ons zijn grootgebracht door ouders of verzorgers en grootouders die een oorlog hebben meegemaakt of die zelf in hun opvoeding door een oorlog zijn getekend en die hebben geleerd dat het om de ander draait. Of door ouders die vanuit hun thuisland naar Groot-Brittannië zijn geëmigreerd en zich ontheemd voelden. De generaties voor ons waren vaak door omstandigheden gedwongen stoïcijns te zijn en anderen voorop te stellen om de gruwelen van de oorlog waarvan zij getuige waren geweest of de angst ergens helemaal opnieuw te moeten beginnen, achter zich te kunnen laten. Wie door deze manier van denken is gevormd, draagt dat met zich mee, al is het dan vaak in een afgezwakte vorm, en dat kan je ervan weerhouden om te doen wat goed is voor jezelf om als mens te kunnen groeien en je te ontwikkelen en soms gewoonweg pas op de plaats te maken. Herinner je je nog wat Wendy Mandy zei in het hoofdstuk over sjamanen (zie pagina's 29-58)? De kern van alles is compassie, en dat begint met compassie voor jezelf. Als we onszelf en onze behoeften niet op de eerste plaats stellen, kunnen we niets voor iemand of iets anders betekenen. We moeten eerst onszelf koesteren en liefhebben. Hoe tenenkrommend moeilijk we die gedachte ook mogen vinden, we moeten het proberen, samen, omdat het anders niet werkt. Onszelf op deze manier vooropstellen heeft niets te maken met egoïsme of egocentrisme. Het gaat erom een mentaliteit en een drijfveer met elkaar te delen, zodat wanneer we eenmaal zelf sterk zijn, we anderen kunnen helpen en iets voor anderen kunnen betekenen.

JE WAARACHTIGE ZELF

Uranus heeft me aan het denken gezet (is een zin waarvan ik nooit had gedacht dat ik die zou opschrijven). Ik ben echt op weg naar een veel waarachtigere versie van mezelf. In mijn twintiger jaren was de wereld waarin ik me bewoog, de wereld van tv, een wereld waarin ik me vaak niet op mijn plek voelde, waardoor ik me anders voordeed en me anders presenteerde om me geaccepteerd te voelen in die voor mij soms vervreemdende omgeving. In dat hoofdstuk van mijn leven was er weinig plek voor spirituele overtuigingen en leed ik enigszins aan tunnelvisie. Eerlijk gezegd voelt de wereld van tv voor mij nog altijd vervreemdend en daarom doe ik op dit punt in mijn leven ook weinig tv-werk. Nu ik veertig ben, kan ik mezelf toestaan om alle onzekerheden en zorgen over wat anderen van me vinden van me af te schudden en mijn unieke eigenheid te omarmen, inclusief de vele eigenaardigheden en neigingen die mij maken tot wie ik ben. Als de bewegingen van de planeten en de fasen van de maan mij die kant op sturen, dan juich ik dat toe. Ik laat me liever leiden door de ontzagwekkende planeten van ons zonnestelsel dan door een TikTok-video (niets ten nadele van TikTok).

De planeten en hun wonderschone natuurlijke cycli zijn miljarden jaren oud. Wat valt daartegen in te brengen? Wij mensen komen nog maar net kijken. Het is bijna beschamend dat wij ons verbeelden dat wij meer weten dan de natuurlijke intelligentie die al miljarden jaren alles draaiende houdt.

Ik voel dat ik een veel beter perspectief aan het ontwikkelen ben op de noodzaak deze manier van denken in mijn dagelijkse leven te integreren om een spirituele weg te kunnen volgen. Hoe kun jij de natuurlijke cycli in je eigen leven integreren? Misschien kun je beginnen door je bewust te worden van hoe je je voelt tijdens de verschillende seizoenen en welke ontwikkelingen in je leven overeenstemmen met de afzonderlijke seizoenswisselingen. De overgang van de winter naar de lente kan ons stimuleren om onze krampachtige, in onszelf gekeerde houding los te laten en het nieuwe leven dat om ons heen losbarst te omarmen. Wanneer de zomer plaatsmaakt voor de warme herfstkleuren en de zon lager gaat staan, kunnen we van de goudgele vallende bladeren leren dat niets altijd hetzelfde blijft en dat acceptatie daarvan rust schenkt.

Stel je open voor wat de invloed kan zijn van de cycli van de aarde, de planeten en de maan op jouw eigen leven en wat dat over jou kan onthullen.

Bewustzijnslessen

- Je energie bereikt waar je aandacht reikt. Gebruik je energie met intentie.
- Door je bewust te worden van de blokkades in je leven leer je ook je gaven kennen.
- Let op de natuurlijke cycli en onderken het belang en de kracht ervan. Probeer ervan te leren en ze als leidraad te gebruiken in plaats van ze te negeren of ertegen in te gaan.

DEEL 3

COMMUNICATIE

Hoe communiceer jij met de wereld om je heen? En dan bedoel ik niet hoe je met je vrienden en familie communiceert. En het gaat ook niet om een praatje met de barman van het buurtcafé of met de postbode. Ik heb het over de voortdurende dialoog tussen jou en het universum. De meesten van ons zijn zich niet eens bewust van dit openstaande communicatiekanaal tussen ons en het universum. We gaan ervan uit dat onze gedachten verborgen blijven binnen de muren van onze hersenpan en dat onze woorden alleen worden opgevangen door wie zich binnen gehoorsafstand bevindt. Maar elke gedachte die we koesteren, elk woord dat we uiten over hoe slecht we zijn in daten, organiseren, geld verdienen, vriendschappen onderhouden, voor onszelf zorgen, wordt doorgegeven aan het grotere iets. We zijn constant aan het communiceren met de wereld om ons heen, in gedachten, woord en gebaar. Voordat ik met het schrijven van dit boek begon, stond ik hier zelden bij stil. Ik was zo druk in gesprek met mensen voor mijn werk dat ik dacht dat ik daarmee qua communicatie wel voldoende bijdroeg aan een positieve en voorwaartse ervaring. Dat was fout gedacht.

Dit deel van mijn boek heeft me de ruimte geboden om me bewuster te worden van hoe ik communiceer met en respect en eer betuig aan het leven en de wereld om me heen. Ik hoop dat het jou dat ook biedt. Het heeft me ook geholpen mezelf nieuwe gewoonten eigen te maken die nu een belangrijk en vast onderdeel van mijn dagelijkse leven uitmaken. Door me bewust te zijn van hoe en wanneer ik met de wereld om me heen communiceer, is mijn kijk op alles veranderd en zijn mijn ogen geopend voor de vele zelfbeperkende gedachten en slechte gewoonten die ik mezelf had aangewend. Hoe vaak heb ik niet uitgeroepen: 'Ik kan het niet aan', waarna het geen verrassing mag heten dat ik het inderdaad niet aankon. Op die momenten heb ik mij niet willen verdiepen in waarom ik het niet aankon. Ik ben niet nagegaan wat ik anders kon doen om het wel beter aan te kunnen, zoals om hulp vragen of genoegen nemen met een acceptabel in plaats van een perfect resultaat, qua huis, werk of inbox. Wat ik wel doe, is hardop klagen dat ik het niet aankan, waardoor die momenten zich alleen maar lijken op te stapelen. Het is een onbewust, zich voortslepend gesprek met het leven zelf, dat tot niets leidt omdat ik niets verander. Want wat zou er gebeuren als ik iets anders zei, bijvoorbeeld: 'Ik zou hier graag wat hulp bij hebben, universum.' Dan kreeg ik die hulp misschien wel. We hebben allemaal onze onbewuste stellingen over onszelf die we denken of uitspreken en zo tot werkelijkheid maken, vergelijkbaar met de wet van aantrekking waarover ik eerder in dit boek met Rhonda Byrne heb gesproken.

In deze dialoog met het universum tonen we, bewust of onbewust, weinig respect voor het leven en de wereld om ons heen. We wandelen door bossen zonder de bomen te erkennen als bewoners van het land, we kijken naar prachtige zonsondergangen zonder de lucht te bedanken voor de spectaculaire aanblik die ze ons toont. We nemen veel voor lief wanneer het gaat om de eeuwige cycli van de natuur en de immer veranderende pracht ervan. Hier in het Westen vinden we het gewoon om tegen een smartphone te praten, maar vinden we het vreemd om tegen een boom te praten. Zo onthecht zijn we. Als ik wil dat mijn relatie met het leven en de wereld om me heen zich verdiept, zal ik daar mijn best voor moeten doen. Ik wil het leven beter begrijpen, en ik wil antwoorden die niet verklaren maar die nieuwsgierig maken. Ik wil me nederig voelen ten overstaan van de enormiteit van het leven, niet afgestompt door de digitale wereld waaraan ik me gelaten heb overgeleverd.

Het is tijd om onze telefoons weg te leggen om verbinding te maken met het leven en betekenisvol en met intentie te communiceren.

GEBED

Het is donker in de kamer en ik hoor hoe buiten een vos onze vuilnisbak probeert open te krijgen. Ik moet die yoghurtbakjes wat beter schoonspoelen voordat ik ze weggooi. In plaats van te slapen lig ik door zorgen geplaagd met open ogen en een versnelde hartslag klaarwakker in bed. Twee van mijn vrienden maken op dit moment een ongelooflijk moeilijke periode door en ik voel me machteloos. Nu ik weet dat ik een enneagramtype 2 ben, een Helper, begrijp ik beter waarom dat machteloze gevoel mij zo zwaar valt. Ik wil doen, mijn armen om iemand heen slaan, met koekjes en praktische hulp klaarstaan, maar sommige problemen zijn daarvoor te groot. Het enige dat ik nu, midden in de nacht, kan doen is mijn intuïtie volgen en bidden.

Waarom bid ik alleen op momenten dat ik geen andere uitweg zie? Waarom is het niet iets wat ik dagelijks doe? Daarom moet ik nu eerst het lichtelijk opgelaten gevoel overwinnen dat bidden me geeft. Ik bid het liefst hardop, omdat ik het gevoel heb dat mijn woorden meer impact hebben op de werkelijkheid wanneer ik ze daadwerkelijk uitspreek. Ik ben het natuurlijk gewend om hardop te spreken, maar mijn stem klinkt klein wanneer ik mijn woorden de ruimte in stuur zonder dat iemand ze opvangt. Ik ben me overbewust van mezelf en mijn oprechtheid, en mijn woorden klinken zwaar. Ik moet mijn zelfbewustzijn loslaten en me concentreren op de betekenis achter mijn woorden.

De tweede horde die ik moet nemen, is het gevoel dat ik de boel bedrieg. Al duizenden jaren lang wordt bidden geassocieerd met religie, waardoor we ons vaak niet meer realiseren dat het één losstaat van het ander. Ik ben niet godsdienstig omdat ik me niet met een bepaalde stroming of leer verbonden voel, maar ik ben wel diep spiritueel en ik wil mijn relatie met het grotere iets cultiveren. En juist dat verlangen om me hechter verbonden te voelen met iets wat groter is dan ik, stelt me in staat een betere relatie met mezelf op te bouwen. Het universum is niet alleen overal om me heen, maar bevindt zich ook binnen in me, en binnen in jou. Daar ben ik zeker van en ik denk dat bidden mij kan helpen dit idee in mijn dagelijkse leven te integreren en te koesteren.

OM HULP VRAGEN

Ik weet eigenlijk niet tot wie ik me richt, ik gebruik geen naam. Maar ik praat er opmerkelijk ontspannen en volkomen op mijn gemak op los wanneer ik aan het bidden ben. Ik begin bijvoorbeeld met: 'Hoi', alsof ik het tegen mijn beste vriendin heb of zelfs: 'Ik ben het, Fearne, sorry dat ik zo lang niets van me heb laten horen.' Ik geef de voorkeur aan een spontane dialoog, een vrije vorm die traditioneel niet zo gauw met bidden wordt geassocieerd. Na de inleidende gemeenplaatsen kom ik direct ter zake en vraag ik om de hulp of steun die ik nodig heb, in dit geval vraag ik dat voor de twee vrienden die allebei diep in de ellende zitten. Ik vraag om bescherming, wijsheid en berusting voor hen en ik spreek de wens uit dat ze zich gesteund voelen. Deze keer vraag ik bovendien wat misschien onmogelijk is. Een wonder? Wanneer ik bid, voel ik me door niets of niemand beperkt. Zodra ik mijn eerste ongemak heb overwonnen, voel ik me aan geen enkele kritiek meer blootstaan. Ik weet dat ik kan vragen wat ik wil en dat mijn vragen welkom zijn, zolang mijn wensen oprecht zijn. Vaak zijn we te bang om te vragen om wat we diep in ons hart willen. We willen niet overkomen als te veeleisend, te vol van verwachting, of misschien vinden we zelf dat we het niet verdienen om te krijgen wat we echt willen. Met bidden lijkt dat allemaal weg te vallen. We geven onze liefste hoop over in de handen van iets wat groter is dan wij zijn. We overbelasten niemand met onze wensen en we overvragen niemand want we weten dat er een overvloed aan liefde is, dat liefde onuitputtelijk is. Liefde is er voor iedereen – je hoeft er alleen maar om te vragen.

Toen iemand die ik vele jaren heb gekend plotseling overleed, heb ik een tijdlang elke nacht gebeden. Terwijl de tranen over mijn gezicht rolden, vroeg ik, smeekte ik bijna, om een pijnloze en vredige transitie van de ziel naar een staat van zalige rust. We kunnen bidden voor onszelf, voor anderen, zelfs voor vreemden. We kunnen bidden voor landen waar afschuwelijke gebeurtenissen plaatsvinden. Er zijn geen regels voor bidden. Nou goed, misschien één: je moet geloven dat je intentie en je woorden iets uitmaken. Geloven! Daar gaat het om! Je moet geloven!

LOSLATEN

Een van de grootste misverstanden bij bidden is dat we denken dat als we niet direct krijgen waarom we gevraagd hebben, er iets mis is gegaan. We voelen ons dan teleurgesteld, belachelijk of misschien zelfs boos. Mijn beperkte inzicht in bidden heeft me geleerd dat het resultaat niet per se overeenkomt met waar we om gevraagd hebben. Het moeilijkste aspect van bidden is waar het op loslaten aankomt. Bidden is de ultieme vorm van overgave: we leveren onze diepste zorgen en twijfels uit aan het grotere iets. Dit grotere iets hoeft zich niet buiten onszelf of – zoals we ons dat vooral voorstellen –

boven ons te bevinden; het kan zich net zo goed IN onszelf bevinden.

Loslaten betekent accepteren dat we de uitkomst krijgen die we horen te krijgen, wat die uitkomst ook is. Stel, je bidt om aangenomen te worden voor de baan waarvoor je net op sollicitatiegesprek bent geweest, en je krijgt de volgende dag een telefoontje dat jij het niet bent geworden. De betekenis achter je gebed reikte dieper dan je eigen begrip en geloof van wat mogelijk is. Een paar maanden later dient zich een kans aan op een nog betere baan die nooit op je pad zou zijn gekomen als je die eerdere baan aangeboden had gekregen en had aangenomen. In mijn eigen leven is me dat al meerdere malen overkomen. Ik heb bepaalde verwachtingen, ik bid dat ze uitkomen, maar er gebeurt iets anders en ik voel me teleurgesteld. Tot zich een tijdje later een prachtige kans voordoet, die ik op dat moment in mijn leven en in die vorm niet had verwacht. In het leven is de betekenis van dingen vaak pas achteraf duidelijk, wanneer alle puzzelstukjes op hun plek vallen.

OVERGAVE AAN HET GROTERE IETS

Ik heb me vaak afgevraagd of die overgave niet betekent dat ik wegloop voor mijn eigen verantwoordelijkheid. Ik kreeg ruzie met een vriendin en heb diverse keren tevergeefs geprobeerd de barsten in onze relatie te helen. Ik voelde me hierdoor zwaar terneergeslagen en wanhopig, maar ook bang om weer gekwetst te worden. Dus ik trok me terug en deed de deur dicht. Ik hield me schuil, maar mijn gevoelens deden dat niet. Op een druilerige donderdag staken mijn verdriet, woede en frustratie vanuit het niets in volle kracht de kop op; ze lieten zich niet langer wegdrukken, ik moest er wat mee doen. Ik schreef nooit verzonden e-mails, ik nam acht minuten durende spraakberichten op die ik nooit heb verstuurd. Ik sprak erover met tal van andere vrienden, maar het gevoel bleef. Ik wist dat het op dat moment voor mij niet goed zou zijn om de vriendin met wie ik ruzie had te ontmoeten. Ik voelde me geestelijk niet sterk genoeg om oog in oog te staan met iemand die mij dingen kwalijk nam en boos op mij was. Ik heb de neiging om de schuld op me te nemen ook al draag ik de schuld niet alleen en om beschuldigingen zeer persoonlijk op te nemen. Ik zag al voor me hoe een ontmoeting op dat moment me met een dosis zelfhaat zou opzadelen die ik nog lang met me zou meezeulen en me nog verder in mijn schulp zou doen kruipen. Ik besloot dat me nog maar één optie restte: bidden en het overgeven.

Toen ik bad voor vrede voor ons beiden op dit moment, voor steun en liefde voor deze vriendin, en voor wederzijds begrip in de toekomst, vroeg ik me tegelijkertijd af of ik me er zo niet van af maakte. Gebruikte ik het bidden nu als een 'verlaat de gevangenis zonder betalen'-kaart zodat ik de confrontatie niet aan hoefde te gaan? Ik durf die vraag nog altijd niet met zekerheid te beantwoorden, maar ik weet wel zeker dat een gebed nooit tot een negatieve uitkomst kan leiden als de intentie oprecht is. Ik gaf de situatie uit handen en dat werkte voor mij bevrijdend. De last van schaamte, zorg en verdriet die ik met me meedroeg, begon lichter te voelen. Dat alleen al was van enorm veel waarde. Wanneer we een rugzak vol zorgen en spijt met ons rondtorsen, gaat dat ten koste van ons begrip voor wie we liefhebben, van de compassie voor onszelf en van ons vermogen om gelukkig te zijn. Als bidden ons helpt die last te verlichten, wat kan daar dan slecht aan zijn? Het is niet aan mij om jou te zeggen hoe je hierin moet of kan staan. Ik kan alleen voor mezelf spreken en zeggen dat ik me erop verheug meer over bidden te weten te komen en te leren het in mijn dagelijks leven te integreren in plaats van het alleen in noodgevallen in te zetten.

DIEP GERAAKT

Wil je een van mijn vrienden leren kennen? Natuurlijk wil je dat. De pandemie leek nou niet de meest voor de hand liggende periode om een hoop nieuwe vrienden te maken, maar vreemd genoeg is dat nu juist wel gebeurd. Ik heb een handvol nieuwe vrienden die ik nog nooit in het echt heb ontmoet. Een van hen is de ongelooflijke Donna Lancaster. In de afgelopen vijf jaar waarin ik op ontdekkingsreis was naar alles wat te maken heeft met mentale gezondheid, dreef telkens weer een naam naar boven: The Bridge, een retraite van een week (en dan hebben we het in dit geval over een retraite in de eigenlijke zin van het woord – dus stel je geen voetbehandelingen en waterballetlessen voor). Meerdere vrienden van me spraken erover als een levensveranderende ervaring. Een van mijn vrienden is zelfs twee keer geweest. Donna is medeoprichter en directeur van The Bridge. Ze geeft niet langer leiding aan de retraite zelf omdat ze zich momenteel richt op het schrijven van een prachtig boek, waarin ze de wijsheid en kennis verwerkt die ze heeft vergaard in haar jarenlange persoonlijke en diepgaande samenwerking met anderen. Als je wilt weten wat er precies gebeurt bij The Bridge, kan ik je de sublieme documentaire *Love(d)* aanbevelen die te zien is op Amazon Prime. Ik moest van het begin tot het eind huilen, zo intens en prachtig is het. De documentaire volgt twaalf mensen die tijdens een intense zes dagen therapie, rituelen en expressie met Donna en haar collega Gabby als gids de weg naar zichzelf vinden door zich te bevrijden van de schuld, de schaamte, het verdriet en andere zware lasten die ze met zich meetorsen. Ik werd er DIEP door geraakt!

Zoals goede vriendschappen tegenwoordig ontstaan, begon het ermee dat ik Donna ben gaan volgen op Instagram, waarna ik haar een privébericht heb gestuurd om me aan haar voor te stellen, wat uitmondde in een stortvloed over en weer van stemberichten waarin we het leven analyseren. Sinds die tijd hebben we samen gelachen en gehuild en genoten van wandelingen door het park terwijl we verhalen en gedachten delen. Haar vermogen om anderen intense begeleiding te bieden bij het verbeteren van hun leven vloeit voort uit de krachtige combinatie van haar achtergrond als maatschappelijk werker en oprichter van een retraite, en de bereidheid haar eigen ervaringen met pijn te delen. In onze gesprekken hebben we het vaak ook over bidden, omdat dit voor Donna uiterst belangrijk is, dus wat ligt er meer voor de hand dan jou als lezer te laten meeluisteren met een van die gesprekken?

Het is vrijdagmiddag. Mijn maag rommelt na twee opeenvolgende vergaderingen. Ik heb rust en helderheid in mijn hoofd nodig om de gedachte aan een sandwich te verdrijven en ik verheug me dan ook op mijn gesprek over bidden met mijn goede vriendin Donna. Ik ben er helemaal klaar voor om er diep in te duiken.

Ik: Donna!!!!!

Donna: Ha, knapperd!

Ik: Meteen maar de eerste vraag: waarom maakt bidden niet langer deel uit van ons dagelijks leven, denk jij?

Donna: Een van de redenen is, denk ik, dat veel mensen bidden associëren met godsdienst. Mensen met een negatieve kijk op godsdienst – bijvoorbeeld omdat ze tot het geloof werden gedwongen of omdat ze het geloof bewust hebben laten vallen – zijn daardoor misschien geneigd om zich verre te houden van alles wat als 'spiritueel' kan worden beschouwd. Maar ik denk dat bidden voor iedereen is. **Om te bidden hoef je niet religieus te zijn of te geloven in een god en daarom zie ik het als mijn missie om mensen weer aan het bidden te krijgen.**

Tien of twintig jaar geleden was het onvoorstelbaar dat mediteren ooit zo normaal zou zijn als het tegenwoordig is. Toen werd mediteren beschouwd als iets voor hippies of religieuze typen, maar vandaag de dag is vrijwel iedereen bekend met de wetenschappelijk bewezen voordelen van meditatie. Zo wil ik ook dat mensen bidden leren zien als iets wat losstaat van godsdienst (tenzij godsdienst voor jou belangrijk is), als iets normaals.

Ik: Ja, we moeten af van het gevoel de boel te bedriegen wanneer we bidden zonder ooit een voet in een gebedsruimte te hebben gezet. En ik denk dat we de voordelen ervan beter moeten begrijpen – wat denk jij dat die voordelen zijn?

Donna: Bijna te veel om op te noemen. Een gebed kan in de kern worden gedefinieerd als 'een doelbewuste communicatie met een object van verering'. Voor sommige mensen zal dat 'object van verering' een god zijn, voor mij is het het leven zelf. Door middel van gebed communiceer ik doelbewust met het leven. Een van de grote voordelen van bidden is voor mij dat het me een diepe verbondenheid met het leven, de natuur en mijzelf heeft gebracht. Het bidden heeft me mijn geloof teruggegeven, een oprecht geloof en vertrouwen in het leven, zoals ik op de seizoenen en de cyclus van de maan vertrouw als deel van het leven. We vergeten vaak dat ook wij deel uitmaken van deze natuurlijke cycli en bidden opent de deur naar een vast geloof in het leven, een geloof dat alles goed is zoals het is. Bidden brengt dit in herinnering en helpt ons daarop te vertrouwen. Dat betekent niet dat de omstandigheden in je leven altijd goed zijn en je geluk brengen, het betekent dat je je niet tegen het leven verzet. Door te bidden leren we ons aan het leven over te geven. Die overgave schenkt een waarachtig gevoel van innerlijke vrede.

Ik: Dat is een belangrijk punt. Velen van ons zullen momenten kennen waarop we geen vertrouwen meer in het leven hadden omdat we ons in de steek gelaten voelden of pijn en verdriet hadden. Voor mensen die een dierbaar iets of iemand hebben verloren, kan het moeilijk zijn om weer vertrouwen in het leven te krijgen. Hoe kan bidden ons daarbij helpen?

Donna: Het gaat erom te begrijpen dat verdriet en verlies net zozeer bij het leven horen als vreugde en verwondering. Er zullen altijd perioden in ons leven zijn die lijden met zich meebrengen. Dat maakt deel uit van de menselijke conditie. Bidden schenkt ons het geloof om dit ten volle te erkennen en te accepteren. Verlies is onvermijdelijk, we verliezen anderen, we verliezen zelfs stukjes van wie we zelf waren naarmate we ouder worden, maar dat is de natuurlijke orde der dingen. Door te bidden onderhouden we een relatie met het leven die ons helpt op die natuurlijke orde der dingen te vertrouwen.

Ik: Dus vertrouwen op het leven betekent niet erop vertrouwen dat alles goed komt. Betekent vertrouwen op het leven misschien erop vertrouwen dat het met jezelf goed komt, of het nu meezit of tegenzit?

Donna: Ja, het gaat om het vertrouwen dat achter alles liefde schuilgaat. Een bloem, een boom, de lucht – dat zijn allemaal manifestaties van liefde. **Bidden geeft je de innerlijke kracht om te vertrouwen op de natuurlijke cycli van het leven, met al hun schoonheid en pijn. Het stelt je in staat om te voelen dat je door liefde – en liefde is leven – gedragen wordt, wat er ook gebeurt, en dat het met jou goed komt ook al zit het tegen.**

Ik: Wat gebeurt er op energetisch vlak wanneer we bidden. Wat geloof of ervaar jij?

Donna: Nou, ten eerste is het belangrijk om erop te wijzen dat veel mensen bidden zonder dat ze zich daarvan bewust zijn. Als jij bijvoorbeeld zegt: 'O, ik hoop zo dat het met die en die goed gaat', of: 'Ik hoop echt dat dit goed komt', is dat een vorm van bidden. Sommige mensen bidden vanuit een positieve hoop, andere bidden meer vanuit een negatieve verwachting, ook dat gaat onbewust. Iets als: 'Het leven is ellende, er gaat nooit iets goed', is een voorbeeld van dat laatste. Ik denk dat onze gedachten, onze woorden en ons handelen allemaal vormen van energie zijn. Als je bidt met respect en nederigheid voor het goddelijke, het spirituele, het leven, welke naam je er ook maar aan geeft, stuur je een licht de wereld in dat een tegenwicht vormt tegen het duister in de wereld. Dat is wat bidden doet. We hebben gebeden nodig als tegenwicht tegen de giftigheid en de negativiteit in de huidige wereld.

Ik: Mensen die nog nooit doelbewust hebben gebeden, hebben misschien het traditionele beeld voor ogen dat je je dan tot iets of iemand buiten of – het clichébeeld – boven jezelf moet richten. Maar is het niet zo dat de energie of kracht waarvan we geloven dat hij buiten ons huist zich ook IN ons bevindt?

Donna: Zo is het precies. Het gaat om het onderkennen van de onderlinge verbondenheid van al het leven. Wat we de één aandoen, doen we iedereen aan. Wat buiten ons bestaat, bestaat ook in onszelf. Alles is met elkaar verweven. Je hoeft geen naam te geven aan datgene waartoe je je richt wanneer je bidt (tenzij je dat wilt), omdat ik geloof dat het één en hetzelfde is, hoe je het ook noemt. Sommigen spreken van het goddelijke, het universum, een hoger bewustzijn of een hogere macht, terwijl anderen hun gebeden richten tot de geesten van hun voorouders. Dat is nu juist het mooie van bidden, er is geen goede of verkeerde manier om het te doen. Ik bid vaak tot bomen, omdat ik van bomen houd. Het voelt goed om bomen te eren!

Ik: Is de enige regel dus dat je moet geloven dat het werkt?

Donna: Bidden helpt ons te geloven in gebed! Een deel van het probleem is dat we zulke controlfreaks zijn dat we zelfs de controle willen hebben over het oncontroleerbare. Met onze gebeden proberen we dingen te bewerkstelligen die we graag willen. Maar het leven werkt zo niet, ben ik bang. Je kunt in de zomerzon zo hard bidden om sneeuw als je wilt, maar het zal niet gaan sneeuwen omdat dat tegen de natuurlijke orde der dingen ingaat. Je kunt voor iemand van wie je houdt bidden voor een oplossing die voor diegene geen oplossing zou zijn; het is beter om te bidden dat je de ander tot steun kunt zijn om het leed te verzachten. Onze gebeden moeten in overeenstemming zijn met de natuurlijke orde der dingen.

Ik: Ja, mensen bidden misschien niet omdat hun gebeden niet de gewenste uitkomst hebben opgeleverd. Dan denken ze dat het niet werkt en laten ze het erbij. We moeten dus niet bidden voor een specifieke uitkomst, maar voor steun en kracht. Ik neem aan dat het bij bidden voor een groot deel om loslaten gaat?

Donna: Ja, we moeten erop vertrouwen dat de uitkomst de bedoeling was, ook al wijkt die uitkomst af van waar we op gehoopt hadden of waar we voor gebeden hadden. Bidden biedt ook troost voor de dingen in het leven die we niet begrijpen.

Ik: Ja, het leven is een chaos. We proberen voortdurend het onbegrijpelijke te begrijpen, of niet?

Donna: Ook dat is een horde die we met behulp van gebed moeten nemen. Bidden gaat voorbij aan de logica van de rationele geest en voert rechtstreeks naar de ziel. En in zaken van de ziel draait het om intuïtie. Bidden spreekt van genade. Wat ik daarmee bedoel, is dat zich in antwoord op je gebed een onverwachte gebeurtenis kan voordoen: dat je precies op het juiste moment in je leven iemand ontmoet, dat je een duidelijk teken krijgt wat je volgende stap moet zijn. Dat is wat ik genade noem. Maar veel mensen zijn zich daar niet eens van bewust of denken dat het toeval is. Genade is de taal van het universum. We moeten deze taal leren begrijpen en bidden helpt ons om genade te horen, te zien, te proeven, te voelen en te kennen.

Ik: Hoe werkt massaal bidden?

Donna: Er schuilt veel kracht in een collectief bewustzijn, een kracht die grote veranderingen teweeg kan brengen. Als we ons gezamenlijk op een uitkomst concentreren, kunnen we bergen verzetten. In de jaren zeventig van de vorige eeuw heeft het Transcendental Meditation Collective gegevens verzameld over massaal bidden en mediteren. Op plekken waar groepsmeditaties werden georganiseerd en waar duizenden mensen samen mediteerden met de focus op vrede, daalden de misdaadcijfers. Zodra deze regelmatige bijeenkomsten werden gestaakt, stegen de misdaadcijfers weer. Stel je voor wat we zouden kunnen bereiken als iedereen samen zou bidden. Ik vind het geweldig hoe Deepak Chopra het verschil tussen meditatie en gebed tot uitdrukking heeft gebracht. Hij zegt dat we bidden om vragen te stellen en dat we mediteren om naar de antwoorden te luisteren. Prachtig!

Ik: Het is dus een goed idee om direct na het bidden te mediteren?

Donna: Ja. Ik doe vaak een wandelmeditatie in het bos nadat ik heb gebeden. Veel van mijn creatieve ideeën en intuïtieve wijsheid borrelen dan naar boven. Ik hoor dan de stem van genade. Zoals ik al zei, wordt mijn gebed niet door mijn verstand gefilterd, maar gaat het rechtstreeks naar mijn ziel.

Ik: Dus als ik het goed begrijp, moet je na het bidden de stilte zoeken en je oren gespitst houden om de antwoorden te horen.

Donna: Precies. Daarvoor is rust nodig... Zal ik je vertellen over de drie verschillende aspecten van bidden?

Het eerste is dankbaarheid, waarbij je bewust bidt en dankzegt voor de rijkdom van je leven. Als je van tevoren een lijst hebt gemaakt met dingen waarvoor je dankbaar bent, is dat al een vorm van bidden.

Het tweede aspect is verwondering of, zo je wilt, lofspraak of viering. Hierbij sta je stil bij de wonderen van het leven en vier je deze. Dit is een heel vreugdevol element van het bidden.

Het derde aspect van bidden is verzoeken. Je kunt bidden om liefde en steun voor jezelf, voor anderen of voor mensen die je niet kent. Je kunt vragen en erop vertrouwen dat er een antwoord komt.

Je kunt hardop bidden of in gedachten, je kunt je gebed zingzeggen of al dansend met je lichaam tot uitdrukking brengen. Je kunt met je gebedsdans het leven vieren en vreugde de wereld in sturen als tegenwicht tegen de negatieve energie die iedereen weleens voelt. Je kunt thuis wat vrolijke muziek opzetten en in je woonkamer gaan dansen, waarbij je je voorstelt dat je samen danst met iemand met wie je problemen hebt. Straal vreugde uit terwijl je danst en open je hart voor die persoon met wie je in je verbeelding staat te dansen. Sommige mensen vinden dat misschien een raar idee, maar wijs het niet af voordat je het hebt geprobeerd. Een gebedsdans is een manier om liefde en vreugde uit te laten gaan naar een of meerdere mensen van wie je weet dat ze wel wat genegenheid en steun kunnen gebruiken. Het is belangrijk om met het dansen en de muziek eerst liefde en vreugde bij jezelf op te wekken, voordat je je liefde uit laat gaan naar mensen met wie je een moeizame relatie hebt.

Ik: De meesten van ons zullen geneigd zijn te bidden voor mensen van wie we houden of die we op zijn minst aardig vinden, mensen die ziek zijn, of oudere of behoeftige mensen, maar jij zegt dat het ook belangrijk is om te bidden voor de mensen met wie we het niet zo goed kunnen vinden, mensen met wie we een moeizame relatie hebben of met wie we het niet eens zijn.

Donna: Het is misschien wel belangrijker om voor die mensen te bidden. Bovendien zijn er wereldwijd zo veel mensen, onder wie wereldleiders, die vanuit hun hoofd leven. Het is allemaal overdacht in plaats van doorvoeld, en zo ontstaan oorlogen. Een metaforische gebedsdans met dat soort mensen, waarbij je liefde naar hen uitstraalt, kan helpen belangrijke veranderingen teweeg te brengen. Dat betekent niet dat we mensen die anderen leed berokkenen maar gewoon hun gang moeten laten gaan of dat we niet moeten optreden tegen misbruik van gezag of macht, maar we kunnen daarnaast de donkerte van hun daden compenseren met licht.

Ik: Voor sommigen zal dat misschien voelen alsof ze hun liefde en gebeden aan afschuwelijke mensen verspillen.

Donna: Je zet daarmee je liefde en gebeden juist strategisch in, door je liefde te gebruiken met de intentie de ander tot inkeer te brengen, terwijl je je tegelijkertijd verzet tegen het onrecht dat ze begaan. Het is krachtig. Zoals Martin Luther King zei: 'Haat kan geen haat verdrijven, alleen liefde kan dat.'

Ik: Dus een handeling die puur uit haat en boosheid voortkomt, leidt slechts tot meer haat, maar een handeling uit oprechte liefde kan het duister verjagen?

Donna: Ja, dat is wat ik geloof. De mensen op wie we in ons persoonlijke leven of op wereldniveau boos zijn, zijn vaak ook de mensen die onze liefde het hardst nodig hebben. Waarom zouden ze zich anders zo rottig gedragen? Door hen door middel van bidden onze liefde te schenken, helpen we hen weer heel te worden.

Ik: Even praktisch, als je nog nooit bewust hebt gebeden, waar begin je dan? Tegen wie praat je en hoe doe je dat?

Donna: Volg je gevoel. Als je van dansen houdt, kun je dansend bidden. Als je van rust en stilte houdt, sluit dan je ogen, vraag om raad, en wacht af wat er gebeurt. Als je sceptisch bent ingesteld, gebruik dat dan als ingang om te bidden, en vraag om steun of richting om aan je geloof te werken. Begin een gebed altijd met een dankzegging. Een eenvoudig gebed is je gedachten uit laten gaan naar mensen die lijden en enkele minuten herhalen: 'Schenk hun veiligheid, schenk hun gezondheid, schenk hun vrede, schenk hun liefde.'

Als je nog nooit eerder bewust hebt gebeden, is het belangrijk om voor ogen te houden dat bidden je eenvoudigweg helpt een diepere relatie met het leven op te bouwen. Bidden leidt tot meer liefde, meer vreugde en meer oprechtheid als je je aan het leven durft over te geven en erop durft te vertrouwen. **Een gebed is een gevleugelde wens.**

Ik: Wat prachtig gezegd, Donna. Dank je wel.

* * *

Ik ben vandaag wat negatief gestemd waardoor mijn gesprek met Donna in eerste instantie tot sombere gedachten leidt. Hoe vaak heb ik niet onbewust vanuit een negatieve verwachting gebeden? Vanochtend nog, toen de vuilniszak scheurde waardoor de keukenvloer bezaaid lag met de inhoud van de kattenbak, was ik stilletjes aan het vloeken en riep ik uit: 'VANDAAG IS EEN ROTDAG.' Ik heb zo vaak dergelijke dingen gezegd en uitgeroepen, alles eruit flappend in een wanhopige poging wat van de spanning die ik voelde kwijt te raken, zonder erbij na te denken wat die woorden wellicht teweegbrachten. Ik heb hele dagen afgeschreven met één enkele bondige uitspraak, zonder zelfs maar te proberen het van een andere kant te bekijken. Ik heb regelmatig op een negatieve manier en zonder vertrouwen met het leven gecommuniceerd.

Maar ik voel me ook opgelucht nu ik weet dat er geen echte regels gelden en dat ik het bidden veel makkelijker in mijn dagelijkse leven kan integreren dan ik had verwacht. Ik hoef niet op mijn knieën naast mijn bed te gaan zitten als een personage uit een oude film, met mijn nachtjapon wapperend in de avondbries; ik kan bidden hoe en wanneer ik maar wil.

Er zijn enkele vrienden voor wie ik vandaag wil bidden. Een van hen heeft kortgeleden haar moeder verloren, een ander heeft een hoop ballen in de lucht te houden in haar leven, weer een ander heeft een verbroken relatie en hartzeer en dan is er nog iemand die vreest zijn baan te verliezen. Zal ik metaforisch met hen dansen? Ik zit laag in mijn energie vandaag, dus misschien moet ik mijn eigen manier bedenken om mijn liefde naar hen te laten uitgaan en het bidden noemen. Ik kruip achter mijn laptop, kies de mooiste en fleurigste bloemen uit die ik maar kan vinden en laat bij hen allemaal een boeket bezorgen. Voor de mannelijke vriend op mijn lijstje kies ik een verfijnd uniseks parfum dat een bosgevoel oproept (als ik de omschrijving mag geloven). Elk geschenk stuur ik weg onder begeleiding van mijn liefde en een gebed. Een gevleugelde wens die mijn liefde naar elk van mijn vrienden elders in Londen vliegt. Een van mijn vrienden huilde, een ander zei tegen me dat ze dit niet verdiend had, en weer een ander dat ze zich waarlijk geliefd voelde in deze moeilijke periode. Vooralsnog voelt het goed om te bidden zoals ik dat zelf graag wil.

ZEG HET HARDOP

Later vraag ik een paar vrienden via een tekstberichtje hoe zij tegen bidden aankijken en wanneer ze bidden. Justine antwoordt dat ze vaak vergeet te bidden. Ze vertelt me dat ze vergeet een beroep te doen op de hulp waarvan ze weet dat ze er alleen maar om hoeft te vragen. Wanneer ze wel bidt, doet ze dat hardop omdat ze gelooft dat het universum haar hoort. Met haar ogen dicht richt ze zich tot het leven en spreekt ze haar wensen uit, waarna ze zich direct lichter voelt. Ze voegt daaraan toe dat ze zelf niet snapt waarom ze wacht met bidden tot ze zo diep in de put zit, terwijl ze weet dat ze zich daarna zo veel beter voelt.

Kye antwoordt dat hij zelden bidt. Alleen op crisismomenten wanneer iemand van wie hij houdt ziek is of in gevaar verkeert. Maar soms overkomt het hem ineens dat hij hardop zegt: ‘Nou, kom op, universum, geef me een teken’, ook al heeft hij geen flauw idee wat voor teken dat dan zou moeten zijn. Blijkbaar ben ik niet de enige die alleen in noodsituaties bidt. De missie van Donna om bidden te normaliseren is duidelijk geen overbodige luxe.

VREUGDE OMARMEN

Voor mezelf bidden voelt als een zwaktebod. Ik ben natuurlijk ook een enneagramtype 2, een Helper, dus ik weet dat dit een struikelblok voor mij is. Alleen al bij de gedachte dat ik om hulp zou vragen schiet ik in een kramp. Ik voel me er prettig bij om anderen te helpen, maar eens in de zo veel tijd staart mijn spiegelbeeld me bleekjes en met doffe ogen aan en vraag ik me af waarom ik mezelf zo uitput. Vandaag is het weer zover, mijn gewoonlijk stralende ogen kijken me wat verloren en afgestompt aan. Ik voel me opgeslokt door mijn werk, ik probeer thuis alle ballen in de lucht te houden, en ik heb er een gewoonte van gemaakt om me naar het einde van de dag te slepen in plaats van de momenten van vreugde te omarmen. Ik herken de tekenen maar al te goed. Ik heb mezelf weer eens op de laatste plaats gesteld en het waarschuwingslicht knippert. Ik ben mijn mojo kwijt, mijn sprankeling, mijn energie. Ik ben vastgelopen in de hectiek van het moderne leven door niet de tijd te nemen om me open te stellen voor de blauwe lucht en de bomen. Uit angst dat anderen het zonder mijn hulp niet redden of, erger nog, het me kwalijk zullen nemen dat ik hen niet heb geholpen, laat ik me door het leven overvallen in plaats van erop mee te deinen. Maar voor mezelf bidden, terwijl ik weet dat zo veel mensen het zo veel zwaarder hebben dan ik... dat voelt dwaas en zwak.

Ik haal me de wijze woorden en vreugdevolle gedachten van Donna weer voor de geest. Ze sprak over bidden als iets vrolijks en speels in plaats van iets plechtigs en serieus. En dat is het hem. Ik word te serieus wanneer ik moe ben. Ik neem alles persoonlijk en zwaar op en smoor alle plezier met een afkeurende, gefronste blik. Tot nu toe heb ik geleerd dat om een spiritueel leven te leiden of een spiritueel pad in het leven te volgen, je goed moet kunnen loslaten, terwijl ik overduidelijk precies het tegenovergestelde doe. Ik houd de teugels van het leven krampachtig in mijn handen, die ik zo hard dichtknijp dat mijn knokkels wit zien en mijn ringen in mijn huid snijden. Ik durf niet los te laten omdat ik bang ben dat alles dan in elkaar stort. Terugdenkend aan mijn gesprek met Donna herinner ik me dat ze heeft gezegd dat je bij het bidden het denken links laat liggen om direct tot de kern te komen. Bidden IS loslaten, dus wat heb ik te verliezen? Wat kan er nou misgaan als ik mijn grip op het leven een beetje vier?

HALLO DAAR

Ik wacht tot het avond is, en rustig. De kinderen liggen allebei opgekruld als een croissantje lekker warm onder hun dekbed en Jesse zit beneden tv te kijken, dus ik ben alleen en voel me vredig. Ik ga op bed liggen met mijn hoofd op het kussen en sluit mijn ogen. Ik begin zoals ik altijd ben begonnen, met hallo zeggen. Ik probeer me minder schuldig te voelen over mijn nalatigheid en minder verontschuldigend te klinken dan anders. Zoals Donna heeft aangeraden, open ik mijn gebed met een dankzegging.

'Dank voor mijn gezonde lichaam dat me door de dag heeft gedragen. Dank voor mijn kinderen die me elke dag belangrijke lessen leren. Dank voor de uitdagingen van het leven die me nieuwsgierig en verwonderd houden. Dank voor de warmte van mijn thuis, want ik weet dat er zo veel mensen zijn die die luxe niet hebben, mijn liefde gaat naar hen uit.' (Goh, ik klink al een beetje als iemand die gewend is om te bidden; 'want ik weet' – wie denk ik wel niet dat ik ben?) Maar laat ik doorgaan...

Dan nu de lofspraak van het drieledige proces. 'Leven, ik houd van je, ook al is het soms een puinhoop. Vandaag voelde als een touw dat in de knoop zat en waar geen begin of einde aan te ontdekken was, maar ik kan de waarde van dat alles inzien. Leven, ik houd van je en van je wonderlijke aard. Ik vergeet soms maar al te zeer wat een wonder het is dat ik leef. De kansen daarop zijn zo klein, maar toch ben ik er. Precies de goede combinatie van timing, mensen en chemie heeft mij, boem, in 1981 de wereld in geslingerd. Ik ben vol ontzag en bewondering voor je, leven, dat je gewoon doorgaat ook al loop ik vast in alledaagse onzin. Leven, ik houd van je.'

Tot dusver voelt het fijn en troostrijk en zo ontspannen dat ik me wat slaperig begin te voelen. Ik verzand niet in zorgelijke gedachten over de dag van morgen. Ik ben gefocust op deze verklaring van liefde en ik geniet ervan om me mee te laten voeren door de woorden die als vanzelf komen.

Het derde, en voor mij lastigste deel is het vragen. Daar gaan we. 'Help me alsjeblieft de weg te vinden, want ik voel me een beetje verloren. Ik blijf hangen aan de oppervlakte van het leven om mijn werk en mijn gezin op de rails te houden, maar zo wil ik niet leven. Help me alsjeblieft de juiste richting te vinden waarin ik een deel van mijn taken kan afstoten en ruimte vrij kan maken om niets te hoeven, niets te moeten. Schenk me alsjeblieft de kracht om om hulp te vragen, ook al voelt dat als een marteling. Misschien dat ik een teken kan krijgen dat aangeeft wat voor mij de juiste weg is. Help me alsjeblieft de stress te verminderen die ik zo vaak voel om ruimte te maken voor vertrouwen en geloof dat alles goed komt. Help me alsjeblieft om weer echt, ten volle van het leven te kunnen genieten.'

Nou, dat was veel makkelijker dat ik me had voorgesteld. Ik heb mezelf niet eens zwakte of overdrijving verweten. Ik heb de woorden gewoon laten komen zonder er al te veel over na te denken en ik voel me er redelijk rustig onder. Het is troostrijk om je zorgen en beslommeringen over te dragen aan een groter iets. Ik voel me lichter nu ik die last niet meer volledig hoef te dragen. Dan is het nu tijd om te slapen.

MET BIDDEN BLOKKADES OVERWINNEN

Twee dagen later belt een vriendin mij op om te zeggen dat de zus van haar beste vriendin werk zoekt als persoonlijk assistent. Kijk, zie, het werkt. Zelfs als deze zus van de vriendin van mijn vriendin niet de juiste persoon voor mij is, zelfs als er een gevoel blijft knagen dat ik geen assistentie verdien, is dit toch een duidelijk teken, of niet? Ik bel op en heb een leuk gesprek, dat mij het vertrouwen geeft om bureaus te benaderen om mij aan iemand te koppelen die is opgeleid om een deel van de taken die ik op mijn overvolle bordje heb liggen van me over te nemen. We hebben op dit moment geen oppas of persoonlijke assistent in dienst, omdat ik er niet aan wil dat ik hulp verdien. Maar omdat Happy Place groeit en het aantal projecten toeneemt, wordt het me regelmatig te veel, omdat ik elk project alles wil geven. Ik houd enorm van mijn werk en ik prijs me gelukkig dat ik een groot deel van de tijd creatief bezig kan zijn, maar ik weet ook dat het vermoedelijk niet altijd de beste manier is om te werken als de kinderen naar bed zijn totdat mijn ogen prikken. En daarmee ben ik terug bij een fenomeen dat ik al eerder benoemde: ons ontzag voor mensen die altijd maar druk zijn, terwijl ik weet dat er ruimte nodig is – ruimte die ik kan scheppen door hulp in te schakelen – om magische momenten te laten landen. Ik kom uit een arbeidersfamilie en iemand aannemen om me te helpen voelt niet als iets wat bij me past, omdat ik gewend ben dat de mensen om me heen lange werkdagen maken en meerdere banen hebben zonder op de hulp van anderen te leunen. Kan bidden mij helpen om deze persoonlijke blokkade te overwinnen, om niet bang te zijn voor het oordeel van anderen? Ik vraag me af waar ik banger voor ben, voor het oordeel van anderen of voor het oordeel van mezelf. Ik denk dat er nog meer gebeden voor nodig zijn om me hier losser in te voelen en iets nieuws te proberen. Als ik hulp aanneem en me sterker voel en meer tijd heb, heb ik ook meer te bieden als het erom gaat anderen te helpen of eenvoudigweg geluk uit te stralen naar mensen om me heen. Het teken waar ik om had gevraagd, was dit onverwachte telefoontje, en ik weet ook dat ik daar eigenlijk naar had moeten handelen. (Nu, in de redigeerfase van dit boek, ben ik uiteindelijk toch nog assistentloos. Het voelt nog steeds te ongemakkelijk en gemakzuchtig. Ik zal nog heel wat meer moeten loslaten. Alleen maar meer.)

ANGST SCHEPT ANGST

Massaal bidden is iets wat me fascineert. Als je leest hoe groot de impact ervan kan zijn, is het verbazingwekkend dat er geen tv-zenders zijn die hun kijkers oproepen om allemaal tegelijk in stilte te bidden voor mensen in nood. Waarom gebruiken we de megaverbondenheid van onze mediakanalen niet ten behoeve van het goede? Waarom bidden we niet allemaal samen voor de mensen die ziek zijn, bijvoorbeeld elke vrijdag om zeven uur 's avonds? Of elke ochtend tegen huiselijk geweld? Dat is toch een gemiste kans. Nooit eerder was het zo eenvoudig om massale evenementen digitaal te organiseren. Stel je de kracht en de impact voor als we allemaal met hetzelfde doel voor ogen bidden. Bij de gedachte alleen al krijg ik kippenvel. Helaas zijn we maar al te vertrouwd met het absolute tegendeel: massale bangmakerij. We kijken met z'n allen naar het nieuws, vrezen met z'n allen voor ons leven en scheppen daarmee alleen maar meer vrees.

GEEN RUIMTE VOOR PANIEK

Een jaar geleden werd een jong iemand binnen onze familie plotseling ernstig ziek. Het was een enorme schok voor ons allemaal, maar met de ongelooflijk sterke en diep spirituele ouders van de zieke tot voorbeeld hebben we met z'n allen gebeden toen het het meest nodig was. Tijdens een levensreddende operatie baden we zo hard we konden. Verspreid over het land zette ieder familielid elk greintje positiviteit en energie volledig in voor gebed. Zijn ouders straalden in stilte, met gesloten ogen, hoop en vertrouwen uit, en wij steunden hen op datzelfde moment met onze megawattwensen. Ik heb nog nooit zo doelbewust, zo vastberaden en zo krachtig gebeden als toen. Er was geen andere keus. Er was geen ruimte voor paniek. Bidden was intuïtief onze collectieve keuze.

Er waren momenten waarop hij op het randje van de dood zweefde, maar ons jonge familielid heeft het gered en heeft ons allen laten zien wat echte wilskracht en doorzettingsvermogen zijn. We hebben in de weken daarna onophoudelijk gehuild en elkaar onze liefde betuigd en iedereen geloofde als nooit tevoren in de kracht van collectief bidden. De potentie ervan is onmiskenbaar.

Heb jij blokkades die je tegenhouden om te bidden? Voor wie of voor wat zou je willen bidden? Hoe zou jij bidden een plek kunnen geven in je dagelijkse leven? Hoe zou je met anderen samen kunnen bidden voor eenzelfde gewenst doel? Al deze vragen stel ik mezelf nu dagelijks en ik spoor je aan dat ook te doen. Bedenk dat bidden de taal van genade is, dat bidden onze manier is om met het leven zelf te communiceren. Kniel neer, ga liggen, sluit je ogen, schreeuw het uit, dans, doe wat voor jou goed voelt en stuur je gevleugelde wensen de wereld in.

Een gebed van Donna Lancaster

1. Ga naar een plek waar je rustig en ongestoord kunt zitten. Houd je handen voor je, met de palmen omhoog, en voel de aanraking van energie. Sluit je ogen en haal langzaam en bewust adem. Stel je voor dat je je adem naar je hart stuurt, en voel je hart met elke ademtocht zachter en ruimer worden. Zeg dank voor het geschenk van dit waardevolle moment.

2. Houd je ogen gesloten en richt je aandacht op je linkerhand. Stel je voor dat je leven zoals het nu is in deze hand rust. Overdenk de werkelijkheid van je leven, inclusief alle worstelingen en uitdagingen waar je mee te maken hebt, maar wees je ook bewust van alle gaven en rijkdom waar je dankbaar voor bent. Roep beelden van dit alles op voor je geestesoog en probeer geen oordeel te hebben. Kijk er als een toeschouwer naar en blijf je adem naar je hart sturen. Voel het gewicht van je leven in je linkerhand.

3. Richt je aandacht nu op je rechterhand en blijf je ogen gesloten houden en je adem naar je hart sturen. Stel je voor dat in deze hand het leven rust zoals je zou willen dat het was, een leven van vrede, goede gezondheid, veiligheid, liefde, compassie en vriendelijkheid, wellicht een einde aan het lijden van jezelf en anderen... of wat je op dat moment dan ook maar oprecht wenst. Voel het gewicht van je gebeden in je rechterhand.
   Je hebt nu dus het leven zoals het is in je linkerhand en het leven zoals je dat wenst in je rechterhand. Schenk beide handen gelijke aandacht. Blijf bewust ademhalen.

4. Blijf met gesloten ogen zitten, met je handen voor je en de palmen omhoog, en word je bewust van de ruimte tussen de-

ze twee handen, waarin enerzijds jouw ervaringen en anderzijds je gebeden rusten. Stel je deze ruimte voor als toegangspoort voor een hogere macht, het universum of een intuïtieve wijsheid. Richt je aandacht nu ten volle op deze ruimte en vraag de hogere macht of wijsheid om je een teken van steun te geven op dit moment in je leven. Een teken dat jou in staat stelt om je over te geven aan de werkelijkheid van je leven zoals het is terwijl je tegelijkertijd bidt voor verandering. Het teken dat je krijgt, kan een woord zijn, een lied, een beeld, een kleur of energie. Vertrouw erop dat je precies krijgt wat je nodig hebt. Wees opmerkzaam...

5. Draai vervolgens je palmen naar elkaar toe en vouw je handen langzaam samen, waarbij je het teken dat je krijgt tussen je handen bergt, de handen die enerzijds de werkelijkheid en anderzijds je gebeden symboliseren. Houd je gevouwen handen voor je hart. Buig je hoofd in nederigheid en dankbaarheid. Haal diep adem en open je ogen.

TEKENS

Ik heb me echt verheugd op het schrijven van dit hoofdstuk. Wat is er kosmischer en spannender dan een teken krijgen? Niets toch zeker? We hebben soms niet eens in de gaten dat we een teken krijgen. We hebben dan niet goed opgelet, eroverheen gekeken of het weggewimpeld met een flinke dosis cynisme. Voordat ik met voorbeelden uit mijn eigen kleine leven kom en we ons op microniveau met het onderwerp bezighouden, wil ik het eerst over het grotere plaatje hebben, want op macroniveau zijn we vanuit een ongezonde onverschilligheid zelfs nog blinder.

In de afgelopen pakweg honderd jaar lijken wij, het menselijk ras, de tijd in een hogere versnelling te hebben gezet. We racen door de dag, die overvloeit in een week en dan een jaar, onderweg naar ergens. Maar waar en wat is dat ergens? Het mythische land van rust en vrede? Of ontvluchten we onze eigen gedachten? Ik denk hier voortdurend over na, maar echte antwoorden vind ik niet. Waarom kan ik niet stoppen met racen? Wat mis ik door maar door te blijven racen? Om ons iemand te voelen of om te verhullen dat we iemand zijn die we niet willen zijn, laten we ons in onze behoefte aan 'spullen' en 'dingen' voortdrijven, sneller en sneller. In onze haast om voor onze diepste GEVOELENS weg te lopen, om verdriet en ongemak te ontwijken, sprinten we naar de finish en vertrappen we soms zelfs het geluk, zodat we er tenminste niet eventueel in teleurgesteld kunnen worden. We racen, we snellen voort, we hebben oogkleppen voor en gaan zo voorbij aan de tekens: niet alleen aan de tekens die ons de weg wijzen naar positieve verandering op persoonlijk niveau, maar ook aan de metaforische billboards die ons wijzen op onze collectieve fouten en onkunde. Het is niet mijn bedoeling om met deze observatie van de moderne wereld en hoe we ons daarin gedragen gevoelens van schaamte op te wekken. We worden hier allemaal in meegezogen. De structuur en het raamwerk van ons leven maken het erg moeilijk om uit die achtbaan te stappen.

INGRIJPENDE POSITIEVE VERANDERING

De pijn, het verlies en de eenzaamheid van de recente COVID-19-pandemie rimpelen nog altijd na. Voor individuele mensen die het onvervangbare zijn verloren, zal er weinig positiefs te ontdekken zijn aan deze wereldwijde ramp, maar voor de mensheid als geheel moet het toch mogelijk zijn om aspecten ervan als een teken te beschouwen. Als een aantal tekens misschien zelfs wel. Tijdens de eerste lockdown merkte ik dat het langzamere tempo en de vermindering van prikkels helderheid verschaften en ruimte boden voor dingen die ik eerder misschien wel had genegeerd. Ik vond nieuwe, eenvoudige vreugde in ons buurtpark, waar ik samen met mijn kinderen naar de halsbandparkieten keek en in de slootjes op zoek ging naar glibberige watersalamanders. Is het echt nodig om dure kaartjes te boeken voor een pretpark waar ik eigenlijk helemaal niet naartoe wil om mijn kinderen een fijne vakantie te bezorgen? Is het echt nodig om naar elk feestje te gaan waarvoor ik word uitgenodigd, ook al kost het me van tevoren een hoop stress? Ik zag veel helderder wat ik wel en wat ik niet fijn vind, en ik had oog voor de tekens die me de weg wezen naar een authentiekere en uiteindelijk eenvoudigere manier van leven.

Ik weet dat dit inzicht een luxe is die niet voor iedereen de uitkomst zal zijn van alles wat er is gebeurd, maar zouden we niet als collectiviteit sommige elementen van de pandemie als een teken kunnen herkennen? Een teken dat we onze buren meer zorg en aandacht zouden moeten geven dan vreemden op Instagram vele duizenden kilometers ver weg? Een teken dat we ons bewust zouden moeten worden van de verwoestende invloed op onze planeet van ons voortdurende wereldwijde gereis en onze grootschalige in- en uitvoer? Een teken dat ceremonies en dankbaarheid (in de vorm van ons wekelijkse eerbetoon aan de mensen in de zorg) een ongekende impact hebben? Ik vraag me af of en in hoeverre we deze tekens voor ogen houden terwijl we vol enthousiasme en met getrokken portemonnee de pandemie en de beperkingen achter ons laten. Het is natuurlijk een gigantische onderneming om onze culturele wereldbeschouwing en visie op het leven radicaal om te gooien, maar het is niet onmogelijk. Zo is flexibel werken nu veel geaccepteerder voor mensen voor wie het een voordeel is om vanuit huis te werken. Ik persoonlijk vind het heerlijk dat ik mijn radioshow en podcast kan maken zonder een voet in het stressopwekkende, drukke, lawaaierige centrum van Londen te hoeven zetten. Wat dit betreft hebben we met z'n allen goed geluisterd naar het teken dat we hebben gekregen en hebben we een aantal positieve veranderingen doorgevoerd in de manier waarop we werken. Voor sommige mensen is de terugkeer naar een motiverende werkplek en collega's om mee te sparren beter, maar voor velen van ons (met name voor mensen op kantoor) zijn er nu meer mogelijkheden om invulling te geven aan de manier waarop we willen werken.

Kunnen we het uitsterven van bepaalde diersoorten zien als een teken dat we te inhalig zijn geworden en dat we zullen moeten veranderen of laat het ons koud dat een 'garnaalsoort' waarvan we nog nooit hadden gehoord er nu niet meer is? Kunnen we de verwoestende, voor de natuur levensbedreigende bosbranden in sommige delen van de wereld zien als een teken dat we zullen moeten nadenken over onze koop-, eet- en reisgewoonten? Elke keer dat we een met olie besmeurde vogel zien die niet meer in staat is te vliegen, elke keer wanneer we horen over koala's die zijn omgekomen in gigantische bosbranden, is dat een teken voor ons. Ik had kortgeleden een gesprek met Jane Goodall voor mijn podcast en ze wees erop hoe belangrijk het was dat we ons door de pandemie niet lieten afleiden van de allergrootste bedreiging voor het menselijk leven: de klimaatcrisis en het gebrek aan biodiversiteit. We moeten kennisnemen van de tekens. De planeet lijkt door middel van de voorbeelden die ik noemde direct met ons te willen communiceren, maar helaas houden we ons grotendeels doof. Ik hoop dat we als mensheid acht zullen slaan op de noodkreet van de planeet voordat het te laat is. Op individueel niveau, in ons persoonlijke leven, lijkt de communicatie van de kant van het universum, of het grotere iets, wat minder direct te zijn. Wie of wat probeert ons iets te vertellen en hoe zouden we terug kunnen communiceren?

HET VERSCHIJNEN VAN EEN REIGER

Ik leid ons nu even weg van de zwaarte van de overweldigende wereldproblemen naar mijn eigen kleine leven om wat verlichting te bieden en wat voorbeelden te noemen die wellicht een herinnering bij je oproepen aan tekens die je zelf hebt ontvangen.

In 2011 was ik opnieuw single na een verbroken verloving. Ik was volkomen op, voelde me voortdurend brak, was toe aan iets nieuws en voelde me nog steeds behoorlijk verloren. Op een ochtend in het voorjaar stapte ik onder de douche om me klaar te maken voor mijn werk bij BBC Radio 1. Zoals gewoonlijk was ik gehaast omdat ik weer eens te vaak op de snoozeknop had gedrukt. Terwijl ik me vlug vlug onder mijn oksels aan het wassen was, werd mijn aandacht getrokken door iets buiten. Iets enorms. Door het doucheraam zag ik van opzij een grote, statige reiger staan, die minzaam op de stadstuintjes neerkeek. Ik woonde toen midden in Londen, ver weg van open ruimtes en groen. Wat deed zo'n gigant van een reiger in hemelsnaam op een dak direct naast mijn huis? Je verwacht niet op slechts een meter afstand van jezelf een reiger te zien staan in het centrum van Londen, net zomin als je verwacht een pterodactylus tegen het lijf te lopen. Ik was stomverbaasd en bleef bewegingloos staan kijken. Uiteindelijk spreidde hij zijn immense vleugels en vloog hij de roze gekleurde ochtendhemel tegemoet. Ik rende onder de douche vandaan, greep mijn telefoon en googelde de betekenis van het verschijnen van een reiger. Bovenaan in de zoekresultaten stond de betekenis die de inheemse Amerikanen toekennen aan een reigerverschijning. Voor hen is de reiger een teken van geduld en geluk, en bij verder zoeken kwam ik verwijzingen tegen naar rust en kalmte. Ik schepte zo veel troost uit deze korte verschijning dat mijn schouders van oorhoogte zakten naar waar ze thuishoorden. Als ik geduld moest hebben, dan zou ik het voorbeeld van de reiger volgen. Als rust geboden was in plaats van de chaos die ik ervaarde, dan zou ik daarnaar streven. Als geluk zich aandiende, zou ik het omarmen. Dank je wel, meneer reiger. Zijn verschijning heeft me misschien net dat beetje geholpen om open te staan voor herstel, want een paar maanden later heb ik mijn man ontmoet!

NAMEN BEDENKEN

Zal ik je nog een ander verhaal vertellen? Ik heb je gewaarschuwd dat ik nogal warmloop voor dit onderwerp. Ik geef je geen kans erover na te denken of je mijn verhaal wilt horen, ik vertel het gewoon. Toen ik zwanger was van mijn nu achtjarige zoon Rex, besloten Jesse, mijn man, en ik dat we het geslacht van de baby niet al voor de geboorte wilden weten. Mijn man en ik waren samen in Frankrijk, waar ik moest zijn in verband met werk, toen we het tijdens het ontbijt in ons hotel weer eens over namen hadden. Gelukkig waren we allebei direct verliefd op de naam Rex voor een jongetje, dus daar waren we al over uit, maar als het een meisje was, twijfelden we nog tussen een aantal namen. We verlieten het restaurant en namen de trap naar boven. Aangekomen in de gang waar onze kamer aan lag, zag ik aan de muur een grote sepiakleurige foto hangen. Het was een foto van een majestueus schip dat zich statig een weg door de kalme zee baande. De naam van het schip was in grote letters op de romp geschilderd: REX. Vanaf dat moment wist ik dat we een jongetje zouden krijgen. Zo'n vier maanden later kwam er een langbenige, blauwogige droom van een jongen ter wereld in een felverlichte ziekenhuiszaal na een zeer langdurige bevalling. Een blik in die diepe poelen blauw in dat verkreukelde gezichtje was voldoende voor mij om er zeker van te zijn dat Rex voor hem de goede naam was. En bij nader inzien lag er zelfs nog meer betekenis verscholen in het maritieme teken dat we hadden gekregen. Mijn nu nog langbenigere jongen is geobsedeerd door de zee en door schepen. Hij maakt kano's van lege drinkpakjes, schuurt restjes hout tot veerbootjes om mee te spelen en is al tijden gefascineerd door de Titanic en haar rampzalig verlopen eerste reis. Hij is deel van de zee, en voelt zich gelukkiger in de deining ervan dan waar dan ook.

HET ALLERLAATSTE

Ik ben niet helemaal eerlijk geweest, er is nog een verhaal dat ik je wil vertellen, maar het sluit helemaal aan bij het vorige.

Ook toen ik zwanger was van Honey, mijn nu zesjarige roodharige dochter, hadden we besloten het geslacht van onze baby niet van tevoren te willen weten. Deze keer hadden we voor een meisje de naam Honey en voor een jongetje de naam River bedacht. Bij onze aankomst in het ziekenhuis ging ik, met inmiddels vijf centimeter ontsluiting, voorafgaand aan mijn eerste onderzoek eerst nog even naar de wc. Toen ik daar mijn handen waste, zag ik naast elkaar vier flessen handzeep staan, stuk voor stuk gelabeld met de naam HONEY.

Toeval? Te bizar om voorspellende waarde te hechten aan een onopvallende foto aan de muur van een gang in een hotel of aan een reeks flessen toiletzeep met honinggeur? Iedereen mag er het zijne in zien, maar het schenkt mij vreugde en een gevoel van verbondenheid om in dergelijke momenten betekenis te ontdekken.

HOOP KOESTEREN

Voor zover ik weet, kan een teken zich in elke mogelijke vorm voordoen. Dat kan een liedje zijn dat je toevallig hoort en waarin je een voor jou relevante boodschap hoort, een getallencombinatie die overal opduikt, de juiste persoon die jou op het juiste moment opbelt, het kan iets zijn uit een boek, van een foto of schilderij of uit een toevallig opgevangen gesprek. Tekens zijn overal om je heen als je er oog voor hebt, maar waar moet je op letten en hoe herken je ze? Ik durf niet te zeggen of ik op de momenten dat ik een teken ontving er speciaal op lette of bewust naar op zoek was, dus ik zal me er verder in moeten verdiepen om er voor mezelf en voor jou achter te komen hoe we ons een manier van denken kunnen aanleren waarbinnen tekens alomtegenwoordig en van betekenis zijn. Zijn er altijd tekens en zien we ze gewoon niet? Verschijnen ze willekeurig op het juiste moment? Zien we ze wel, maar ontgaat ons hun betekenis? Ik ben vastbesloten te ontdekken hoe het zit, vooral omdat ik tekens zo ontzettend boeiend vind. Maar met tekens zien en herkennen zijn we er nog niet, we moeten erin geloven. Het heeft weinig zin om een teken te krijgen als we de betekenis en de kracht ervan in twijfel trekken. Hoe zou een teken ons langs onbekende paden kunnen leiden, hoe zou het ons zelfvertrouwen en hoop kunnen schenken als we het geloof in tekens ontberen?

Gelukkig voor jou en voor mij ken ik de koningin der tekens persoonlijk: Gabrielle Bernstein. Ik ben STAPELDOL op Gabby. Ik ben begonnen als fangirl, maar inmiddels zijn we vrienden, en haar vriendschap en wijsheid hebben mij al veel gebracht. Mijn eerste ontmoeting met Gabby was toen ik haar interviewde voor mijn Happy Place-podcast, waarmee een van mijn dierbaarste wensen in vervulling ging. Ik had daarvoor al haar boeken al gelezen en haar tapping-techniek toegepast ter verlichting van stress. Tijdens die eerste ontmoeting voelden we meteen een klik en wisten we dat we vrienden zouden worden. Sinds die tijd bellen we regelmatig met elkaar – zij in Amerika, ik in Engeland – en heeft ze me vaak de juiste weg helpen vinden, ook bij het schrijven van dit boek.

Het zal nauwelijks nodig zijn om Gabby voor te stellen, maar mocht je haar briljante boeken, zoals *Het universum staat achter je* of *Verwacht wonderen*, niet gelezen hebben, dan kan deze persoonlijke beschrijving je helpen een beeld van haar te vormen: ze ziet eruit als een engel, maar haar stem is hees en klinkt gezagvol. Ze is een soort hemelse rockster, een gevleugelde Blondie. Ze heeft een schare volgelingen om zich heen verzameld die aan haar lippen hangen, en ze heeft mensen van over de hele wereld met haar wijsheid, levenservaring en geloof uit diepe dalen en door crisissen heen geleid. Wil je haar ook leren kennen? Natuurlijk wil je dat!

Ik: GABBY!!!

Gabby: Wat een tof shirt heb je aan.

Ik: Ha, dank je. Het is een shirt van mijn vriend 'Larry Pink the Human', een muzikant. Weet je, ik sta te trappelen om met je te praten vandaag, Gabs (ik noem haar Gabs tegenwoordig... ja, echt!) Laten we bij het absolute begin beginnen: wat is een teken? Hoe bepaal je of iets een teken is?

Gabby: Het begint met het uitgangspunt dat we allemaal, op elk moment, toegang hebben tot een spiritueel domein, en dan bedoel ik de energie en de frequentie binnen in onszelf, maar vaak blokkeren we die toegang zelf. Hoe meer we mediteren, ons zenuwstelsel ontspannen en ons op ons gemak voelen, hoe beter we zijn afgestemd op de ondersteunende systemen die ons buiten ons begrip ten dienste staan. Bij dergelijke ondersteunende systemen kun je denken aan engelen, gidsen, overleden familieleden, wezens die tot het spirituele domein behoren. Je kunt ook spreken van 'het universum' of 'het spirituele' omdat het ook een energetische kracht is. Als je in de flow bent, ben je afgestemd op die universele energie. Je merkt dan dat de dingen makkelijker gaan, dat de dingen waarop je je concentreert verwezenlijkt worden, dat ze zich manifesteren. Je begint overal om je heen boodschappen en tekens te ontdekken. Spirituele gidsen en deze universele energie helpen ons in de eerste plaats bij onze spirituele groei en persoonlijke ontwikkeling. Je kunt het universum dus wel om een teken vragen, daar is niks mis mee, maar waar het om gaat is bouwen aan geloof en dat kan alleen in verbondenheid met het spirituele domein. Laten we één ding duidelijk stellen: wanneer we worden geleid, worden we geleid naar het hoogste goed voor het welzijn van onszelf en van het universum. We worden in de juiste richting geleid ook al voelt het op dat moment als de verkeerde richting.

Ik: Het is dus niet zo dat sommige mensen wel tekens krijgen en andere niet?

Gabby: Iedereen kan tekens krijgen.

Ik: Maar zien we ze dan gewoon niet?

Gabby: We worden altijd geleid, maar we staan er niet altijd voor open. En wat we niet mogen vergeten, is dat geleiding een gesprek is. Als jij en ik bijvoorbeeld niet regelmatig whatsappen dan verliezen we contact, of niet?

Ik: Dat zou ik heel erg vinden (klinkt dat niet een beetje te wanhopig?).

Gabby: Het betekent niet dat we het contact niet kunnen herstellen, maar we moeten ons realiseren dat we in relatie tot elkaar staan. En hoe meer je in een relatie inbrengt, hoe meer je eruit kunt halen. In je relatie met die hogere macht gaat het er dus ook om in contact te blijven. Dat kan door middel van gebed of het vragen om een teken. Tekens zijn een vorm van communicatie, dus als je een teken krijgt, kun je dat beschouwen als een antwoord. Je kunt ook om een teken vragen enkel om te weten of je nog geleid wordt, het hoeft niet iets specifieks te zijn.

Ik: Maar wat kunnen we ons concreet bij een teken voorstellen? Een lied? Een getal? Een gevoel? Een persoon?

Gabby: Je kunt expliciet zijn en het universum vragen je een teken te geven in de vorm van een vlinder. Je hebt dan je intentie en het teken benoemd. Maar als je in actief contact staat met het universum, zul je ook tekens krijgen waar je niet zelf om hebt gevraagd. Dan is er sprake van een goddelijke tussenkomst. Zo ben ik ertoe gekomen om een podcast te beginnen. Ik had er zelf nog helemaal nooit aan gedacht, maar van verschillende kanten begonnen mensen om me heen tegen me te zeggen dat dat een goed idee zou zijn. Soms stuurt het universum je een kant op die je uit jezelf nooit zou hebben gekozen. Ook dat zijn tekens. Wanneer je ervoor openstaat om geleid te worden, word je ook geleid.

Ik: En als ik om een teken vraag en geen teken krijg?

Gabby: Ook dat is een teken. Als jij vraagt om een teken om te weten of je op de goede weg zit in een bepaalde relatie en je krijgt geen teken, dan is DAT het teken. Het is communicatie. Stel, ik bel je en vraag aan jou om me terug te bellen als jij vindt dat ik op de goede weg zit in mijn relatie en me niet te bellen als jij vindt dat dat niet zo is. Als je me dan niet terugbelt, is dat het teken.

Ik: Wat gebeurt er als je een teken krijgt en het ook als teken herkent, maar het negeert?

Gabby: Als je voorbijgaat aan wat zich voordoet, blijft zich dat voordoen. Als je niet luistert naar de tekens die je krijgt, zul je voortdurend met dezelfde obstakels worden geconfronteerd.

Ik: Vorige week kreeg ik zo veel tekens, het voelde gewoon magisch. En ze spraken allemaal zo voor zich dat ik er helemaal vrolijk van werd. Ze doken meteen op en ik kon ze lezen als een boek. Maar het heeft bij mij soms ook jaren geduurd voordat ik tekens echt in de gaten had en de betekenis ervan voor mij duidelijk werd. Is er een periode in ons leven waarin we meer openstaan voor tekens?

Gabby: Ik denk eigenlijk dat het niet uitmaakt of je een teken echt ziet of doorhebt, omdat je op gevoelsniveau in verbinding staat met datgene waardoor je wordt geleid. Je hoeft niet door een direct inzicht te worden getroffen om gevoelsmatig te weten of je op de juiste weg bent. Je kunt op diverse manieren worden geleid, het gaat erom vertrouwen te hebben. Het belangrijkst is dat **hoe meer je op de universele energie bent afgestemd, hoe meer vreugde je ervaart, hoe positiever je bent, hoe ontvankelijker je bent, hoe makkelijker je signalen en tekens ontvangt.** Als ik me onhebbelijk gedraag en je maar blijf bellen en vraag: 'Zeg me dat ik het goed doe, zeg me dat ik het goed doe, zeg me dat ik goed doe', dan krijg je er uiteindelijk genoeg van en pak je de telefoon niet op, toch?

Ik: Dat zou ik nooit doen, maar ik snap wat je bedoelt.

Gabby: Ik zal bescheiden moeten zijn en zeggen: 'Ik ben bereid te luisteren naar wat jij vindt.' Om je zonder tegenstand te laten leiden, om je te laten meevoeren, moet je je nederig kunnen opstellen en je kunnen overgeven.

Ik: Hoe voorkom je dat dit omslaat in bijgeloof? Klopt het dat een teken vol van hoop en positiviteit is, terwijl bijgeloof veelal gebaseerd is op angst?

Gabby: We hebben allemaal geloofssystemen opgebouwd die in feite fungeren als dikke muren die ons scheiden van het spirituele domein. Als we de verbinding daarmee willen herstellen, ons ervoor openstellen, moeten we bereid zijn die muur neer te halen. Elke keer wanneer je bidt, een positieve intentie stelt, naar een positieve podcast luistert, een positief boek leest, haal je een stukje van die muur neer en breng je geloof dichterbij. Het is een keuze. Je wilt verbinding en dus werk je aan het neerhalen van de muur, of je denkt dat je de verbinding niet wilt en laat de muur voor wat hij is.

Ik: Het is dus een proces waar we allemaal aan kunnen werken. We kunnen de blokkades uit de weg ruimen die onze verbondenheid met de spirituele wereld in de weg staan en de leidraden gaan volgen die ons worden aangereikt. Om die blokkades uit de weg te kunnen ruimen moeten we kiezen welke informatie we tot ons nemen en hoe we met de wereld willen communiceren. Zeg ik het zo goed?

Gabby: Helemaal goed.

Ik: Rhonda Byrne zei iets van dezelfde strekking toen ik met haar sprak voor de Happy Place-podcast. Ze zei dat toen ze voelde dat ze helemaal op de goede weg zat tijdens het maken van *The Secret*, de film, ze niet eens de telefoon opnam wanneer ze werd gebeld voor het geval het slecht nieuws was of iemand zijn negativiteit kwijt wilde. Ze wilde het geweldige gevoel dat ze had vasthouden en ze deed alles wat in haar macht lag om dat veilig te stellen.

Gabby: Hoe beter je op het leven bent afgestemd, hoe meer je deel uitmaakt van de scheppende kracht van de universele aanwezigheid. Je bent daar altijd deel van geweest, je bent er nooit van afgesneden geweest, maar je kunt ervoor kiezen het te negeren. Het te blokkeren.

Ik: Kun je om een teken vragen als je op de verkeerde weg bent?

Gabby: **Het gaat er niet om of je op de goede of op de verkeerde weg bent, het gaat erom dat je op de weg van overgave bent.** Hoeveel controle kun je uit handen geven om wijsheid aan te nemen en je te laten leiden? Om geleid te kunnen worden moet je zonder weerstand zijn. Om me over te geven en me open te stellen voor de tekens die voor me zijn uitgezet, ga ik bijvoorbeeld wandelen, doe ik yoga, of mediteer of bid ik. Het maakt niet uit wat je doet, als het je maar helpt om je open te stellen.

Ik: Het gaat dus om communicatie met het leven en het universum. Als iemand die dit leest nog nooit om een teken heeft gevraagd, waar zou diegene dan kunnen beginnen?

Gabby: Schrijf het op, formuleer het in gedachten, er zijn geen regels. Ik denk dat je altijd zou moeten beginnen met dankbaarheid. Bedank het universum bijvoorbeeld dat het jou een teken heeft gegeven, al voordat je dat teken hebt ontvangen. En geef niet op, maar blijf je dag na dag openstellen, blijf ontvankelijk en je zult zien dat de tekens verschijnen, BAM! Dan leef je een geleid leven. Dan leef je op een hoger level.

Ik: Eh, er dwarrelt zojuist een wit veertje door mijn raam naar binnen en het is precies voor me blijven liggen. Er gebeuren wonderlijke dingen tijdens het schrijven van dit boek. (Een witte veer staat bekend als een teken dat zich een spirituele gids of engel in je nabijheid bevindt. Bij het schrijven van dit boek val ik van de ene in de andere verbazing!)

Gabby: Yep, dat is een teken. Dat je dit boek schrijft, betekent dat je in de flow van het leven bent, dat je je hebt overgegeven en je openstelt om geleid te worden. Er zullen wonderlijke dingen blijven gebeuren. Je zit op de juiste golflengte.

Ik: Ik heb nog nooit met zo veel plezier een boek geschreven. Ik zal me blijven overgeven. Gabby, ik houd van je. Dank je wel.

Vóór mijn gesprek met Gabby was ik me bewust geweest van tekens in mijn leven en had ik er ook acht op geslagen, maar ik kon me niet herinneren ooit zelf om een teken te hebben gevraagd. Ik zou niet hebben geweten hoe.

Tijd om het eens te proberen. Zoals je weet, ben ik een Maagd en als Maagd houd ik van een uitgewerkt plan. Het eerste wat me te doen stond, was bepalen wat voor teken het moest zijn. Ik probeerde bewust niet al te diep na te denken en het eerste wat er toen in me opkwam, was een leeuw. Kort daarvoor hadden mijn vriendin Heidi en ik het gehad over wat wij 'leeuwenenergie' noemen, een machtige en krachtige energie die geen angst aanjaagt maar respect afdwingt. Een energie die we bij het werk dat we doen allebei goed kunnen gebruiken. Heidi is filmproducent en scenarioschrijver, en als vrouw is ze binnen haar vakgebied zwaar in de minderheid. Ze heeft die leeuwenenergie nodig om haar projecten onder de aandacht te brengen en gerealiseerd te krijgen. Ik heb vaak grote vergaderingen waar ik tegen opzie en ik moet belangrijke beslissingen nemen die voor meerdere mensen bepalend zijn. Ik heb die leeuwenenergie nodig voor mijn zelfvertrouwen. Ik ga dus vragen om een teken in de vorm van een leeuw.

Met een van de mensen in mijn leven is de relatie problematisch op een manier die mij dwarszit en gespannen maakt. Er speelt een onopgeloste kwestie tussen ons en ik kom er niet goed uit of ik moet proberen de zaak uit te praten of dat ik de situatie moet laten voor wat ze is. Als ik nu eens om een teken vraag aan iets wat groter is dan ik met mijn kleine zorgen, dan kom ik er misschien wel uit. Wanneer ik gespannen ben, ga ik wandelen of hardlopen. Ik pak dus mijn hardloopschoenen om mijn stress eruit te lopen. De eerste tien minuten moet ik vechten tegen de drang om rechtsomkeert te maken en thuis in bad te gaan, maar wanneer ik eenmaal goed in mijn ritme zit, begin ik na te denken over wat precies de vraag is waarop ik een antwoord zou willen hebben. Ik bouw de woorden en mijn vraag op alsof ik in mijn hoofd aan het scrabbelen ben en zeg dan hardop: 'Als ik deze situatie moet laten voor wat ze is, stuur me dan een leeuw.'

MOET JE HOREN WAT ER TOEN GEBEURDE! Het is waanzin en ergens kan ik het nog altijd niet geloven. Ik had het woord leeuw nog niet uitgesproken of slechts een meter bij me vandaan stopt er een auto met op de bumper een sticker met het Engelse embleem met niet één, maar drie leeuwen. Ik moest hardop lachen en rende met een grote grijns op mijn gezicht naar huis. Ik ben nog steeds overdonderd door de snelheid waarmee het antwoord zich aandiende en ik besloot ernaar te handelen, met in mijn achterhoofd de woorden van Gabby dat we geleid worden naar het hoogste goed voor het welzijn van onszelf, dat van anderen en het universum.

Een week later ontmoette ik de geweldige Wendy Mandy, aan wie ik je in het eerste deel van dit boek heb voorgesteld (zie pagina's 29-58). Ik was benieuwd wat ze van mijn verhaal over de verschijning van de drie leeuwen zou vinden. Toen ik was uitverteld, wees ze zwijgend naar de trui die ze aanhad. Dwars over haar borst was het woord 'LION' te lezen, als om me erop te wijzen naar het antwoord te blijven handelen. In mijn opwinding om Wendy te vertellen wat er was gebeurd, was de betekenis van de letters op haar trui me niet eens opgevallen. Er blijken overal leeuwen te zijn.

EEN EN AL BOOSHEID

Gabby maakte duidelijk hoe belangrijk het is om op de universele energie te zijn afgestemd om de boodschappen die het universum ons geeft te kunnen ontvangen. In eerste instantie baarde me dat zorgen omdat ik dacht dat dat betekende dat ik me opgewekt en levendig moest voelen om de hulp te krijgen waar ik zo wanhopig behoefte aan heb. Maar Gabby zei ook dat het er niet om gaat of je op de goede of de verkeerde weg bent, maar op de weg van overgave. Wat betekent dat precies? De perfecte gelegenheid om daarachter te komen was gisteren, toen ik wakker werd met zo veel boosheid dat mijn lijf er gewoon van jeukte. Als je eerder een boek van mij hebt gelezen of weleens naar de Happy Place-podcast hebt geluisterd, weet je misschien dat ik snel boos ben. Die boosheid sluimert als een steenvis vlak onder het oppervlak van het ondiepe water, nauwelijks zichtbaar tegen de stenige achtergrond, maar dodelijk wanneer je erop trapt. Soms is mijn boosheid zo enorm dat ik niet meer weet wat ik ermee aan moet, het moet er dan uit. Wanneer ik het eruit probeer te praten tegen mijn man, word ik alleen maar bozer omdat hij zo kalm is. (Even voor de duidelijkheid, speciaal voor eventuele journalisten die dit lezen: die boosheid wordt niet veroorzaakt door iets wat mijn man doet. Naar aanleiding hiervan geen verhalen verzinnen over mijn huwelijk, alsjeblieft, dank je wel.)

De boosheid waarover ik het nu heb, is te wijten aan het onrecht waaronder een aantal mensen om wie ik heel veel geef te lijden hebben. Ik voel de hete woede opborrelen en knijp zo hard in mijn oren dat ze beginnen te bloeden. Dat was niet de bedoeling en het doet gruwelijk veel pijn, en het helpt niet om de boosheid te laten zakken. Ik trek als vanzelf mijn hardloopschoenen aan. Fysieke inspanning is soms de enige manier waarop ik wat van die kokende energie kwijt kan. Ik moet de lava van woede uit mijn voetzolen laten stromen, de schrijnende pijn uit mijn poriën zweten. Ik zet de Beastie Boys op en stamp weg op mijn maatje 38 om pas te stoppen wanneer de woede wat gezakt is. Ik ben aangekomen op de top van een heuvel niet ver van ons huis, waar een kleine kunstgalerie is gevestigd met wisselende tentoonstellingen van plaatselijke kunstenaars. In de etalage prijkt de aankondiging van een nieuwe tentoonstelling, een poster met daarop een enorme vuurbal waar mijn ogen naartoe worden getrokken. Het beeldt precies uit hoe ik me in mijn hoofd voel. De vuurrode vlammen omvatten drie woorden die direct betrekking hebben op de situatie waarmee ik loop te worstelen. Ik slaak een diepe zucht van opluchting en ik hoef me niet langer in te spannen om de woede eruit te persen. In plaats daarvan vloeit hij als vanzelf uit me weg terwijl ik naar deze aankondiging, naar dit teken kijk. Ik hoef me dus blijkbaar niet tiptop te voelen om me open te kunnen stellen. Om op het universum afgestemd te zijn gaat het er niet om dat ik me gelukkig, goedgeluimd en vriendelijk zou moeten voelen, maar hoef ik alleen maar bereid te zijn me over te geven aan iets wat groter is dan ik, bereid om me mee te laten voeren door het leven in plaats van ertegenin te bewegen. Ik jog naar huis met een lichtere tred en een vaster geloof, terwijl ik luister naar de Fleet Foxes voor een rustiger tempo voor mijn benen en mijn hart.

EEN LAATSTE GROET

Na mijn gesprek met Gabby realiseerde ik me dat tekens niet altijd leidende boodschappen hoeven te zijn, maar dat het ook boodschappen van troost kunnen zijn. Als begintwintiger werd ik op een ochtend wakker in het oude arbeidershuisje waar ik toen woonde. Elke trede kraakte en sprak van een rijk verleden terwijl ik naar beneden liep om in de keuken koffie te zetten. Om bij mijn geliefde koffie in de keuken te komen moest ik door de woonkamer, waar ik op die bepaalde ochtend iets zag wat mij onmiddellijk deed stilstaan. Een van de portretten die ik had geschilderd, die rechts van de tv aan de muur hoorde te hangen, lag midden in de kamer op de grond. Hoe kon dit schilderij in hemelsnaam uit zichzelf van de muur zijn gesprongen en twee meter verderop zijn geland? Op mijn twee katten na woonde ik alleen, alle ramen zaten dicht en er was niet het minste zuchtje wind te bekennen als mogelijke hulp bij deze mysterieuze verplaatsing.

Bedachtzaam hing ik het schilderij terug op zijn plek en daarna liep ik door naar de keuken om met wat cafeïne mijn brein in Sherlock Holmes-modus te krijgen en te deduceren wat er was gebeurd. Terwijl ik wachtte tot het water kookte, deed ik mijn mobiele telefoon aan en enkele seconden later belde mijn moeder. Mijn dierbare opa Phil Savage was die nacht overleden. Hij lag al enige tijd in het ziekenhuis met klachten en sinds mijn oma enkele jaren daarvoor was overleden, was hij nooit meer de oude geworden. Meteen viel alles op zijn plek en al huilend moest ik glimlachen in de zekerheid dat mijn opa me die nacht een teken had gegeven, dat hij het schilderij had verplaatst om me een laatste groet te brengen. Hij had zelf prachtige schilderijen gemaakt, van grote zeilschepen die door machtige golven ploegden. Hij vond het geweldig dat ik ook schilderde en was altijd lovend over mijn portretten. Je hoeft mijn verhaal niet te geloven, maar ik putte er troost uit: een laatste groet zonder woorden, een laatste grap van grappenmaker Phil.

Heb jij zelf ook weleens iets onverklaarbaars meegemaakt op een voor jou belangrijk moment? Dan is dat vast een teken geweest.

JARENNEGENTIGSPROETEN

We kunnen ook niet voorbij aan het feit dat we misschien wel wezenlijke tekens hebben gemist door de komst van de smartphone. Is het niet tragisch dat we wellicht blind zijn geweest voor belangrijke, mogelijk levensveranderende tekens omdat we aan een beeldschermpje vastgekluisterd zaten? Ik durf er niet aan te denken hoeveel tekens ik niet heb opgemerkt omdat ik het te druk had met lachen om filmpjes die Celeste Barber op Instagram had geplaatst of met zoeken op 'platteland, chique, maximalistische interieurs' op Pinterest. Vind je ook niet dat een van de lessen van dit hoofdstuk is dat we weer omhoog moeten leren kijken in plaats van naar beneden?

In de tijd voordat er mobiele telefoons, bezorging op dezelfde dag en wifi waren, gingen we in de zomer vaak kamperen. Tijdens één zo'n zomer, in Frankrijk, toen mijn neus bezaaid was met sproeten en ik in een korte broek rondliep met een fototoestel aan een lichtgevend koord om mijn nek, bracht ik uren door liggend in het gras, kijkend naar de sterren. Als ik een vallende ster zag, was ik helemaal opgewonden. Ik had het gevoel dat die ster speciaal voor mij was. Een teken, een uitnodiging om mijn wensen kenbaar te maken, een signaal van de nachtelijke hemel om me te laten weten dat ik gesteund en behoed werd. Ik greep mijn kans met beide handen beet en kneep mijn ogen tot spleetjes in een poging al mijn dromen aan die ene ster vast te pinnen (meestal een onbeantwoorde kalverliefde).

Ik hield mijn blik toen vaker omhoog- dan omlaaggericht. De jaren negentig waren een perfecte tijd om te dromen, te wensen, uit te kijken naar tekens en je verbonden te voelen. Dat is het vreemde van technologie – we denken dat die onze verbondenheid vergroot, maar soms werkt het juist omgekeerd. Het is natuurlijk heerlijk om te kunnen bellen met je vrienden aan de andere kant van de wereld of te facetimen met je oma die je al een halfjaar niet hebt gezien. Net zoals het fijn is om nieuwe vrienden te kunnen maken via Instagramgemeenschappen. Zonder sociale media zou ik nooit zulke briljante mensen als Bryony Gordon, Elizabeth Day en Annie Price kennen en zou ik mensen als Vex King en Brené Brown niet kunnen volgen voor mijn dagelijkse onlinepositiviteitsoppepper. Maar hebben we daarvoor niet ook iets ingeleverd? Iets van ons gevoel voor evenwicht en saamhorigheid?

Iets van de waarde die we hechten aan de wonderen van de natuur en het universum waarin we leven?

We hebben een volledig nieuw universum gecreëerd dat alleen op ons scherm bestaat – een digitaal universum dat oneindig lijkt te zijn. Het is er, zonder dat het er is. Een ongrijpbaar universum waar we steeds moeilijker van loskomen, waardoor we de connectie met het echte universum verliezen.

REGENBOOGBRUG

Met het einde van dit hoofdstuk in zicht wil ik nog één verhaal met je delen, een verhaal dat mijn moeder me vertelde. Toen ik op negentienjarige leeftijd uit huis ging, werd ik kort daarna vervangen door een hond. Een prachtige golden retriever die luisterde naar de naam Wilf. Met zijn vragende ogen en zijn glimmende zwarte neus werd hij het nieuwe troetelkindje van mijn ouders. Mijn vader sloot met deze hond een ongeëvenaard warme vriendschap die jaloersmakend was. Ik zou ook wel zo'n trouwe en liefdevolle metgezel willen hebben. Mijn moeder maakte tijdens haar wandelingen met Wilf door de groene omgeving van Ruislip tal van nieuwe vrienden. Zoals velen van ons weten, gaat het hebben van een huisdier onvermijdelijk gepaard met het pijnlijke afscheid. De gedachte daaraan alleen al is hartverscheurend. De dag dat ze Wilf moesten laten inslapen, was voor mijn ouders een van de moeilijkste dagen uit hun volwassen leven. Hij was hun beste kameraad, hun vertrouwde knuffelbeer die 's avonds aan hun voeten op het kleed lag; in sommige opzichten was hij hun beider zielsverwant. Mijn ouders sleepten zich door dit zware verlies heen, waarbij mijn moeders verdriet werd verlicht door enkele magische momenten waarop zich prachtige tekens aan haar openbaarden. Op een ochtend toen ze zich lusteloos voelde en terneergeslagen was van verdriet, hoorde ze ineens een stem in haar hoofd die 'regenboogbrug' zei.

Ze had geen idee wat dit betekende of wat ze ermee aan moest, dus kroop ze achter haar computer en typte het woord in om te proberen erachter te komen. Het eerste zoekresultaat dat naar boven dreef, was een gedicht over dieren, waarin een regel voorkwam over de regenboogbrug, de brug waarover al onze dierbare harige vrienden de oversteek naar een paradijselijke wereld maken nadat ze ons hebben moeten verlaten. Op dat moment voelde mijn moeder een rust over zich neerdalen: Wilf had zijn bestemming bereikt en was gelukkig en veilig. Mijn moeder werd zo een belangrijk stapje verder geholpen in haar verdriet door een stem die ze niet kon verklaren, maar die haar een prachtige boodschap had gegeven. Hoe makkelijk had die stem haar niet kunnen ontgaan als mijn moeder zich te zeer had laten opslokken door haar telefoon of computer, zich te zeer had laten afleiden door muziek of tv? Als we onszelf niet de ruimte geven om deze boodschappen op te vangen, hoe kunnen we dan hoop vinden op momenten waarop we ons totaal verloren voelen?

Of je dit boek nu op papier leest en de bladzijden in je handen houdt, ernaar luistert met een koptelefoon op je hoofd terwijl je onderweg bent of hoe je de inhoud ook maar meekrijgt, ik hoop dat dit hoofdstuk je aanzet om wat vaker omhoog in plaats van omlaag te kijken. Ik heb genoten van mijn onderzoek voor dit hoofdstuk en het heeft me nog vastberadener gemaakt om de dialoog met het universum om me heen en in mezelf gaande te houden. Ik wil een en al oor zijn, zonder wanhopig naar een antwoord te verlangen... geduldig luisterend met hoop in mijn hart en een waakzame, nieuwsgierige blik. Universum, ik wil me opnieuw in alle nederigheid overgeven om me door je stem te laten leiden, en ik ben bereid mijn telefoon lang genoeg weg te leggen om acht te slaan op wat je me vertelt.

RITUELEN EN CEREMONIES

In onze moderne wereld lijken we rituelen en ceremonies te hebben ingeruild voor bezorging op dezelfde dag en een haastige hap terwijl we de deur al uit rennen. We hechten belang aan het eindresultaat; we zijn bezig met wat we bereiken in plaats van met wat we doen.

Het is nog maar net één uur 's middags en ik heb mijn kinderen hun ontbijt gegeven, hen aangekleed voor school (waarom is dat toch altijd zo'n gedoe), een online work-out gedaan, een interview afgenomen en opgenomen via Zoom, in sneltreinvaart een koffie naar binnen gewerkt en een stuk of twintig e-mails verstuurd. Zoals gewoonlijk race ik door mijn dag heen alsof de tijd me op de hielen zit. Mijn zenuwstelsel schiet in overdrive door de voortschrijdende wijzers van de klok: als een menselijke wervelwind raas ik achter mijn eigen vermoeide staart aan. Ik werk mijn to-dolijst af en zorg ervoor dat ik niet achterop raak met mijn werk, maar wat mis ik? Ik ben snel, georganiseerd en systematisch, maar tegen welke prijs?

Mijn dag omvat vast ook rituele momenten, maar daar schenk ik zo weinig aandacht aan dat het eerder gewoontes zijn geworden dan iets heiligs. Mijn ochtendkoffie bijvoorbeeld. Ik kan niet zonder. Als ik 's ochtends niet begin met een kop koffie, blijft er van mij weinig anders over dan een leeg omhulsel, een hoopje pyjama op de keukenvloer. De koffie luidt mijn dag in en zorgt dat ik bereid ben de slaap van me af te schudden en de onbekende nieuwe dag te verwelkomen. Maar ben ik me wel bewust van die betekenis wanneer ik de geurige koffiekorrels in mijn favoriete mok schep? Ik ben dan in mijn hoofd vermoedelijk meer bezig met wat er als eerste moet gebeuren. Ontbijt maken voor de kinderen, de schooltassen vinden, een berichtje sturen naar een vriendin die ik gisteren vergeten was een antwoord terug te sturen... het ceremoniële begin van mijn dag wordt gesmoord door de drukte die me wacht.

SLUITINGSRITUEEL

Het roert me om te zien hoe in sommige andere culturen en delen van de wereld met aandacht wordt stilgestaan bij de rimpelingen van het leven. Een dierbare Chinese vriendin van mij voerde na de geboorte van mijn dochter in mijn keuken een rijstceremonie uit. Met kalme nieuwsgierigheid keek ik toe hoe deze vriendin in een ongekend langzaam tempo de rituele handelingen uitvoerde. Zonder echt de betekenis van deze handelingen te begrijpen voelde ik de heiligheid ervan: de liefde, de goede intentie en de aandacht waarmee ze met het universum in gesprek was in een taal die mij nog vreemd was.

Na de geboorte van Honey heb ik ook zelf deelgenomen aan een ceremonie, een sluitingsceremonie om mijn gefragmenteerde zelf weer te helen. Een vriendin van een vriendin wikkelde mijn wankele lichaam in doeken, waarbij elk slap stukje ervan weer stevig tegen mijn botten werd gespannen om me te helpen me weer heel te voelen. Na de bevalling voelde mijn lichaam alsof het van een vreemde was, met tepels ruw als schuurpapier en heupen die verschillende kanten op leken te staan en waarover ik totaal geen controle leek te hebben. Stuk voor stuk werden al mijn ledematen in meerdere lagen doeken gewikkeld, wat een druk veroorzaakte die even beangstigend als troostrijk voelde. Ik lag daar als een levende mummie en gaf me over aan het gebrek aan controle dat ik op dat moment had. Er verschenen nog meer doeken, waarmee ook mijn gezicht werd omwikkeld op een smalle opening na rondom mijn neus en mond om te ademen. Ik hield mijn ogen gesloten onder de lagen stof en liet me in het volledige donker wegzinken. In de stilte waarin ik daar zo lag, kreeg ik de ruimte die stukjes van mezelf weer terug te vinden die ik tijdens de zwangerschap en de bevalling misschien was kwijtgeraakt. Ik riep de wensen en verlangens aan die ik zolang in de wacht had gezet om de negen maanden van de zwangerschap, die voor mij lichamelijk zwaar waren geweest, goed door te komen. Ik riep mijn vertrouwde manier van bewegen en mijn bekkenbodemspieren aan. Ik moedigde mijn bekkenbodemspieren aan om hun kracht te herwinnen (die ze tot op dit moment nog altijd niet hebben teruggevonden). Toen ik uit de doeken werd losgewikkeld, voelde ik me als herboren, alsof ik de geluiden en de kleuren van het alledaagse leven voor het eerst ervaarde.

Deze momenten springen eruit omdat ze in onze moderne wereld een uitzondering zijn. Waarom krijgen niet alle nieuwe moeders de tijd en de gelegenheid om na te denken over wat de zwangerschap en de geboorte van hun kind hun heeft geschonken en wat ze daarvoor hebben ingeleverd? Waarom wordt niet elk mensenkind verwelkomd met een tedere ceremonie ter bevestiging van zijn heiligheid? Ook in onze moderne wereld hebben we wel rituelen en ceremonies om deze momenten te vieren – denk aan babyshowers en naamgevingsceremonies – maar het lijken soms meer gewoontes te zijn geworden dan rituelen om stil te staan bij de ware betekenis van het moment.

DE FLAKKERENDE VLAM

Rituelen schuilen ook in kleine momenten en handelingen, vaak zonder dat we daarbij stilstaan, zoals dat je je schoenen uitdoet wanneer je iemands huis betreedt (behalve dan mijn moeder, die haar hoge hakken weigert uit te doen, WAAR dan ook, WANNEER dan ook). Dit doe je niet alleen om iemands lichte tapijt niet met modderschoenen te besmeuren, maar ook als teken van respect dat je de buitenwereld bij de deur achterlaat en niet ongevraagd met je mee naar binnen neemt. **Je bent je misschien niet bewust van de rituelen in het gewone en het alledaagse, maar ze zijn met ons leven verweven, als je er maar oog voor hebt.**

Denk maar eens terug aan de laatste keer dat je op een verjaardag was. Er zijn van die dingen die een verjaardag tot een verjaardag maken. Zoals een verjaardagstaart, bijvoorbeeld een laagjestaart waar de room en jam van afdruipt, die je als jarige aan iedereen uitdeelt als teken van gedeelde liefde, vreugde en dankbaarheid. En het uitblazen van de kaarsjes, waarbij elk kaarsje symbool staat voor een jaar van je leven hier op aarde. De flakkerende vlam vertegenwoordigt het licht dat je in je draagt. We denken daar niet meer bij na wanneer we onze kinderen alle lucht uit hun longen – en het spuug uit hun mond – over de verjaardagstaart zien blazen, maar die diepere betekenis ligt nog altijd verscholen onder de ingesleten gewoonten.

Ik ben in veel dingen best ouderwets en hecht bovenal aan goede manieren. Als iemand me een cadeautje geeft of wanneer ik bij iemand heb gelogeerd, stuur ik altijd een bedankbriefje. Het is niet alleen heerlijk om andere post dan rekeningen in de brievenbus te krijgen, maar je weet meteen dat je iets van rituele waarde in handen hebt. Zo'n briefje beschreven met inkt staat bol van dankbaarheid. Mijn woorden van dank mogen dan in de eerste plaats bestemd zijn voor degene aan wie ik mijn briefje richt, maar ik stuur ze daarmee ook het universum in. Ik maak mijn dankbaarheid aan het universum kenbaar.

Ook bij burgerlijke huwelijksceremonies worden bruidsboeketten over schouders geworpen en door troepjes opgewonden vrouwen opgevangen. Het aansnijden van de bruidstaart is niet bepaald een spannend gebeuren, maar wordt beloond met luidruchtig gejuich en vreugdevol geklap. De confetti wordt hoog in de lucht geworpen om als lentebloesem op het bruidspaar neer te dalen. Dit zijn allemaal overduidelijk rituelen, die weliswaar stand hebben gehouden maar vaak worden uitgevoerd omdat het er nu eenmaal bij hoort, zonder aandacht voor de diepere betekenis erachter.

Ik heb al heel wat bruiloften meegemaakt. In 2012 ben ik er bij negen geweest in elf maanden tijd en van die elf maanden was ik er zes zwanger, wat betekende dat ik het zonder gin moest stellen en wel vermoeide voeten had, maar zonder de wilde danspartijen. Ik heb met plezier naar heel wat confettiregens gekeken, maar er nooit bij stilgestaan wat de betekenis er nu eigenlijk van is. Het strooien met confetti dateert uit de middeleeuwen en vindt zijn oorsprong in Italië, waar op plaatselijke festivals met zoetigheden, eieren (ik snap waarom die zijn afgevallen voor het bruidstafereel), munten (au) en fruit werd gegooid. In 1875 begon een Italiaanse zakenman met de verkoop van papieren confetti, wat goedkoper was dan gesuikerde noten en suikergoed. Voordat deze papieren confetti in Groot-Brittannië werd geïntroduceerd, kregen pasgetrouwden bij ons een regen van rijst over zich heen gegooid, wat – zo stel ik me voor – geen onverdeeld genoegen zal zijn geweest. Maar wat er ook werd gegooid, het was bedoeld om de bruid en bruidegom voorspoed en geluk te wensen – de bruiloftsgasten strooiden letterlijk hun beste wensen over het bruidskoppel uit. De volgende keer dat ik op een bruiloft te gast ben en ik daar sta met een handvol gekleurd papier, zal ik op het moment van gooien aan liefde en geluk denken, in plaats van me zorgen te maken hoeveel confetti er in mijn haar is beland.

SPREKEN MET DE WERELD OM ONS HEEN

Op dit punt in de geschiedenis zien we ons geconfronteerd met verarmde oceanen, bedreigde dier- en plantensoorten en dor land waar ooit weelderige bossen waren. In onze onwetendheid richten we misschien wel de grootste schade aan met ons volslagen gebrek aan dankbaarheid voor wat de planeet ons te bieden heeft. We nemen en nemen en nemen zonder ooit moeite te doen om met het land en het leven om ons heen te communiceren. We hakken gedachteloos bomen om, vissen dag na dag de zeeën leeg en laten gebouwen verrijzen op heilige grond zonder daarvoor eerst toestemming te vragen. Thuis gebruiken we papier om te schrijven en te lezen zonder een gedachte te wijden aan de boom die dit mogelijk heeft gemaakt. We eten fruit van bomen ver weg zonder de planeet te bedanken voor het voortbrengen van een dergelijke pracht. We gaan op vakantie naar een nieuwe omgeving waar we ons kamp opslaan en ons vrijelijk denken te kunnen bewegen zonder eerst te communiceren met de grond die we met onze voeten treden. In het Westen lijkt de menselijke conditie te worden gekenmerkt door onwetendheid en superioriteit in onze relatie tot de planeet waarop we leven. We nemen onze planeet te veel voor lief. Ook ik maak me schuldig aan alle dingen die ik zojuist heb genoemd. Ik zeg geen dank voor het voedsel dat ik eet. Ik heb het meestal te druk met mijn kinderen zover krijgen dat ze tijdens het eten op hun stoel blijven zitten. Ik heb het land waarop ons huis is gebouwd geen toestemming gevraagd voordat we hier kwamen wonen. Ik heb in Dorset de deinende zee niet de vraag toegefluisterd of het goed is dat ik van haar golven geniet.

We zijn vergeten hoe we met de planeet waarop we leven moeten communiceren. Ik zeg vergeten, omdat de mens duizenden jaren lang wel het grootste respect had voor het land dat hij bewandelde. De elementen waren iets om dankbaar voor te zijn en te vrezen: elke bliksemschicht en elke overstroming werd beschouwd als een vorm van communicatie van Moeder Aarde of de spirituele wereld. Deze heilige taal wordt ook nu nog in veel culturen gedeeld tussen de mens en zijn omgeving. Op Bali worden offerandes achtergelaten voor de voorouders en de geesten van het land; deze in bladeren of rijstpapier verpakte geschenken worden *banten* genoemd. In Japan verzamelen zich duizenden mensen om de bloei van de kersenbomen te bewonderen. Deze jaarlijkse bloemenpracht wordt als heilig beschouwd en wordt gevierd met het kersenbloesemfestival, om eer te bewijzen aan het nieuwe leven en de vergankelijke schoonheid van de natuur. In Cambodja zijn waterzegeningen aan de orde van de dag en worden de elementen niet slechts geëerd, maar ook beschouwd als een heilige kracht. Bij tal van culturen die de aarde en haar bewoners eerbiedigen, zijn rituelen en ceremonies ook nu nog met het leven verweven: de Masai verwelkomen gasten op hun land met een springdans, de *adamu*; de Maori wrijven ter begroeting hun neuzen tegen elkaar, een generaties oud heilig gebruik dat *hongi* wordt genoemd; de Aboriginals heten niet-inheemsen die door hun land of door de Straat Torres moeten reizen van oudsher welkom en bieden hun een veilige doorgang.

Veel van deze gemeenschappen werden en worden in hun tradities bedreigd door de hebzucht van de westerse mens of door de hectische, dynamische, digitaliserende moderne wereld. We mogen dan breedbandverbindingen hebben en contactloos kunnen betalen om nog sneller te kunnen kopen wat ons hartje begeert, maar de spirituele prijs die we daarvoor betalen, is enorm. Verspreid over de wereld zijn er nog altijd talloze gemeenschappen die zich inzetten voor het behoud van het land waar hun voorouders zich duizenden jaren eerder hebben gevestigd en voor het behoud van hun gebruiken en tradities. Hun weerstand om zich te conformeren aan de moderne wereld met zijn wolkenkrabbers, asfalt, spanning en onthechting stuit veelal op diep onbegrip van de kant van degenen die hun heilige land nodig hebben om hun eigen plannen te realiseren of die bestaande traditie gewoonweg negeren. Ik zag onlangs een even schitterende als hartverscheurende documentaire op Disney Plus getiteld *Into the Canyon*. In deze documentaire trekken de makers Kevin Fedarko en Pete McBride door de Grand Canyon, waar ze ontmoetingen en gesprekken hebben met de inheemse bevolking van dit ravijnlandschap om de bedreiging waaraan hun land blootstaat onder de aandacht te helpen brengen. Ik was geschokt en zat af en toe briesend van woede te kijken hoe projectontwikkelaars hun plannen doorgedrukt probeerden te krijgen om een toeristische trekpleister te bouwen aan de rand van dit heilige ravijn. Het spreekt voor zich dat de plannen voor een winkelcentrum, restaurant en een in de roestkleurige rotsen uitgehouwen loopbrug door de inheemse gemeenschap met verdriet, zorg en vrees voor de toekomst worden begroet. Het was een overduidelijk voorbeeld van hoe de moderne wereld met zijn behoefte aan meer, meer, meer totaal voorbijgaat aan en nul respect heeft voor wat al duizenden jaren bestaat en floreert. Dit is een extreme en verpletterende illustratie van hoe onthecht we zijn van de grond onder onze voeten, maar dat betekent niet dat het voor ons te laat zou zijn om de aarde die ons dagelijks draagt eerbied te bewijzen.

HET GEWONE LATEN GLANZEN

Rituelen en ceremonies zijn een directe manier om te communiceren met de planeet waarop we leven en met het universum waarin die planeet zich beweegt, door gebruikmaking van offerandes, woorden en alomvattende dankbaarheid.

Als je religieus bent en regelmatig een gebedshuis betreedt, zul je vermoedelijk vertrouwd zijn met rituelen. Een gebedsdienst is een opeenvolging van betekenisvolle momenten en handelingen om de intentie te bevestigen. Omdat ik geen regelmatige bezoeker van gebedshuizen ben, mis ik die betekenisvolle invulling. Maar ik wil niet door het leven gaan zonder aandacht voor wie en wat ik dank verschuldigd ben. Ik wil de belangrijke momenten van mijn leven niet voorbij laten gaan zonder ze de dank te bewijzen die ze toekomt. Ik wil het alledaagse leven niet enkel beleven als een reeks handelingen die gedaan moeten worden, een lijst die afgewerkt moet worden. **Ik denk dat rituelen en ceremonies het gewone van mijn leven glans kunnen verlenen.**

Alex Bedoya, de oprichter van Be One Again, begeleidt mensen bij het ontwikkelen van verbondenheid en een gevoel van eenheid door middel van heilige rituelen. Dit is haar passie en haar levenswerk. Ze is oorspronkelijk afkomstig uit Ecuador, heeft een korte periode in het Amerikaanse bedrijfsleven gewerkt en woont tegenwoordig op een idyllisch plekje op het Engelse platteland, nadat ze over de hele wereld heeft gereisd om samen te werken met en te leren van inheemse volken. Een opname op de spoedafdeling van een New Yorks ziekenhuis was voor Alex de katalysator die haar de weg wees naar het spiritualisme. Alex fungeert als een doorgeefluik voor de boodschappen van de leden van de inheemse gemeenschappen met wie ze heeft samengewerkt, met hun toestemming en soms op hun verzoek. In een aantal van deze gemeenschappen heeft ze langere tijd gewoond om te leren hoe we ons met het heilige kunnen verbinden, een heiligheid die deze gemeenschappen met iedereen willen delen in de hoop daarmee de vrede in de wereld te bevorderen, de hebzucht te verminderen en het tempo te vertragen.

Ik: Alex, wat is een ritueel nou eigenlijk precies?

Alex: Voor mij zijn spiritualiteit en mijn dagelijkse leven één. Het is de dankbaarheid die ik ervaar voor al mijn zegeningen. Wandelen kan een ritueel zijn. Alles kan een ritueel zijn. De tijd die ik heb doorgebracht bij inheemse volken en hoeders van wijsheid, heeft mij geleerd dat spiritualiteit in wezen heel simpel is. **Het is een dagelijks gebed dat verweven is met je dagelijkse leven.** Het kan alles zijn wat je je maar kunt voorstellen en het staat niet los van jezelf. Ik beschouw een ritueel als een eerbetoon aan mijn relatie met de levende wereld om mij heen; het is mijn verbondenheid met de spirituele wereld, een dialoog met de natuur, een offergave, een erkenning van het heilige. Zelfs het bereiden van mijn ontbijt kan ik ritualiseren, door erbij stil te staan hoe waardevol het voedsel is voor mijn lichaam, door er de tijd voor te nemen, door me dankbaar te voelen voor alles wat ik ontvang. Bij een ritueel ken je waarde toe aan de betekenis achter de dingen waar je anders niet bij stilstaat.

Ik heb een tijdje in een gemeenschap van sjamanen gewoond, in Mexico, en alles wat ze doen, is geritualiseerd. Zo zijn ze verbonden met water, vuur en aarde. Het gaat om de relatie met de grond en Moeder Aarde, het gaat om geven en ontvangen. Dit trof me omdat ik inzag dat hoewel ik de kunst van het geven goed beheers, ik het moeilijk vind om te ontvangen. Zo kwam ik erachter dat ik niet in balans was. Ons bestaan in de moderne wereld is in een staat van disbalans, niet alleen wat betreft onze relatie met de natuur en met anderen, maar ook in onszelf.

Ik: Ook wereldwijd is er een disbalans. In de westerse wereld zien we de planeet als een onuitputtelijke hulpbron.

Alex: Ik heb veel inheemse mensen ontmoet uit verschillende delen van de wereld en uit verschillende gemeenschappen die in de loop der jaren allemaal in hun dromen en gebeden dezelfde boodschap hebben doorgekregen. Ze zijn allemaal tot het inzicht gekomen dat de tijd voor hen is aangebroken om naar buiten te treden en hun wijsheid, die voor ons verloren is gegaan, met ons te delen. Ze zien het als hun taak om ons ervan te doordringen hoe belangrijk het is dat we ons verbonden voelen met Moeder Aarde en alles wat leeft. Zij noemen ons 'hun jongere broers en zusters'. Om deze noodzakelijke wijsheid met ons te kunnen delen hebben veel van deze inheemse mensen hun thuis moeten verlaten. Voor sommigen van hen is dat thuis het Amazoneregenwoud – en deze ontworteling uit hun natuurlijke omgeving gedurende enkele jaren om hun kennis met ons te delen, is een pijnlijk proces geweest. Maar ze hebben het gedaan opdat we kunnen uitstralen wat zij ons hebben gebracht.

Ik: Dat is zo'n prachtige boodschap dat ik alleen maar kan bidden en hopen dat we er massaal gehoor aan geven. Anders kan het weleens te laat zijn. Veranderingen op grote schaal zijn complex, maar op individueel niveau is het interessant om ons bewust te worden van onze eigen innerlijke disbalans. En het is geweldig om te horen dat alles een ritueel kan zijn. Veel mensen denken misschien dat rituelen niets voor hen zijn, omdat ze het als iets esoterisch beschouwen, waar je misschien wel kristallen voor nodig hebt of andere speciale dingen. Maar jij zegt dat rituelen juist iets heel alledaags kunnen zijn. Moet een ritueel altijd een 'doe'-element hebben?

Alex: Bidden, mediteren, dat kunnen allebei rituelen zijn. Je hebt er geen speciale kennis of parafernalia voor nodig. Maar ook handelingen kunnen geritualiseerd worden. Wanneer je bijvoorbeeld een huis of appartement koopt, kun je er een overgangsritueel van maken door eer te bewijzen aan het belang van het moment en de juiste relatie aan te gaan met deze nieuwe situatie. Toen ik naar het platteland verhuisde, heb ik mij daarop voorbereid. Ik heb mezelf bekendgemaakt aan de waterloop van het dorp. Ik zei tegen de rivier: 'Ik wil hier deel van uitmaken.' Je moet toestemming vragen. Je zou ook niet zomaar bij iemand naar binnen lopen zonder je komst aan te kondigen, en vaak neem je dan ook een klein geschenk mee. Zo hoor je ook met de natuur om te gaan. In Mexico wordt de oceaan Haramara genoemd, wat Moeder Zee betekent, ze zien haar als een vrouw. In Brazilië is dat net zo; daar wordt ze beschouwd als een machtige zeegodin en Yemanja genoemd. Afhankelijk van het deel van de wereld verschilt de naam, maar overal zie je hetzelfde respect voor de natuur, waar in de vorm van offergaven uiting aan wordt gegeven. Je kunt als offergave bijvoorbeeld een bloem op de golven leggen.

Ik: Rituelen zijn dus een erkenning van onze relatie met de wereld om ons heen, en juist die relatie lijken we in de moderne wereld te zijn kwijtgeraakt. We hebben ons zo laten opslokken door de snelheid van het leven dat we geen tijd meer nemen om met dat leven te communiceren. Terwijl veel inheemse volken dat als vanzelf doen, zonder erbij na te denken. Het is een groot gemis dat wij in het Westen die verbondenheid niet langer voelen. Ik herinner me dat ik voordat ik als middentwintiger de Kilimanjaro beklom, de berg om toestemming heb gevraagd. Ik had in die tijd een aantal spirituele boeken gelezen die indruk op mij hadden gemaakt en daarom leek dat me wel een goed idee. Toen ik daar zo aan de voet van de berg stond, voelde ik me nietig en wist ik dat ik de steun van de berg zelf nodig had voor mijn beklimming. Onderweg werd ik ziek en moest ik het bijna opgeven, maar op de een of andere manier gaf de berg me de ruimte en de tijd om te herstellen, waarna ik verder kon en de top heb bereikt. Ik ben zo blij dat ik die dialoog met de berg heb gevoerd.

Alex: Wanneer je met stamoudsten of hoeders van wijsheid spreekt, zullen ze je vertellen dat een berg een van de heiligste vormen van leven is. Door iets te offeren erken je die heiligheid en verbind je je ermee. Alles is energie.

Toen ik in de Peruaanse Amazone was, vroeg ik het regenwoud ook om steun en ik kreeg precies wat ik nodig had om te helen. Een van de belangrijkste dingen voor ons om te begrijpen met betrekking tot onze kijk op en onze relatie tot de natuur is dat we deel uitmaken van dit grote ecosysteem en dat het een eer is om verbonden te zijn met Moeder Natuur. En we zullen daarbij moeten onderkennen dat dat alles veel meer omvat dan alleen wij en dat het er niet om gaat dat wij onze wil aan de levende wereld opleggen, maar wat wij van die levende wereld kunnen leren; het is een dynamische uitwisseling. Kunnen we geloven dat de natuur tegen ons kan praten? Voor kinderen lijkt dat geen probleem te zijn.

Ik: Kun je me wat meer vertellen over je tijd in Mexico, bij stamoudsten en Mexicaanse grootmoeders?

Alex: Ik heb bijna een jaar in Mexico gewoond, waar ik naartoe was gegaan om van mijn endometriose te genezen. Uiteindelijk bracht ik negen maanden door bij sjamanen en stamoudsten, en draaide mijn bestaan om ceremonies, rondom het vuur zitten en verbinding creëren door gebed. Ik kwam tot het besef dat ik onthecht was van mezelf en mijn ware essentie; ik begon in te zien dat mijn ziekte een symptoom was van die onthechting van mijn emotionele lichaam. En weet je dat ik na die maanden daar mijn lichaam heb kunnen helen? Ik moest weer vertrouwen hebben in mijn lichaam en afdalen in mijn eigen schaduwkanten – in die aspecten van mezelf waar ik liever van wegkijk en waar ik liever niet de confrontatie mee aanga.

Deel uitmaken van de natuur en van ceremonies, zitten rondom een vuur in verbondenheid met het vuur, heeft me leren begrijpen dat we in een hemel op aarde leven. Kinderen beseffen dit beter en zijn beter in staat in het moment en in vreugde te leven.

Tijdens mijn laatste bezoek aan Mexico viel mij op hoe vreugdevol de grootmoeders – de stamoudsten of medicijnvrouwen – waren, hoeveel natuurlijke, brutale vrolijkheid ze uitstraalden. Ik had mijn spirituele weg altijd zo serieus bewandeld, en zij waren zo vol van leven. Ze leerden mij om van de wereld om me heen te houden én van mezelf. Ik leerde een vijfenzeventigjarige grootmoeder kennen die een van de vitaalste en sensueelste vrouwen was die ik ooit had ontmoet. Ze wreef zich dagelijks in met een mengsel van honing en rozenblaadjes. Ze zei dat we als mensen allemaal aangeraakt willen worden en dat ons lichaam dat verlangen tot uitdrukking brengt. Het lichaam insmeren met dit honingmengsel is een manier om tegemoet te komen aan ons verlangen naar sensualiteit, een manier om verliefd te worden op onze huid, op ons eigen lichaam. De huid absorbeert de voedingsstoffen en de liefde. Ze was vol vertrouwen in het geschenk van de liefde en stelde zich er volledig voor open door zich over te geven aan dit sensuele ritueel. Ik vond het enorm inspirerend! Ze was heel helder over hoe belangrijk het is om me verbonden te voelen met mijn huid, met mijn vrouwelijkheid. Deze vrouwen hebben me geleerd dat je je door je hart moet laten leiden, als een vanzelfsprekendheid – niet als idee, maar als een manier van leven. Ik heb van hen geleerd wat de twee dingen zijn die we in het leven bovenal nodig hebben: vreugde en vitaliteit. Vreugde kan een ritueel zijn.

Ik: Hoe maak je van vreugde een ritueel?

Alex: Als het om vreugde gaat, moeten we de aansluiting zoeken bij ons innerlijke kind. Ons innerlijke kind kent onze verlangens. Het weet wat jou vreugde schenkt, of dat nu twee bolletjes ijs zijn of iets anders.

Ik: In de moderne wereld vervallen we algauw in de slechte gewoonte om negatief te denken en haastig te leven. Is er discipline voor nodig om rituelen in je dag te integreren?

Alex: Ja, dat denk ik wel. Om ons goed in ons fysieke lichaam te voelen doen we aan yoga of we lopen hard; we moeten iets dergelijks ook voor ons mentale lichaam doen. Onze gedachten willen altijd teruggrijpen naar het verleden of vooruithollen naar de toekomst. Rituelen kunnen ons helpen in het heden te zijn. Ik moet elke dag mediteren en ik heb de discipline om dat te doen, maar dat kan voor jou heel anders zijn. Het kan ook koken zijn of een wandeling in de natuur. Het moet een gezonde dagelijkse gewoonte zijn. Het gaat niet om de activiteit zelf, maar om de aandacht waarmee je het doet. Tijdens mijn laatste verblijf in Mexico heb ik veel geleerd over het fysieke lichaam en het gebruik van rituelen om ons ervan bewust te zijn en het te eren. Vaak staan we puur in de overlevingsstand. Door de tijd te nemen om echt aandacht aan ons lichaam te schenken en door dit speciaal te maken met gebruikmaking van een ritueel, sturen we energie naar ons fysieke lichaam en de boodschap: 'Mijn lieve lichaam, ik houd van je, we zijn veilig, we zijn beschermd.'

Ik: Ik voelde me zo verbonden met mijn fysieke lichaam toen ik onlangs in Dorset was. Ik zwom elke dag in de ijskoude zee en gaf mijn lichaam alle ruimte om zich op natuurlijke wijze aan de kou aan te passen, door mijn mentale zelf zich er niet mee te laten bemoeien en paniek te veroorzaken. Het was bevrijdend.

Alex: Ja, zwemmen in zee kan een prachtig ritueel zijn. Wanneer je je door het water beweegt, ervaart je lichaam een gevoel van vrijheid. Je laat je lichaam weten: 'Ik leef.' Ons lichaam bestaat voor ongeveer zestig procent uit water, en dat verenig je dan in feite weer met het water rondom je.

Ik: Waar kunnen we beginnen om ceremonies een plaats te geven in ons dagelijkse leven? En dan bedoel ik niet de ceremonies waar we vertrouwd mee zijn, zoals verjaardagen, maar echt alledaagse dingen.

Alex: Intentie is altijd een goed begin. Intentie is de dingen bewust en met aandacht doen. Door het alledaagse intentie te verlenen kunnen we de eenvoudigste handeling tot een kleine ceremonie transformeren. We kunnen meer tijd nemen voor de maaltijd en er een ceremonie van maken. We kunnen met de intentie van dankbaarheid kijken naar alles wat we hebben: dankbaarheid voor ons levende lichaam, dankbaarheid voor het voedsel en voor de plek waar het vandaan komt, dankbaarheid voor de kinderen in ons leven die de magie ervan voor ons behouden. Als we kinderen vragen om te helpen ceremonies in ons dagelijkse leven te introduceren, zal dat de prachtigste momenten opleveren. We moeten de wereld weer in al zijn levendigheid leren zien. Inheemse mensen leven een leven dat begint en eindigt met ceremonie, in verbondenheid met de seizoenen, met de maancycli, met de dieren om hen heen, met hun doden, door eenvoudigweg te luisteren, te voelen, te zijn.

Ik: Hoe kunnen we rituelen integreren in onze relatie met andere mensen?

Alex: Ik doe dat in eerste instantie door de mensen met wie ik een relatie onderhoud in mijn meditaties en gebeden te betrekken. Ik visualiseer altijd mijn ouders – die helaas zijn overleden. Elke ochtend steek ik voor hen beiden een kaarsje aan, en in gedachten ervaar ik hun aanwezigheid. Dat is mijn manier om hen en mijn voorouders te eren, een dagelijks ritueel van liefde en herinnering.

Wanneer ik een maaltijd bereid, bid ik bij het hanteren van de ingrediënten en vraag ik om gezondheid en voorspoed. Het gaat allemaal om intentie, om de doelbewustheid waarmee we dingen doen. Je kunt er bijvoorbeeld voor kiezen om met een maaltijd je liefde voor elkaar te vieren, waardoor elke stap van dat proces een uitdrukking wordt van de zorg en aandacht die je voor elkaar hebt.

Wanneer mijn geliefden en vrienden samen zijn, wordt de maaltijd een ritueel. We zijn ons bewust van het moment en van wat we delen, en we zetten de gelegenheid luister bij op een manier die bij ons past. Het is een scheppend gebeuren. Het hoeft niet groots te zijn – waar het om gaat, is dat het voor jou van betekenis is. Je bent vrij om er je eigen ding van te maken.

Een boswandeling kan een familieritueel worden: je kunt wat zaadjes meenemen om als offergave bij een boom achter te laten, je kunt de wind je naam toefluisteren, je kunt in stilte door het bos wandelen en naar de vogels luisteren, je kunt je ogen sluiten en de zon op je huid voelen. Deel wat je ervaart.

Zou je samen met mij een ritueel willen doen?

Ik: Eh, JA!!! Dolgraag.

Alex: Oké, dan vraag ik je om twee brieven te schrijven. De eerste brief is een brief aan jezelf, waarin je al je zelfbeperkende overtuigingen voor jezelf op een rijtje zet. Schrijf alles op waarvan je weet dat het je blokkeert in wie je bent. De tweede brief is een brief aan het universum. Stel jezelf voor en schrijf op wat je intentie is met betrekking tot je boek. Schrijf over je plan om met je boek mensen te leren hun hart te openen. Dan spreken we elkaar over een week weer en dan vertel ik je wat de volgende stap is.

* * *

Als braafste meisje van de klas heb ik binnen een halfuur nadat Alex me deze opdracht heeft gegeven beide brieven al af.

De eerste, aan mezelf, was makkelijk. Ik ben door en door vertrouwd met al mijn zelfbeperkende overtuigingen omdat het de gedachten zijn die me voortdurend plagen wanneer de dingen goed gaan of wanneer er een overvloed aan liefde of ervaringen aan de horizon gloort. Zoals ik eerder al schreef, vind ik het moeilijk om te geloven dat ik het verdien dat het goed met me gaat. Ik denk dan dat ik niet hard genoeg mijn best heb gedaan, me niet hard genoeg heb ingezet of gewoon niet 'goed genoeg' ben als persoon, wat dat ook mag betekenen. Deze brief rolde mijn pen uit.

Het schrijven van de tweede brief was een mildere taak. Ik merkte dat het me kracht schonk om mijn intentie aan het universum te verkondigen en ik vroeg me stilletjes af waarom ik dat eigenlijk nooit eerder had gedaan. Ik heb bij perioden wel een dagboek bijgehouden, waarin ik hele pagina's volschreef, maar dat was meer een gesprek met mezelf. Het voelde volslagen anders om me tot het universum te richten, het stemde me nederig. Ik weet wat ik met mijn werk wil bereiken: verbinding. Op dit punt in mijn leven is dat kristalhelder. Ik wil me deel voelen van iets wat groter is dan ik en ik wil die verbondenheid ook voor anderen bereikbaar maken. Ik wil mensen helpen hun eigen betekenis en waarde in deze wereld te ontdekken, zoals ik mijn betekenis en waarde aan het ontdekken ben. Sinds ik een paar jaar geleden Happy Place heb opgericht, heb ik niet alleen díé bal aan het rollen gebracht, maar is ook voor mij persoonlijk een helingsproces begonnen. Ik heb nu bijna een punt bereikt waarop ik weet welke taak er voor mij is weggelegd en dat schenkt me zelfvertrouwen en heeft me mijn eigen waarde laten inzien. Ik vond het een prettige uitdaging om een brief aan het universum te schrijven. Om mijn respect te tonen heb ik zelfs zo netjes mogelijk proberen te schrijven. Het voelde alsof elke letter die ik aan het papier toevertrouwde van magie vervuld was.

Mijn brief aan het universum:

Lief universum,

Mijn naam is Fearne Cotton. Ik ben een vrouw van veertig jaar en ik hoop van het leven te blijven leren en het ten volle te blijven ontdekken.

In de eerste plaats wil ik je danken voor de ruimte die je me hebt gegeven om dit boek te schrijven. Ik ben elke keer weer blij verrast wanneer er een nieuwe, wijze ziel mijn leven binnenstapt en bereid is zijn of haar verhalen met mij te delen. Dank je wel dat je hen op mijn pad hebt gebracht. Het schrijven van dit boek is een weldaad en een louterende en levensveranderende ervaring voor mij geweest, en ik zou dolgraag willen dat iedereen die dit boek koopt en leest datzelfde ervaart. Ik zou willen dat elke lezer zich al lezend onderdompelt in de wijsheid die de uitzonderlijke mensen in dit boek met ons hebben willen delen, dat hun leven er ten goede door verandert. Ik hoop dat dit boek troost, rust en bovenal verbondenheid schenkt. Ik wil dat lezers weten dat ze hun oude verhalen en zelfbeperkende overtuigingen kunnen loslaten om lichter en zonniger voorwaarts te kunnen in het leven, met een hart dat straalt en een ziel die zich gevoed en veilig weet.

Ik wil met dit boek een brug slaan tussen mensen en hun zogenaamde verschillen. Ik wil dat eigenheid wordt gewaardeerd en niet wordt gebruikt om mensen uit elkaar te drijven. Ik wil dat we ons richten op liefde en hoop in plaats van op angst en doemdenken die zo vaak de boventoon voeren. Ik hoop dat dit boek een hart onder de riem zal zijn voor mensen die worstelen, die pijn lijden, die leed te verwerken hebben. Ik heb nu al zo veel geleerd van dit boek en ik ben eindelijk in staat om ook de laatste naweeën van PTSS achter me te laten, onderweg naar een nieuwe, lichtere, vrijere staat van zijn. Ik hoop zo dat de lezers van dit boek hetzelfde zullen ervaren. Ik hoop dat het hen helpt zich weer heel te voelen of dat het hen kan helpen anderen die hen dierbaar zijn zich weer heel te laten voelen. Ik zal met hart en ziel aan dit boek blijven werken, zonder me druk te maken over het oordeel of de negatieve mening van anderen, want daarvoor is dit boek niet bedoeld.

Dank je wel voor de tijd en de ruimte.

Met nederige dank,

Fearne

Ik ben nog niet klaar of ik stuur Alex een berichtje om haar te laten weten dat ik mijn opdracht al af heb en om een datum voor de ceremonie af te spreken.

VERBRANDEN EN BEGRAVEN

Ik zit te kijken naar het namaakgras in mijn tuin en vervloek mezelf dat ik de aarde onder mijn voeten nooit om toestemming heb gevraagd om het karige echte gras dat hier groeide een paar jaar geleden te vervangen door kunstgras. Hoe heb ik zo arrogant kunnen zijn om helemaal niet aan het land te denken? Ik vraag me af of het iets aan een ritueel afdoet als je het op kunstgras uitvoert. Maar veel tijd om me daar druk over te maken heb ik niet omdat mijn allereerste ceremonie van start gaat. Alex heeft de meest rustgevende stem die je ooit hebt gehoord. Haar stem is vederlicht en honingzoet en stemt me meteen kalm. Alex draagt me op om mijn ogen te sluiten en diep in en uit te ademen. Vervolgens moet ik mezelf opnieuw aan het universum voorstellen, deze keer hardop. Onze tuin grenst aan een appartementencomplex, dus ik spreek zachtjes om niet te veel de aandacht of mogelijke toeschouwers te trekken. Dan krijg ik de opdracht om de brief die ik aan mezelf heb geschreven in mijn handen te nemen en ermee over mijn hoofd te strijken. Op die manier veeg ik mezelf schoon van al mijn zelfbeperkende gedachten, verdrijf ik ze uit mijn fysieke lichaam en verplaats ik hun negatieve energie naar de brief.

Ik neem er de tijd voor om de gedachten en uitspraken die ik mezelf zo vaak voorhoud te verjagen en ik stel me voor hoe ze hun toevlucht zoeken in de vezels van het papier van de brief. Alex instrueert me om op mijn gevoel de brief te leiden naar andere delen van mijn lichaam, waar zich spanning of zelfbeperkende overtuigingen bevinden. Mijn keel begint te branden; ik verplaats de brief naar mijn hals. Alle woorden die ik nooit hardop heb gezegd wanneer mensen me kleineerden en die daarmee mijn eigen zelfbeperkende overtuigingen bevestigden. Ik slik en voel een bal van vuur in mijn keel rondtollen, die begint te slinken zodra ik met de brief langs mijn keel strijk. Mijn nek en rechterschouder voelen vandaag als een blok beton, dus het is duidelijk dat zich daar ook de nodige zelfbeperking schuilhoudt. Ik strijk met de brief over mijn huid om de door zelfkritiek veroorzaakte stress en spanning weg te nemen.

Dan is mijn buik aan de beurt, een plek waar voor mij veel emotie zit; misschien ook voor jou? Het is een zacht deel van mijn lichaam dat privé voelt en een beetje kwetsbaar. Ik houd er helemaal niet van dat mensen me daar aanraken, dus ik denk dat het goed is om me vandaag ook op dat gebied te concentreren. Ik beweeg de brief over de zachtheid van mijn buik en verzamel zo de oude verhalen. De vlak daaronder gelegen baarmoeder verdient ook aandacht: het goddelijke vrouwelijke dat zo veel kracht en beweging in zich draagt, de maandelijkse cyclus die de pijn, de ontlading en de voortzetting van het leven symboliseert. Deze volledige bodyscan duurt misschien twintig à dertig minuten. Tijd lijkt op dit moment niet van belang.

Een afgestreken lucifer en binnen enkele seconden gaat de brief, samen met de negatieve energieën die mijn lichaam hebben verlaten, in vlammen op. Vuur voelt spannend. Zo vaak gebeurt het niet dat ik iets vlam laat vatten. Hooguit een geurkaars. Maar dit doe ik met de intentie om het echt tot as te laten verbranden, en dat voelt anders. Ik zit met een grijns op mijn gezicht naar de flakkerende vlam te kijken, erop lettend dat ik niet mijn vingers brand, terwijl ik met mijn andere hand een bakje vasthoudt om de as op te vangen. De geur doet me denken aan de vreugdevuren die we maakten in onze achtertuin, vroeger in Eastcote. Mijn vader maakte dan een brandstapel van stukken hout die hij over had van zijn werk, met kranten eronder, en dan keken we naar de vlammen die hoog boven ons uit rezen. Door de geurherinnering voel ik me weer zoals ik me voelde toen ik een jaar of elf was. Ik kan de onschuld en de opwinding van het leven op die leeftijd bijna weer voelen. Vaarwel oude verhalen en overtuigingen, ik ben klaar met jullie. Alex vertelt me op zoek te gaan naar een plekje in de tuin waar ik wat aarde kan weggraven. Met een minituinschepje van de kinderen graaf ik een kuiltje waarin ik de as van de brief uitstrooi. Vervolgens dek ik het kuiltje met verse aarde toe en giet er wat water overheen, zoals Alex me gevraagd heeft te doen.

Tot besluit leg ik een offergave neer. Ik heb vier helderrode bloemen bij me die ik speciaal hiervoor heb uitgekozen. Over de bloemen sprenkel ik een beetje cacaopoeder, dat volgens Alex symbool staat voor de zoetheid van het leven. Ze vertelt me dat de as samen met de verhalen door de aarde zullen worden geabsorbeerd: het einde van een hoofdstuk, het begin van iets nieuws. Ik voel me meteen al lichter.

Voor het ritueel met de tweede brief moet ik wachten tot de eerstvolgende keer dat ik aan dit boek ga schrijven. Ik moet de brief waarin ik mijn intenties aan het universum kenbaar heb gemaakt dan onder een witte kaars leggen. Elke keer wanneer ik ga schrijven, moet ik deze kaars aansteken zodat het licht ervan mijn intenties kan binnendringen en tot leven kan wekken. Is dat niet prachtig? Waarom heb ik tot nu toe alleen op sterke koffie en koekjes vertrouwd als hulpmiddelen om te schrijven? Dit klinkt als een bijzonder mooie manier om elke schrijfsessie mee te beginnen en te eindigen.

De volgende ochtend, na alle drukte van het naar school brengen van de kinderen, ga ik aan de keukentafel zitten en open ik mijn laptop. Naast me staat een witte kaars, boven op mijn brief aan het universum, te wachten tot hij zijn licht kan laten schijnen. Ik strijk een lucifer af en dank het universum voor de mogelijkheid dit boek te schrijven, een boek dat hopelijk anderen kan helpen en dat mij heeft geholpen me weer heel te voelen op een manier zoals ik me eerder niet had kunnen voorstellen. Jij kunt hetzelfde doen met wat voor werk of plannen dan ook waar je mee bezig bent. Volg daarvoor de instructies van Alex: schrijf je intenties op en plaats het papier onder een kaars, zodat het licht ervan je intenties doet oplichten.

Ik heb gemerkt dat ik de afgelopen dagen het leven en mijn eigen plaats daarin bewuster ervaar. Zo kwamen er boomchirurgen bij ons langs met touwen en zagen om een woeste conifeer achter in onze tuin te snoeien. Normaal gesproken zou ik in de weer gaan om thee te zetten en koekjes te presenteren en ervoor te zorgen dat de boomchirurgen van alle gemakken waren voorzien, maar deze keer gaat mijn eerste aandacht uit naar de boom zelf. Ik vergeet niet om de jongens die het werk doen een kop goed sterke thee te geven, maar pas nadat ik de boom heb gevraagd of het goed is dat ze met hem aan de gang gaan en ik heb uitgelegd dat het terugsnoeien juist goed is voor de groei. Er volgde geen antwoord en dat was ook niet echt nodig; het ging er meer om dat ik op dat moment de natuur het respect en de nederigheid betoonde waar ik eerder nooit bij had stilgestaan.

EEN NIEUWE TAAL

Wanneer ik schrijf, probeer ik te beginnen zodra de kinderen naar school zijn en ik werk door tot ik een houten kont heb. Wanneer ik geen verschil meer voel tussen mijn billen en mijn stoel, ga ik een stuk wandelen. Ik heb het geluk dat ik vlak bij een groot park woon, met overal grasvelden, bomen en struiken, halsbandparkieten en weelderige varens. Normaal gesproken zet ik een koptelefoon op en luister ik naar een podcast of wat muziek terwijl ik weer leven in mijn benen en billen loop. Maar vandaag heb ik dat niet gedaan. Ik heb om me heen gekeken, en dan bedoel ik écht om me heen. Ik keek met verwondering langs de bomen omhoog en ik had oog voor de kleine details van hun bast, ik moest glimlachen wanneer er boven me iets groens door de lucht flitste, en ik dankte de grond die me droeg. Gewoonlijk ben ik me van deze dingen hooguit op de achtergrond bewust en ben ik in gedachten vooral bezig met waar ik naar luister, maar vandaag richtte ik mijn aandacht op de schoonheid om me heen. Ik stelde me nederig op tegenover de natuurlijke, altijd veranderende omgeving en sprak mijn dankbaarheid hardop uit.

Ik ben altijd dankbaar geweest voor de aanwezigheid van het park, maar ik heb dit nooit eerder naar het universum toe tot uitdrukking gebracht. Deze nieuwe dialoog voelde volslagen natuurlijk, alsof ik van het ene op het andere moment een nieuwe taal beheerste. En ik heb gemerkt dat het voorkomt dat zich negatieve gedachten op de voorgrond dringen. Wanneer ik normaal gesproken door het park ronddool, beginnen ook mijn gedachten vaak te dwalen. En dan kunnen ze zomaar terug dwalen naar een moment in de tijd waar ik helemaal niet aan wil terugdenken: iets waar ik spijt van heb, wat ik verkeerd heb gedaan, waar ik kansen onbenut heb gelaten. Ik kan dan zo een wandeling van een uur verspillen met het overpeinzen van iets waar ik niets meer aan kan veranderen. Mijn wandeling van vandaag voelde meer als een ritueel – een doel, een intentie en een dialoog met de grond onder mijn voeten. Ik was in het moment en voelde blijdschap door enkel en alleen te kijken en te ervaren.

We weten allemaal dat een gevoel van tekortschieten je een gevaarlijke kant op kan drijven. Wanneer ik terugdenk aan een verdrietig of spijtig moment, ligt een gevoel dat ik tekort ben geschoten in wijsheid of gezond verstand algauw op de loer en vanaf daar is het maar een kleine stap naar zelfverachting. Op momenten waarop we onszelf verachten, zijn we eerder geneigd te doen en te reageren dan niets te doen en de dingen te laten bezinken. Zelfverachting tast onze buitenste laag van positiviteit en hoop aan, waardoor we eerder getriggerd worden door wat er op ons afkomt. De pijn die dat veroorzaakt, proberen we te verdoven, bijvoorbeeld door gedachteloos en zonder plezier te eten, dingen te kopen die we niet nodig hebben of naar anderen uit te halen, om de eigen innerlijke spanning te verminderen. Wanneer we wandelen met een intentie en onze gedachten dwingen om zich alleen te richten op dankbaarheid voor hoe de natuur zich aan ons toont, krijgen negatieve gedachten en gedachteloze reacties minder kans om zich te laten gelden. Vandaag heb ik mezelf na mijn wandeling niet kunnen betrappen op zinloze aankopen, het eten van chocolade en boos worden op mijn man. Win-win.

Van welke dagelijkse momenten kun jij een ritueel maken? Welke ceremonie of mindfulle bezigheid kan jou helpen om meer in het moment te zijn en voorkomen dat je in een neerwaartse spiraal belandt van zelftwijfel en zelfverachting? Ga naar buiten en zoek de natuur op om je tot de schoonheid van Moeder Aarde te richten en ga een dialoog aan die je ziel zal verrijken. **Leer door ceremonies de taal van zelfliefde**.

MEDIUMS EN INTUÏTIE

Zou het cynisme waarmee paranormaal begaafden en helderzienden soms worden bejegend niet te maken hebben met het feit dat we zo vastzitten in het idee dat tijd lineair is? Ik wil niet beweren dat ik enige kennis heb van of inzicht heb in hoe we onze geest zouden kunnen verruimen om buiten de beperkingen van de tijd zoals wij die kennen te kijken; dergelijke natuurkundige kwesties gaan mijn denkvermogen ver te boven, maar ik vind het een mooie gedachte dat denken buiten de vaste tijdkaders ons meer in contact brengt met onze intuïtie.

Bij dit onderwerp denk je misschien aan een stripfiguurachtige waarzegger die met behulp van een kristallen bol in de toekomst schouwt om te waarschuwen voor potentiële dreigingen of rampen. Maar het kan ook zijn dat je zelf kunt verhalen over onverklaarbare gebeurtenissen die te uitzonderlijk zijn om als toeval te kunnen worden bestempeld. Sommigen spreken van een onderbuikgevoel of intuïtie, anderen van paranormale begaafdheid, maar welke naam het ook krijgt en in welke mate het ook wordt ervaren, vaak voelt het alsof er iets veel groters in het spel is. Ik heb geen idee hoe dit gevoelsmatige weten naar binnen sluipt of waar het vandaan komt, maar het intrigeert me enorm. Laat ik beginnen met mijn eigen verhalen.

RIVIERALARM

We kennen allemaal wel van die momenten waarop je aan een vriend denkt en dat die vriend je dan vervolgens onverwacht opbelt of dat je een liedje begint te neuriën vlak voordat het op de radio wordt gedraaid. Is dat toeval of heb je dan een signaal opgepikt? Misschien heb je weleens een intuïtieve droom gehad waarin toekomstige gebeurtenissen worden voorspeld of visioenen die wijzen op mogelijke toekomstige kansen. Soms is het niet meer dan een gevoel, zonder beelden of geluid, maar zeker zo aangrijpend. Ik heb ook zo'n soort gevoel ervaren, dat ik tot op de dag van vandaag niet kan verklaren en dat me nu nog rillingen bezorgt.

Het was een regenachtige voorjaarsochtend en mijn man was weg op tour. Rex was een peuter met rode wangen en Honey was nog maar een baby'tje met een bos helderrood haar. Ik vond het vaak best een uitdaging wanneer Jesse er in het weekend niet was, met twee kleine kinderen, en daarom probeerde ik altijd plannen te hebben voor zo'n weekend, om dingen te doen of mensen te zien. De dag beginnen met naar buiten gaan had als extra voordeel dat ik al één ding van mijn to-dolijst kon afvinken: frisse lucht. We wonen niet ver van de Theems, dus ik had bedacht dat het wel leuk zou zijn om een stukje langs de rivier te lopen en op te zoek te gaan naar watervogels. Toen we de rivier bijna hadden bereikt, werd ik overvallen door een uiterst onbehaaglijk gevoel. Het kwam vanuit het niets, maar mijn nekspieren spanden zich direct en ik voelde de angst in mijn botten. Ik hield het knuistje van Rex stevig vast en met mijn andere hand klemde ik de handgreep van de buggy beet alsof mijn leven ervan afhing. Terwijl we verder liepen en keken of we misschien wilde eenden en zwanen konden ontdekken, nam mijn onbehagen alleen maar toe. Ik had geen beeld in mijn hoofd en ik hoorde geen waarschuwende stem, maar ik voorvoelde dat er iemand in het water zou vallen en ik hoopte en bad dat het niet een van ons zou zijn.

Terwijl ik Rex zo stevig bij zijn kleine, mollige vingertjes vasthield dat mijn handen bloedeloos waren, naderden we een café, dat als een oase opdoemde. Ik kon deze pitstop wel gebruiken om mezelf weer enigszins bij elkaar te rapen. Wanneer ik door angst word overspoeld, verval ik in zelfpijniging. Ik neem het mezelf kwalijk dat ik me zo laat gaan, en vind mezelf belachelijk dat ik de kleinste verandering of een beetje extra verantwoordelijkheid niet aankan. Maar de angst dat er iemand in het water zou vallen, liet zich niet bedwingen en zwol aan zodat mijn hoofd begon te bonzen. We hadden net de helling bereikt waarlangs ik de buggy omhoog kon duwen naar het café toen ik een kreet en gekletter hoorde. Ik draaide me om en zag hoe zich als in slow motion een tafereel ontvouwde. Te midden van alle beweging links van me bleven mijn ogen hangen aan een vrouw in een rolstoel die een steile trap af denderde, richting het water. Normaal gesproken is dit een vredig plekje, waar 's middags toeristen rustig in de rij staan te wachten om een roeiboot te huren, maar nu transformeerde die trap zich tot een verschrikking.

Met open mond en uitpuilende ogen keek ik vol afschuw toe. Als aan de grond genageld zag ik haar partner achter haar aan rennen in een poging de naderende ramp af te wenden. Als ik eraan terugdenk, wordt het me weer koud om het hart. Ze viel in het water, maar nog geen nanoseconde later werd ze al vastgepakt door haar partner, die achter haar aan in de diepe Theems was gedoken. Hij trok haar mee naar de trap, terwijl andere voorbijgangers, niet gehinderd door jonge kinderen en een buggy, hielpen de rolstoel uit het water te vissen en zorg te verlenen aan de arme vrouw. De vrouw en haar partner zaten daar drijfnat en in shock op de trap langzaam bij te komen van wat hun zo plotseling, in een oogwenk, was overkomen.

Ik stond daar met een dichtgeknepen keel te slikken en met mijn ogen te knipperen omdat ik gewoon niet kon geloven wat ik zojuist had gezien. Hoe was het mogelijk dat ik dit had voelen aankomen, tien minuten voordat er ook maar iets was gebeurd? Een bizarre gebeurtenis die aantoont hoe volslagen onberekenbaar en onbeheersbaar het leven is. Er zijn te veel variabelen om in dit geval van toeval te kunnen spreken. Ik voelde me aangeslagen, maar ook enorm opgelucht dat de vrouw en de man er met de schrik van af waren gekomen.

AFSTEMMING

Hoe akelig het ook was om getuige te zijn van deze gebeurtenis, het schonk me de hoop dat we allemaal in staat zijn af te stemmen op gebeurtenissen in de toekomst en dit kunnen gebruiken om ons te helpen om te blijven groeien en te leren. Er zijn van die ongelooflijke mensen die volkomen op de frequentie van het universum zijn afgestemd en hun vermogens gebruiken om anderen te helpen. Mijn man spreekt regelmatig met een helderziende om contact te maken met zijn overleden moeder Krissy. De dood van zijn moeder was een traumatische schok voor Jesse. Een onbedoelde overdosis drugs heeft een einde gemaakt aan haar leven zonder dat hij de tijd heeft gehad om zich op dit verlies voor te bereiden. Jesse en zijn moeder waren ongelooflijk hecht. Ze leefden met z'n tweeën in een flat in Zuidwest-Londen. Ze waren altijd samen, als een twee-eenheid koersten ze door het leven. Jesse kon zich er niet overheen zetten dat hij geen afscheid van haar heeft kunnen nemen. Dat hij nu toch een soort verbinding en communicatie met haar heeft, is voor hem dan ook enorm helend en troostrijk.

Een van mijn vrienden, een heel lieve en gulle vriend, houdt wel van een beetje 'alternatieve therapie' en heeft me meer dan eens een sessie cadeau gedaan met een medium over wie hij hoog opgaf. De eerste keer dat hij zo'n sessie voor mij had geregeld, kreeg ik te horen dat ik een nummer moest bellen en me moest openstellen voor wat er daarna zou gebeuren. De telefoon ging over met een wat doffe, langgerekte toon, een bevestiging dat ik naar iemand ver weg belde die geen idee had wie ik was. Degene aan de andere kant van de lijn wist op dat moment nog niet eens mijn naam of wat dan ook; mijn vriend had een anonieme afspraak geregeld.

De zachte stem met een Amerikaans accent vroeg me mijn naam, geboortedatum en geboorteplaats te noemen. Meer niet. Dat was voldoende voor haar om drie kwartier lang akelig accuraat over mijn leven uit te weiden. Misschien dat je dit allemaal maar niks vindt en met je ogen zit te rollen. Misschien vind je het wel zo'n onnodige verkwisting dat je je ogen zo ver hebt weggerold dat je pupillen de andere kant op kijken. Het was inderdaad een verwennerij, maar wanneer zulke sessies als extravagant worden beschouwd, komt dat puur omdat het niet de norm is. Het is de norm om in het weekend hopen geld uit te geven aan alcohol, zoals het ook volkomen geaccepteerd is om tassen vol goedkope kleding te kopen die je maar één keer draagt. Het gaat er maar net om hoe je het bekijkt, denk ik dan.

Overdadige luxe of niet, ik vond het geweldig. Ik maakte in hoog tempo aantekeningen en zat te knikken met een grijns van oor tot oor op mijn gezicht, terwijl ik geconcentreerd zat te luisteren naar haar herhaalde advies dat ik boeken moest gaan schrijven. Ik vertelde haar niet dat ik al boeken had geschreven omdat ik benieuwd was welke richting dit verder op zou gaan. Ze noemde ook diverse keren het woord 'zonnebloem', als beeld voor hoe ik in het leven zou moeten staan, hoog opgericht en met mijn gezicht omhoog, naar de zon gekeerd. Dit was des te opmerkelijker omdat de week daarvoor mijn zoon Rex verslingerd was geraakt aan het nummer 'Sunflower' van Post Malone en het al vijf dagen lang na schooltijd keer op keer afspeelde. Ze stipte ook een aantal persoonlijke en gevoelige kwesties aan, waardoor deze voor mij in een helderder licht kwamen te staan en zich voor sommige lopende problemen misschien zelfs een oplossing aandiende. Ik heb geen flauw idee hoe ze dit deed en waar ze dit inzicht vandaan haalde, maar ik dronk elk woord gretig in. Het was verhelderend, bekrachtigend en magisch, en het richtte mijn focus meer op het alomvattende van het leven dan op de details ervan.

ACHTEROMKIJKEN

Intuïtie is veelomvattend en kent vele vormen, variërend van kleine verrassende toevalligheden tot complete visioenen die zich tot werkelijkheid manifesteren en alles daartussenin. Hoe groot of hoe klein deze intuïtieve ervaringen ook zijn, ze zijn vol betekenis en ze kunnen ons helpen vertrouwen te hebben en troost te vinden. Intuïtie biedt niet alleen een blik op de toekomst. Kortgeleden las ik een prachtig boek over bijna-doodervaringen getiteld *Daarna* van Bruce Greyson. Een bijna-doodervaring (bde) is de herinnering van iemand aan een moment waarop hij of zij klinisch dood was, dat wil zeggen dat het lichaam en de hersenen geen teken van leven meer geven. Dat biedt ons een prachtige opening om te geloven in het bestaan van een ziel. Als we herinneringen kunnen hebben zonder deelname van de hersenen, dan moet er een ander deel van ons zijn dat net zo levend en complex is als ons lichaam en ons brein.

In dit verbijsterende boek heeft dokter Greyson de verhalen bijeengebracht van honderden mensen die een heldere herinnering hebben aan hun bijna-doodervaring. Zijn belangstelling hiervoor werd gewekt na een gesprek dat hij had met een patiënt die hij had geopereerd. Ze vertelde dat ze hem had gezien, in de operatiekamer en ook daarbuiten, op een moment dat ze geen enkel teken van leven meer gaf. Ze wist de kleinste details te benoemen, zoals een etensvlek op de stropdas die dokter Greyson die dag had gedragen en wat hij had gedaan en waar hij naartoe was gegaan toen hij de operatiekamer had verlaten. Toen hij zich eenmaal in het onderwerp verdiepte, stuitte hij op talloze andere verhalen die even onverklaarbaar waren als het verhaal van zijn patiënt.

Ondanks zijn lange ervaring als arts wordt dokter Greyson hierin door de medische wereld vaak niet helemaal serieus genomen, omdat er geen wetenschappelijke verklaring is voor deze wonderlijke ervaringen. Hij legt de vraag voor: 'Wanneer wordt een compilatie van verhalen als data beschouwd?' Onderzoek is gebaseerd op een opeenstapeling van informatie die vervolgens wordt verwerkt tot getallen en gemiddelden, waarna er van wetenschap wordt gesproken. Hoeveel verhalen zijn er nodig om als informatie te kunnen worden verwerkt? Zonder ondubbelzinnige wetenschappelijke duidelijkheid gebeurt dat misschien wel nooit. Dat gebrek aan duidelijkheid is natuurlijk te wijten aan het feit dat we het menselijk brein nog altijd niet ten volle benutten. We zijn dan wel in staat computers te maken en mensen de ruimte in te sturen, maar als het om het menselijke brein gaat en het gebruik van onze zintuigen, is er nog een wereld aan onontgonnen potentieel. De verhalen die dokter Greyson heeft verzameld, zijn te talrijk en te levendig om te worden genegeerd. Hoewel deze ervaringen traditioneel niet worden geclassificeerd als intuïtie of helderziendheid, denk ik dat ze te belangrijk en te interessant zijn om buiten dit hoofdstuk te worden gehouden, vooral als we bereid zijn ons niet door de grenzen van de tijd te laten beperken.

EEN MAGISCH VERHAAL OVER KUNST EN MUZIEK

Het verhaal van David Ditchfield over zijn bijna-doodervaring is bijzonder opmerkelijk, vooral ook door de manier waarop hij vorm en uiting heeft weten te geven aan wat hij heeft gezien, gevoeld en gehoord, en hoe diep hem dat heeft geraakt toen hij technisch gezien dood was. Na een afschuwelijk en bizar ongeluk, waarbij zijn jas tussen de deur van een trein vast kwam te zitten en hij door de rijdende trein over de rails werd meegesleept, werd hij met spoed naar het ziekenhuis gebracht, en daar overkwam hem het onverklaarbare. Hier doet David zijn verhaal. Hij vertelt over zijn ervaring en over hoe ingrijpend zijn leven hierdoor is veranderd.

Na het ongeluk werd ik direct naar de spoedeisende hulp gebracht. Ik herinner me hoeveel pijn ik had en hoe zwak ik me voelde door het bloedverlies ten gevolge van mijn verwondingen. De artsen waren druk in de weer om me klaar te maken voor een spoedoperatie en op dat moment, vlak voordat ik de operatiekamer werd binnengebracht, had ik mijn bde. Het ene moment keek ik nog naar het harde fluorescerende licht aan het plafond, het volgende moment bevond ik me in een volkomen andere wereld. Ik had niet een gevoel van omhoogzweven of uittreding uit mijn lichaam waar sommige andere mensen met een bde wel over vertellen; ik sloot alleen mijn ogen, vanwege de pijn, en toen ik ze weer opende, was ik in die andere wereld.

Die ogenblikkelijke omschakeling van werelden was ongelooflijk om te ervaren. Het enige wat ik wist, was dat ik op een plek was die grenzeloos leek, overal om me heen zag ik slechts donkere ruimte en ik werd me bewust van een intens, allesoverheersend gevoel dat ik in zorgzame handen was. Er verschenen schitterende lichtbollen, in pulserende kleuren, van oranje tot groen tot rood tot geel. Ik draaide mijn hoofd om links en rechts van me te kijken en besefte dat ik ergens op lag, een groot stuk leisteen of een soort granieten plaat of monument. Het vreemde was dat het opmerkelijk prettig lag. Toen kwam de gedachte bij me op dat ik dood was. Dat moest wel. En ik voelde me volkomen rustig bij die gedachte. Ik drong de gedachte niet weg, ik verzette me er niet tegen. Het was niet zo dat ik graag dood wilde; ik had er tijdens het ongeluk zelf juist alles aan gedaan om het te overleven. Maar op die plek voelde ik me zo fijn, zo vredig en kalm, dat ik niets liever wilde dan daar gewoon eeuwig blijven liggen.

Na verloop van tijd – ik heb geen idee hoeveel tijd er was verstreken, omdat elk moment oneindig leek – werd ik nieuwsgierig naar mijn verwondingen. Ik tilde mijn hoofd op om naar mijn lichaam te kijken. Tot mijn verwondering was er aan mijn arm niets te zien: geen bloed, geen kneuzingen, geen wonden. En ook het gekreukte, bebloede operatiehemd was verdwenen. Ik was naakt. Alleen de onderste helft van mijn lichaam was bedekt met een zilverblauw gekleurde doek die aan beide zijden in soepele plooien over de rand van de grijze stenen plaat afhing. Deze doek was van een stof zoals ik die nog nooit had gezien. Het leek een soort satijn of zijde en voelde ongekend glad en licht aan mijn huid. Wanneer ik me bewoog, golfde en glinsterde de stof alsof het een vloeistof was.

Toen ik daarna opkeek, zag ik boven me drie grote symmetrische, rechthoekige lichtbakken. Het licht dat ze uitstraalden, was intens helder en op de een of andere manier helend. Op dat moment voelde ik de aanwezigheid van iemand vlakbij. Ik tilde opnieuw mijn hoofd op en zag aan mijn voeten een prachtig androgyn wezen staan. Dit wezen was vrouwelijk noch mannelijk. Het was geen van beide en toch ook allebei ineen. Een vreemd en wonderschoon wezen met witblond, golvend haar en een bleke, doorschijnende huid, gehuld in een eenvoudige zwarte doek. Ik voelde me veilig, omdat ik een volkomen vertrouwen voelde in de liefde en compassie van dit wezen. Het voelde alsof het de hoeder van mijn ziel was, mijn hogere zelf of mijn beschermengel. En voor het eerst in mijn leven voelde ik mij compleet. Al mijn gevoelens van schuld, schaamte en angst behoorden tot die andere we-

reld. Hier voelde ik me verbonden met de pure essentie van wie ik in mijn ziel was, ontlast van alle lagen bagage die ik in het leven met me had meegetorst.

Vervolgens verschenen er aan weerszijden van mij twee andere wezens. Deze hadden een menselijkere vorm, een vrouwelijkere uitstraling en beide hadden een donkergetinte huid en ravenzwart haar, met Braziliaans of inheems Amerikaans aandoende gelaatstrekken. Deze twee wezens strekten hun handen uit en bewogen deze over verschillende delen van mijn lichaam, als om het te helen met een soort energie die voor mij niet zichtbaar was. Ze heelden niet alleen mijn lichaam van de afschuwelijke letsels die het te verduren had gekregen, maar het voelde alsof ze ook mijn ziel heelden van de emotionele wonden die ik in de loop der jaren had opgelopen.

Terwijl ik daar lag en me overgaf aan de helende energie van zuivere onvoorwaardelijke liefde, kwam de gedachte aan mijn familieleden in me op, die zich eerder in het ziekenhuis om mijn bed hadden geschaard. In de overtuiging dat ik dood was, vroeg ik me af hoe het daar in die andere wereld met hen ging. Ik voelde geen spanning of onrust over hun verdriet, omdat ik nu wist dat er leven is na de dood en dat er ook voor hen allemaal een dag zou komen waarop zij deze heerlijke plek konden ervaren. Maar ik wilde weten of het wel goed met hen ging en daarom leunde ik over de rand van de stenen plaat, vanuit het idee dat deze nieuwe wereld zich boven het ziekenhuis bevond en ik op de een of andere manier door het dak van het ziekenhuis kon kijken en hen daar beneden kon zien. In plaats daarvan zag ik iets werkelijk ontzagwekkends, een gigantische waterval van sterren, zo groot als de Niagarawatervallen, maar in plaats van water vielen er miljoenen schitterende sterren naar beneden, in een veelheid van dimensies. En toen ik me vooroverboog en midden in de werveling neerkeek, reikte mijn blik van het ene naar het andere melkwegstelsel, tot in de oneindigheid. Toen snapte ik het. Ik bevond me niet in een kleine donkere ruimte, maar in het universum.

Wat er daarna gebeurde, was het meest intense moment van mijn bde. Er opende zich een tunnel van wit licht. Dit licht was krachtiger dan welke lichtbron ook, met spectaculair dansende vlammen die alsmaar rond een schitterend wit centrum cirkelden. Het licht kwam steeds dichterbij en de helende energie van liefde die het uitstraalde was zo krachtig dat het voelde alsof elke molecuul van mijn lichaam trilde van liefde. Op de een of andere manier wist ik dat dit de bron van alle schepping was. Voor mij was dit god. Niet de god zoals ik me die altijd had voorgesteld, een oude man met een lange witte baard, zoals Michelangelo hem op het plafond van de Sixtijnse Kapel heeft uitgebeeld. Dit licht was de energie van zuivere onvoorwaardelijke liefde en het was de bron van alles. Op het moment dat dat besef volledig indaalde, was ik – bam – weer terug in mijn lichaam in het ziekenhuis. Net zo plotsklaps als ik in die wonderschone wereld was beland, kwam ik weer terug in deze. Het contrast was schokkend. Mijn lichaam was weer een en al pijn, het fluorescerende licht dat boven me scheen was te hard en te fel om naar te kijken en de hectische geluiden van het ziekenhuis waren te luid en te overheersend. Maar terwijl ik de operatiekamer binnen werd gerold, was ik vervuld van ontzag en verwondering over wat er zojuist was gebeurd en ik voelde een onbeschrijflijke vreugde dat ik een dergelijke onvoorwaardelijke liefde had ervaren.

Direct na mijn bde werd ik geopereerd. Acht uur lang zijn de artsen bezig geweest om mijn arm te redden en de andere verwondingen te behandelen die ik had opgelopen. Rond twee uur 's nachts kwam ik bij uit mijn narcose, omringd door piepende en gonzende ziekenhuisapparatuur. Ik was niet in staat me te bewegen. De artsen hadden huid van mijn beide benen getransplanteerd naar mijn kapotte arm, waardoor elk deel van mijn lichaam pijnlijk was. In het donker probeerde ik te verwerken wat er allemaal was gebeurd. Een gruwelijk, traumatisch treinongeluk en een intense bijna-doodervaring. Een grotere tegenstelling dan deze twee ervaringen was nauwelijks voor te stellen. Een deel van mijn geest bleef de verschrikking van de angstigste momenten van mijn ongeluk herbeleven, het moment waarop ik onder de trein werd getrokken, maar op een diepere laag heerste een ongelooflijk gevoel van vreugde en vrede door mijn bde. Een spirituele ervaring zoals ik had doorgemaakt, is letterlijk geestverruimend. Ondanks de pijn en de flashbacks naar het ongeluk waren mijn zeer gedetailleerde bde en de impact ervan op mijn visie op het leven overweldigend. In de loop van die nacht drong de vraag zich op waarom ik was 'teruggestuurd'. Om eerlijk te zijn was het zo wonderschoon in die andere wereld dat ik helemaal niet terug wilde komen. Maar ik had het gevoel dat ik met een reden was teruggestuurd en met het verstrijken van de uren kwam ik tot het inzicht dat ik, net als andere mensen met dezelfde soort ervaring, was teruggestuurd om een boodschap van troost te brengen aan wie dat nodig heeft. De boodschap dat er leven is na de dood en dat we meer zijn dan ons fysieke lichaam. Mensen vragen me weleens of mijn bde niet gewoon is opgewekt door de medicijnen die ze me in het ziekenhuis hebben gegeven, of het niet een soort posttraumatische hallucinatie is geweest. Maar dan leg ik hun uit dat de verhaallijnen van dromen en door medicijnen opgewekte hallucinaties over het algemeen chaotisch en willekeurig zijn, en na verloop van tijd in de herinnering vervagen. De herinnering aan mijn bde daarentegen blijft haarscherp en volledig. Ook nu nog, zo veel jaren later, kan ik me elk moment ervan zo levendig voor de geest halen alsof het gisteren was.

Het idee om te gaan schilderen kwam meteen die eerste nacht bij me op, toen ik daar in dat ziekenhuisbed lag. Ik werd verteerd door een gevoel dat ik wat ik in die andere wereld had gezien op de een of andere manier moest vastleggen, in geschilderde vorm, om mensen te laten zien hoe een ervaring van het leven na de dood eruitziet. Er bestaan tal van verhalen over bijna-doodervaringen, maar uitbeeldingen van een dergelijke ervaring zijn er nauwelijks. De grootste uitdaging voor mij was niet om me de details te herinneren – elk moment van mijn bde staat voor altijd in mijn geheu-

gen gegrift – maar om dat alles op doek vast te leggen: de prachtige kleuren die door de donkere ruimte golfden en vloeiden, de schitterende wezens van licht, de glanzende blauwe doek en het stenen altaar waarop ik lag, de multidimensionaliteit van melkwegstelsels en universums om me heen en de ongeëvenaarde kwaliteit van liefde die door de tunnel van licht werd uitgestraald. Dat was niet makkelijk en het heeft lang geduurd, maar toen ik eenmaal begon met schilderen, voelde ik dat ik werd geholpen. Na verloop van tijd besefte ik dat mij ideeën en inspiratie werden aangereikt waar ik me slechts voor open hoefde te stellen. Zo slaagde ik erin om een reeks bde-schilderijen te vervaardigen die mijn ervaring weergaven, zo goed als in mijn vermogen ligt.

Mijn middelbareschooltijd heb ik doorgebracht op een ruige, grote scholengemeenschap midden in de stad. Door mijn dyslexie was leren een worsteling en in de klas zat ik dan ook meestal ergens helemaal achterin uit het raam te staren. Als kind hield ik van tekenen, vooral op de achterkant van mijn schoolboeken. Voor vrienden maakte ik af en toe een schets, ik maakte cartoons en ik tekende gezichten van popsterren na, dat soort dingen. Kunst kon je het niet noemen. Mijn cijfers waren laag en qua vervolgopleiding was de enige optie voor iemand als ik een werk-leerplek. Ik leerde letters ontwerpen voor advertenties, wat gezien mijn dyslexie nou niet de ideale keuze was. Nadat ik was ontslagen uit de enige echte baan die ik ooit heb gehad, het stencilen van letters op buttons en T-shirts, ben ik naar Londen verhuisd. Daar leerde ik mezelf drie akkoorden raggen op een elektrische gitaar en speelde ik een tijdje in diverse punk- en popbandjes. De bde veranderde alles voor mij en inspireerde me om een hoger creatief niveau te bereiken dan ik ooit had durven denken. Al meteen vanaf die eerste nacht in het ziekenhuis had ik krachtige beelden in mijn hoofd van wat ik wilde schilderen, zonder dat ik over de vereiste techniek beschikte om deze beelden op doek te realiseren. Toen het zover was, voelde ik dat ik door een hogere macht werd geleid en dat als ik me daar maar voor openstelde, ik de schilderijen zou kunnen maken die ik voor ogen had, ondanks mijn gebrek aan opleiding en techniek.

De muziek kwam later. Dat was een nog grotere verrassing omdat ik niet geschoold ben in klassieke muziek en tot op de dag van vandaag geen muziek kan noteren of muzieknotaties kan lezen. Maar net als met het schilderen voelde ik een onbeheersbare drang om te gaan componeren, en met behulp van computersoftware – die muziek die je speelt op een synthesizer (zelfs wanneer dat, zoals in mijn geval, met één vinger is) vertaalt naar bladmuziek – heb ik mijn eerste symfonie gecomponeerd. Het stuk was geïnspireerd op mijn bde en ik gaf het de titel The Divine Light. *Tot mijn grote geluk vond de première ervan plaats voor een uitverkochte zaal, en kreeg een staande ovatie.*

Sindsdien heb ik in opdracht nog meer klassieke werken gecomponeerd die eveneens voor volle zalen in première zijn gegaan en heb ik meer dan dertig schilderijen voltooid, plus nog een aantal schilderwerken in opdracht. Net als bij mijn schilderwerk voelde ik vanaf het begin dat een hogere macht me bij het componeren leidde. Dat moest ook wel, want zelfs de meest ervaren klassieke musici die ik sprak, zeiden dat ze zich nooit aan het componeren van een symfonie zouden wagen. Aan mijn eerdere muziekervaring als gitarist in pop- en punkbandjes had ik dan ook helemaal niets bij het componeren van dit soort muziek. Daarom weet ik dat ik bij mijn schilderen en mijn muziek word geleid.

Mijn bde heeft mijn kijk op het leven in meerdere opzichten ingrijpend veranderd. Allereerst heeft het me geleerd dat de dood een overgang is. Ik heb geen angst meer voor de dood. Geen enkele. Dat inzicht heeft me geholpen bij de verwerking van het onvermijdelijke verlies van geliefden. Ik heb nog altijd intens verdriet omdat ik hun aanwezigheid in de fysieke wereld mis, maar op een dieper niveau voel ik me getroost in de wetenschap dat de dood slechts het einde van ons fysieke zelf is.

Ten tweede heeft mijn bde me leren inzien dat ik voortdurend in mijn hoofd leefde, zonder de tijd voor dingen te nemen, dat ik vaak werd verteerd door negatieve gedachten en twijfel aan mezelf zonder dat ik in de gaten had dat deze gedachten tot ongezond gedrag leidden. Ik was de aansluiting kwijtgeraakt met wie ik werkelijk was, mijn authentieke zelf, zoals ik het noem. Volledig in het moment zijn, zoals ik dat tijdens mijn bde heb ervaren, heeft dit alles veranderd. In die andere wereld bestond geen tijd. Er was geen verleden of toekomst, er waren geen gedachten, geen zorgen. Ik ervaarde een puur zijn in een soort eeuwige aanwezigheid en ik ben nooit het ongelooflijke gevoel van vrede vergeten dat daarmee gepaard ging. Ik voelde me deel van een grotere energie of wezen, iets wat ik nu het universum noem. Die intense ervaring van tijdloosheid inspireert me nog altijd in mijn dagelijkse leven. Ik mediteer elke dag en ik doe mijn best om me bewust te zijn van mijn gedachten en gevoelens zonder te oordelen, vooral niet als het angstige of negatieve gevoelens zijn. In het moment leven is niet makkelijk en het lukt me dan ook niet altijd, maar de wetenschap dat er een vredigere manier van zijn is in het leven blijft een belangrijke bron van inspiratie voor mij.

Ten derde en laatste heeft mijn bde me geleerd dat alle leven een betekenis en een doel heeft. Als we ons authentieke zelf naar buiten laten treden en als we op het universum vertrouwen, scheppen we de ruimte voor synchroniciteit en opportuniteit om zich te manifesteren en ons de weg vooruit te wijzen. Het leven is een ongelooflijke reis, vol uitdagingen, maar ook vol kansen om te leren en te groeien.

Ik ben ondersteboven van het verhaal van David en het voelt als een geruststelling om te weten dat ik invloed kan uitoefenen op mijn gedachten en hun neiging om mijn dag te verpesten met hun negativiteit. Wat een verbijsterende en ingrijpende ervaring en wat een wonderbaarlijke nawerking. Online kun je Davids schilderijen bekijken en zelf zien hoe opmerkelijk ze zijn en hoe prachtig hij het goddelijke licht en de kracht ervan, zoals hij die tijdens zijn bde heeft ervaren, op doek heeft weten te vangen. Ook in zijn symfonieën schuilen een harmonie en een gratie die je al luisterend met vrede vervullen. Er zijn talloze verhalen van bijna-doodervaringen te vinden voor wie ernaar zoekt, stuk voor stuk bieden ze een boodschap van hoop en rust en de kans om onze eigen ziel wat beter te begrijpen.

* * *

Er is nog iemand aan wie ik je in het kader van dit hoofdstuk wil voorstellen. Ook Yvonne Williams is een geweldige heler die ik dankzij een van mijn vrienden vele jaren geleden heb leren kennen. Ze is een medium en helpt mensen om in contact te komen met overledenen en met het vinden van een pad in hun leven. Yvonne is van nature intuïtief, een aanleg die binnen haar familie via de vrouwelijke lijn wordt doorgegeven. Op negenjarige leeftijd had ze haar eerste visioen en dankzij het begrip en de ervaring van haar familie heeft ze geleerd haar gave te gebruiken om anderen te helpen. Ik heb in de loop der jaren enkele malen een sessie met Yvonne gehad, waarbij haar zachtaardigheid en inzicht als paranormale gids als een weldaad voelden. Dit onderwerp heeft nog vele geheimen voor me, dus laten we beginnen.

Ik: Hoi, Yvonne.

Yvonne: Hoi, knapperd.

Ik: Hoe kanaliseer je je paranormale vaardigheden wanneer je deze voor cliënten inzet?

Yvonne: Als ik mijn gave voor een cliënt inzet, stel ik me open en laat ik me bespelen als een instrument. Ik ben een natuurlijk medium en ik heb mijn belangrijkste gereedschappen altijd bij de hand: helderhorendheid, helderziendheid en heldervoelendheid. Hiermee ben ik in staat af te stemmen op de frequentie en de trilling van mijn cliënt. Ik treed in verbinding met de spirituele familie en gidsen van diegene, die op dat moment ook mij gidsen. Op cognitief niveau vertaal en verbeeld ik wat ik doorkrijg op een manier waarop de cliënt begrijpt wat er aan mij wordt doorgegeven ten behoeve van zijn of haar welzijn. Het is niet mijn mening of oordeel; ik fungeer slechts als doorgeefluik.

Ik: Wanneer je het hebt over drie manieren waarop je informatie doorkrijgt, spelen die drie dan ook altijd gezamenlijk een rol bij dat doorgeven? Of heb je ook weleens dat je iets hoort zonder dat je het ziet of voelt?

Yvonne: Bij mij is het altijd een combinatie van die drie.

Ik: Jij bent het doorgeefluik voor die informatie, maar waar komt die informatie vandaan volgens jou?

Yvonne: Het komt van de bron, die is samengesmolten met de frequenties en trillingen die ik doorkrijg, die mijn cliënt uitstraalt en die in hoge mate worden beïnvloed door de voorouders en spirituele gidsen van die cliënt. Afhankelijk van wat het meest op de voorgrond treedt en het meest helend is. Ik krijg door wat voor de cliënt in kwestie de juiste weg is, waar hij of zij het meest mee geholpen is.

Ik: In jouw familie is dit een overerfelijke gave, maar denk je dat we in potentie allemaal over een natuurlijke intuïtie beschikken?

Yvonne: Ja. Het is een potentie die nauwelijks wordt aangeboord. Omdat wij mensen zo oplossingsgericht zijn, besteden we te weinig aandacht aan onze innerlijke supervisors en stemmen. We leiden zo'n hectisch leven. Alles moet snel, snel, waardoor we niets met aandacht doen. Het is een verschuiving van focus.

Ik: We worden zo overstelpt door alle ruis van buitenaf dat het misschien wel logisch is dat we een hoop andere dingen in onze directe omgeving en in onszelf gewoonweg niet opmerken. Hoe kunnen we onze intuïtie cultiveren?

Yvonne: Net zoals je je spierkracht ontwikkelt. De beste manier om te beginnen is discipline tonen en de bereidheid om je eigen vaardigheden te ontwikkelen en te verbeteren. Wanneer ik lesgeef, binnen een kleine kring, leer ik beginnelingen om vertrouwen te hebben en te luisteren naar wat hen beïnvloedt, zodat ze zich verder kunnen ontwikkelen om uit te groeien tot krachtige, zelfbewuste instrumenten.

Ik: Die bereidheid lijkt een noodzakelijkheid, om vertrouwen te hebben en een positieve houding ten aanzien van ons vermogen om de frequenties om ons heen op te pikken.

Yvonne: Ja, om anderen op een positieve manier te kunnen helpen. Om beter af te kunnen stemmen op alles om ons heen en daarmee anderen te kunnen helpen, moeten we ons openstellen voor de spirituele hulp die ons geboden wordt.

Ik: In hoeverre is ons leven voorbestemd door het lot en in hoeverre kunnen we zelf ons dagelijks leven sturen, denk jij?

Yvonne: Ik geloof dat wanneer wij ter wereld komen, er meerdere wegen voor ons openliggen die bepalend zijn voor de ontwikkeling van onze ziel. De lessen die wij van onze ervaringen kunnen leren, liggen al voor onze geboorte vast.

Ik: Heeft dat te maken met karma?

Yvonne: Ja, of dharma, zoals sommigen zeggen, je doel. Het leven dat je verondersteld wordt te leven om te leren en te groeien. **Het doel van het leven is uitdagende ervaringen doormaken en er wijzer bovenuit stijgen.** Dan kunnen we die wijsheid gebruiken om anderen te helpen en zelf verder te groeien. Wanneer we midden in de problemen zitten, dient zich de gelegenheid aan erbovenuit te stijgen en onze aangeboren wijsheid volop in te zetten.

Ik: Dus we kunnen intuïtie gebruiken om wijsheid te putten uit moeilijke tijden? We kunnen vragen om hulp bij het vinden van een antwoord op het waarom van de uitdagingen die het leven ons stelt?

Yvonne: Daar ligt voor mij als geschoolde therapeut, iets wat ik naast medium ook ben, de interessante overlap, omdat we over psychologische gereedschappen kunnen beschikken voor het aangaan van uitdagingen, maar wanneer we dieper kijken, kunnen we ons afvragen: 'Wat wil deze ervaring mij beter doen leren begrijpen en doorleven om bovenuit te kunnen stijgen?' Soms overkomt ons een probleem dat we al twee of drie keer eerder hebben ervaren, zonder er een les uit te trekken, zonder er wijzer van te worden, en dus overkomt het ons telkens weer.

Ik: Dat ken ik! Ha! Ik stel me zo voor dat we altijd naar het grotere plaatje moeten kijken voor de snelste weg uit een probleem.

Yvonne: Als dat lukt, is het geweldig. Het is een milde en eenvoudige methode, maar het is zo helend en verheffend om breder en vooruit te kijken in plaats van vast te blijven zitten in woede, angst en zorg om het probleem. Gebruik je eigen intuïtie om wijsheid te vinden.

Ik: Ik heb het gevoel dat ik het afgelopen jaar precies dat heb proberen te doen, omdat sommige bagage die ik met me mee sleepte te zwaar werd. Ik wil nu het grotere plaatje zien. Ik wil erbovenuit stijgen, Yvonne.

Yvonne: Wat ik nog belangrijk vind om te zeggen, is dat niemand bang hoeft te zijn voor intuïtie of paranormale begaafdheid. Mediums doen hun werk hier op aarde al eeuwenlang. Het is een prachtig iets om over te kunnen beschikken tijdens je reis door het leven.

Ik: Ik denk dat sommige mensen geen dieper inzicht willen hebben omdat ze bang zijn voor slecht-nieuwsvoorspellingen.

Yvonne: Bij een authentieke kanalisatie zou een medium nooit slecht of belastend nieuws door te geven hebben. Een authentiek medium werkt puur vanuit liefde en licht en heilzame kracht. Wanneer je vanuit je intuïtie werkt, stel je je alleen open voor licht en heling. Laat niet alles binnen, stel je grenzen.

Ik: Dank je wel, Yvonne. Ik kan niet wachten om me in deze bereidheid te bekwamen.

MIJN DWINGENDE GEDACHTEN

Dankzij Yvonne is dit onderwerp voor mij nu geheel vrij van bijgelovigheid en angst. Ik ben er slecht in om mijn grenzen te stellen, ook in het dagelijkse leven. Ik vind het moeilijk om nee te zeggen en spreid het liefst mijn armen wijd open om alles te omarmen, het goede, het slechte en het lelijke. Ik ben bezig om daar verandering in te brengen en ik zal nu dus ook moeten bedenken hoe ik mijn intuïtie kan begrenzen. Een paar maanden geleden voelde ik me akelig angstig en opgejaagd door het leven. Ik voelde me overspoeld en werd geplaagd door een voortdurende onrust in mijn hoofd. Dit leidde tot slaapproblemen en mijn oude vertrouwde nachtpaniekaanvallen, aangezwengeld door wat ik hield voor voorgevoelens van een zeer negatieve en onhandelbare aard. Voor mijn podcast sprak ik hier kortgeleden over met Stacey Solomon, die precies hetzelfde heeft ervaren. Ik begon deze nare gedachten te geloven, en ik was bang dat ze een voorbode waren van wat er stond te gebeuren. Gelukkig kon ik samen met een therapeut aan de slag om mijn dwingende gedachten te analyseren en de oorzaak ervan bloot te leggen. Het bleek dat de angst om te falen in mijn werk en in de zorg voor mijn gezin deze vreemde dwingende gedachten aanstuurde en bijna tot een obsessie maakte. Door iets dieper te kijken had ik de wortel van het probleem ontdekt en kon ik zien hoe dit negatieve idee door mijn geest was getransformeerd tot de schijn van een voorgevoel. We kunnen alle angst en voorbehoud over het gebruik van intuïtie wegvagen door alleen het goede toe te laten. We hebben de kracht en de autonomie om dat te doen.

LEVENSLESSEN

De woorden van Yvonne in combinatie met het inzicht van David na zijn bijna-doodervaring geven me het gevoel iets meer controle te hebben over mijn eigenzinnige gedachten, die soms woekeren als onkruid. Ik raak dan verstrikt in alle uitwassen van wat ik wel of niet goed heb gedaan op een dag, maar net als na de vele andere gesprekken die ik voor dit boek heb gevoerd, voel ik me ook nu lichter en hoopvoller. **Ik hoop dat ik de bereidheid kan vasthouden om open te staan voor**

en een beetje beter te luisteren naar mijn eigen innerlijke 'supervisor' (zoals Yvonne het zo geweldig uitdrukte) en de toekomst nieuwsgierig en met vertrouwen tegemoet te treden in plaats van met angst. Na mijn periode van depressie heb ik mijn leven door angst laten beheersen. Het leven voelde helemaal niet hoopvol. Het was gehuld in schaduwen en werd gekenmerkt door nagelbijtende stress. Het verleden was deprimerend en de toekomst nog deprimerender. Ik zat vast in een stilstaand heden en was zo bevreesd voor de toekomst dat ik weigerde oog te hebben voor de lessen die me onder de neus werden gedrukt. Elke les lijkt me nu zo volstrekt voor de hand liggend, maar vermoedelijk is dat iets wat je alleen achteraf kunt zeggen. De uitdaging waar ik nu voor sta, is om wanneer ik ergens mee loop te worstelen, niet weer zo veel tijd verloren te laten gaan. De volgende keer wil ik proberen om mijn intuïtie te gebruiken om er de les uit te leren die me kan helpen erbovenuit te stijgen en uit de natuurlijke wijsheid te putten die ons allemaal ten dienste staat.

OUDE VERHALEN

Het schrijven van dit boek is vooral een levensveranderende, vreugdevolle en positieve ervaring geweest. Maar dat wil niet zeggen dat ik niet ook momenten heb gehad waarop ik in oude gedragspatronen terugviel, gedrag dat me zo vertrouwd is dat het voelt als een oude jas. Dit oude negatieve gewoontegedrag kan de boel binnen de kortste keren weer overnemen. De kleinste aanleiding is al voldoende om een automatische reactie op gang te brengen en het hele oude verhaal weer naar de voorgrond te dringen, in plaats van dat ik de bereidheid toon om me niet direct mee te laten slepen maar naar mijn eigen innerlijke supervisor te luisteren. Vorig weekend zonk ik weg in zelfverachting en mezelf vergelijken met anderen.

Pas nu heb ik mezelf er weer een beetje uit geworsteld. Een hele week opgeslokt door de gedachte dat ik niets waard ben. Het is hetzelfde oude verhaal dat me gruwelijk verveelt, maar waaraan ik me toch moeilijk kan ontworstelen. Een flauw en voorspelbaar verhaal van een vrouw die zich veel te lang veel te veel blootstelt aan de mening van anderen, zonder haar eigen grenzen te stellen, met als resultaat een laag zelfbeeld en een gebrek aan eigenwaarde. Vorig weekend hulde ik me in de jas van toen ik drieëntwintig was en hij gleed maar al te soepeltjes weer om mijn schouders. Wat mijn man ook zei, niets hielp. Zijn woorden gleden van me af alsof ik met olie was ingevet. Ik zonk dieper en dieper weg, zonder te denken aan al die talloze andere keren dat ik me zo had gevoeld. Dit was dus een van die zich herhalende lessen waar Yvonne het over had gehad. Hoe vaak zou ik nog door deze ellende moeten waden om intuïtief de les te leren die er uit het grotere plaatje te leren viel?

ZITTEN EN LUISTEREN

Ik zit rustig. De kinderen zijn op school en Jesse is in de stad. Een hommel zo groot als een klein bolletje wol schiet de keuken in en uit en de katten liggen buiten te genieten van de zon. Er heerst stilte, afgezien van het lichte geratel van auto's uit een straat verderop. Ik leg mijn oor te luisteren. Hallo, innerlijke supervisor, ben je daar? Wat kun je me vertellen? Ik heb een pure, onversneden bereidheid om naar de antwoorden te luisteren en de les te leren die me hier bovenuit kan doen stijgen. Maar ik hoor nog niets. Het enige wat ik hoor, zijn kinderen die in de tuin van een van de buren aan het spelen zijn. Ik adem in en uit, luister nog zorgvuldiger, stel mezelf nog verder open om het antwoord te voelen, te horen of misschien zelfs wel te zien. Dan hoor ik woorden. Niet echt horen in de zin dat er een geluid wordt geproduceerd dat door mijn oren wordt opgevangen, maar een stem binnen in me die spreekt en die ik volkomen begrijp: 'Laat de verhalen los.'

De zin die van binnenuit opwelde, was misschien geen wonder van welsprekendheid en grammatica, maar wel een zin die meteen raak was. Ik wist dat ik moest stoppen met me vastklampen aan deze verhalen die ik in het leven had geroepen en waarvan ik dacht dat ik ermee vergroeid was. Ik hoef me niet druk te maken over of bezig te houden met wie wat deed, wie wat wil, wie wat gelooft. Achter deze oude verhalen kan ik aan de horizon een grotere, diepere liefde zien dagen. Door met een beetje meer afstand naar deze verhalen te kijken verliezen ze hun grip op mij. Ik kan ze zelfs in twijfel trekken. Zijn ze nog wel waar? Helpen ze mij of iemand anders? Ik betwijfel het. Dat ik mezelf boven deze oude verhalen uittil, betekent niet dat ik mezelf superieur acht of er geen eigen verantwoordelijkheid voor neem, het betekent dat ik hun werkzaamheid verminder door ze te ontmantelen.

Ik heb het gevoel dat het loslaten van deze verhalen me verlossing schenkt. Een hekel hebben aan anderen, hen als vijand beschouwen of mezelf moreel boven hen plaatsen zal me geen verlossing schenken. **Echte, volwaardige verlossing bereik ik door deze verhalen te zien voor wat ze zijn: niets meer dan verzinsels. Door me te verlossen bescherm ik mezelf tegen krenking of uitsluiting door anderen die ik als beter, slimmer, charismatischer of getalenteerder beschouwde dan mezelf.** Dergelijke gedachten zijn niets meer dan verhalen. Het is allemaal subjectief. Ik zal dit verzinsel waarop mijn eigenwaarde is gestoeld, moeten ontstijgen om het veel, veel grotere plaatje te zien.

Kun jij dat ook? Je intuïtie gebruiken, niet om erachter te komen wie je toekomstige partner zou kunnen zijn of om uit te vinden of je je droombaan krijgt, maar om de lessen te ontdekken die jouw leven voor je in petto heeft? Kun je het grotere plaatje zien?

Communicatielessen

- Praat met de wereld om je heen. Spreek met de aarde, de bomen, de zee, de lucht. Bedank de wereld voor zijn overweldigende schoonheid.
- Bid, ook al heb je dat nooit eerder gedaan. Bidden is je wensen vleugels geven.
- Luister naar je eigen intuïtie door bewust momenten van stilte in te lassen. Onderscheid gevoelens van gedachten die je brein tevoorschijn tovert en laat je leiden door wat goed voelt.

DEEL 4

ELKE DAG IETS GROTERS

Ik hoop dat de gesprekken die ik in dit boek heb gevoerd met de vele fantastische deskundigen en leermeesters en de praktische taken waarvoor ze ons hebben gesteld je enig inzicht hebben gegeven in hoe we verbinding kunnen maken met de wereld en het universum om ons heen. Ik stel me zo voor dat je al lezende tot het besef bent gekomen dat je meer spirituele ervaringen hebt of hebt gehad dan je misschien had gedacht, dat je ze eerder gewoon nooit als zodanig had herkend. We kunnen elke dag op talloos veel verschillende manieren verbinding vinden met het leven en een groter iets. Hoe je dat doet, is helemaal aan jou.

VERBINDING

Gisteravond had ik me geïnstalleerd op de bank, bh uit en warme sokken aan, om naar de nieuwe documentaire te kijken van mijn held Dave Grohl, *What Drives Us*. Ik zou nog willen zien hoe Dave verf van de muren krabt, dus het stond als een paal boven water dat ik geen dag zou wachten met kijken. De documentaire biedt een magnifiek inkijkje in het touren met een bus, zoals rockbands dat al doen sinds de eerste gierende baslijnen en loeiharde drums. Dave interviewt mensen als Ringo Starr van The Beatles en Slash van Guns N' Roses, en nieuwe bands zoals het fenomenale Radkey. Tijdens het interview met Flea van de Red Hot Chili Peppers kreeg ik de neiging om op de bank te gaan staan en erop te springen alsof het een trampoline was. Hij sprak over zijn roeping om op het podium te staan en muziek te maken, alsof het buiten zijn macht lag. Hij was uitgegroeid van een nerdy mager buitenbeentje dat van jazz hield tot iemand die volledig los kon gaan en zich openstelde voor iets wat groter was dan hijzelf en zijn ervaringen in het leven.

Ik kon me helemaal vinden in zijn gevoel voor muziek. Ik kan geen basgitaar of piano spelen, ik kan niet zingen zoals Adele, maar ik houd tot in het diepst van mijn ziel van muziek. Muziek is een obsessie voor me sinds de dag dat ik de platenspeler van mijn ouders ontdekte. 'Bohemian Rhapsody' bleef in mijn hoofd rondzingen, deed mijn hart tekeergaan en mijn voeten dansen. Vanaf dat moment was ik verkocht en sindsdien zijn de grote en kleine momenten van mijn leven verweven met muziek. Het is een van de meest toegankelijke manieren om ons te verbinden met dat wat groter is dan wij.

IN HOGERE SFEREN

Muzikanten hebben (wanneer ze goed zijn) het vermogen om een zaal vol mensen die ze nooit eerder hebben ontmoet aan te sturen en te verbinden. Ik heb genoeg muzikanten geïnterviewd om te weten dat er op dergelijke momenten iets is wat het van hen overneemt en wat voelbaar is als een synergie. Ik ben bij een aantal optredens geweest waar de sfeer bijna als een kracht aanwezig was en het me niet had verbaasd als we letterlijk met ons allen door het dak waren gegaan. Led Zeppelin live was denk ik wel het allerbeste optreden dat ik ooit heb meegemaakt. Ik voelde me gewoon zweven, als een soort Mary Poppins, met een van puur plezier vertrokken gezicht. De reden dat dit concert bovenaan mijn lijstje van favoriete optredens staat, hangt samen met het gevoel van diepe verbondenheid onder alle aanwezigen. We waren ons allemaal bewust van de uitzonderlijkheid van het gebeuren. We waren vervuld van liefde en dankbaarheid. We zongen de teksten mee als in een gezamenlijk gebed. Voor mij was dit een spirituele ervaring, een pure viering van het leven. Er was een energie die door de hele arena wervelde en die nog werd aangewakkerd door vreugdekreten en luid zingende stemmen.

En niet alleen op het podium laat de magie zich gelden, ook tijdens het schrijven van songs. Ik herinner me dat Chris Martin me vertelde dat hij tot laat in de nacht opbleef om songs te 'vangen' terwijl iedereen verder lag te slapen, een woordkeuze waaruit een scheiding tussen hemzelf en de song sprak, alsof zo'n song zomaar ergens vandaan kon opduiken. Waar is dat ergens? Is het een combinatie van het grote en het kleine, de magie die overal is en ons omringt, terwijl diezelfde magie zich ook binnen in onszelf bevindt en altijd beschikbaar is? Ik kan geen instrument bespelen; ik ben zelfs gezakt voor mijn vioollessen op school en in het schoolorkest deed ik net alsof door met mijn strijkstok net boven de snaren te bewegen. Je zult mij nooit ergens anders dan onder de douche horen zingen, maar al luisterend naar muziek heb ik wonderschone en verbindende momenten ervaren. Zoals vorige week toen ik een wandeling langs de rivier maakte – met mijn koptelefoon op mijn hoofd en *Shore* van de Fleet Foxes op play, de zon die het wateroppervlak als met kleine diamantjes deed oplichten, een reiger die de over de golven scherende rondvaartboten nakeek – het was pure gelukzaligheid. Ik voelde me met alles verbonden, van magie doorstraald, gedragen door de klanken van deze hemelse muziek.

LAAT HET LICHT TOE

Kunst maakt het spirituele in ons leven zichtbaar en hoorbaar. Het brengt het ongrijpbare dichterbij en maakt schoonheid vaak toegankelijker. Heb je weleens een schilderij gezien in een kunstgalerie of als afbeelding in een boek waar je je ogen nauwelijks van kunt losrukken? In de loop der jaren is me dat regelmatig gebeurd, waarbij ik het gevoel had dat het geschilderde me iets te zeggen had. Een hedendaags voorbeeld hiervan is het werk van Charlie Mackesy. De eerste keer dat ik zijn *Girl and Angel* zag, een weergave in houtskool van een engel die zich over een op de grond liggend, opgekruld lichaam buigt om het hoofd ervan te kussen, biggelde er een traan over mijn wang. Het is niet zozeer zijn technische vaardigheid waardoor zijn werk me zo raakt, maar veeleer de wijze waarop hij het grootse van het leven heeft weten te kanaliseren en tot uitdrukking te brengen.

Wanneer we van een kunstwerk onder de indruk zijn, tijdens een museumbezoek of bij het zien van een afbeelding ervan in een boek of online, putten we uit iets wat ons helpt ons verbonden te voelen. Het is vaak moeilijk om hier in taal uitdrukking aan te geven, omdat die verbondenheid veeleer gelegen is in gevoel dan in woorden.

Ik schilder zelf graag en ik weet dat tijd niet langer bestaat wanneer ik in de flow ben; de kalmte en rust die ik dan ervaar, vind ik maar moeilijk ergens anders. Ik streef er altijd naar om gevoel en oprechtheid in mijn werk te leggen, omdat ik als beschouwer zelf weet hoe fantastisch het is als een kunstenaar daarin geslaagd is. Een vriend van mij, Jonathan Yeo, maakt portretten die mij de adem benemen, zo treffend weet hij de persoonlijkheid van de geportretteerde uit te beelden. Het voelt bijna alsof ik met deze vaak bekende mensen een verbondenheid ervaar, zoals ik dat niet zou hebben wanneer ik naar een foto van hen kijk. Als balletliefhebber vind ik het heerlijk om me te verliezen in het werk van Degas van sierlijke danseressen *en pointe*. Ik zie de beweging en ik voel de vederlichte energie van zijn danseressen.

Kunst kan ons uit ons drukke hoofd vol gedachten en zorgen halen en ons verbinden met iets diepers en waarachtigers. Dat geldt ook voor poëzie. Ik moet zelden huilen om een roman, maar gedichten raken me. Goede dichtkunst treft me in het hart en maakt iets in me los. Mijn vriendin Sarah Merry (een vrolijkere naam kun je niet verzinnen!) heeft me kortgeleden een dichtbundel van Donna Ashworth cadeau gedaan die bij mij veel weerklank opriep. Het gedicht 'Remember Her?', een ode aan ons innerlijke kind dat ons oproept risico's te nemen en plezier te maken, gaf me de ruimte om wat zachter en vriendelijker tegen mezelf te zijn en me even helemaal te ontspannen. Het hielp me om met een open blik te kijken naar wie ik was geworden en waarom. Het bracht vragen en spijt naar boven, maar sloeg vooral een brug naar alle andere mensen die hun leven leven en proberen dat zo bewust mogelijk te doen.

TROTSE TULPEN

Een andere manier om de verbinding te vinden met dat wat groter is dan wij, is via de natuur – de pure schoonheid en de kracht van de natuur waar we zo vaak aan voorbijgaan terwijl we van de ene in de andere Netflixserie rollen of door het ene na het andere Instagramaccount scrollen. De mate waarin we de natuur veronachtzamen, is soms extreem. We hebben onszelf wijsgemaakt dat alles door mensenhanden is geschapen, zonder acht te slaan op de kleine zaadjes die elk jaar weer door de planten, de bomen en de vogels worden verspreid. Al onze aandacht gaat uit naar het nieuwste model smartphone dat met gejuich wordt begroet, maar we vergeten te klappen voor de bomen en de bloemen die elk seizoen met hun schoonheid sieren zonder dat we ze daarvoor dankbaar zijn. We loven mensen om hun vindingrijkheid zonder stil te staan bij wat aan ons voorafging: de natuur. Elke lente schieten de narcissen de grond uit om met hun kanariegele tooi en hun oranje kroon naar de zon te reiken. Hebben we de bloei van deze bloemen te danken aan iets wat jij en ik hebben bedacht? Echt niet. Hun vanzelfsprekende jaarlijkse terugkeer in onze parken en achtertuinen wordt geregeld door hun eigen unieke cyclus. Wordt de natuur aangedreven door het internet? Nee. Het is eerder zo dat mensen eigenhandig de natuurlijke cycli verstoren.

Tijdens het schrijven van dit boek heb ik ernaar gestreefd me meer open te stellen voor de altijd aanwezige schoonheid van de natuur en mijn telefoon wat vaker weg te leggen. Vorige week ben ik op een lenteachtige namiddag een wandeling gaan maken door het nabijgelegen park, waar de hoveniers de bloembedden in prachtige patronen hadden beplant met de meest spectaculaire, levendig gekleurde bloemen. Het park wemelde van de gezinnen: kinderen met smeltende ijsjes in hun handen en ouders die van de namiddagzon genoten en met andere ouders zaten te kletsen. Zo te zien had niemand aandacht voor de bloemen. Ik liep langs een cirkelvormig bloembed met witte tulpen en (let op, nu begint het vreemd te worden) ik voelde ze. Het was geen verstandelijke, maar een puur instinctieve ervaring die dan ook moeilijk onder woorden te brengen is. Mijn gevoel vertelde me dat deze tulpen, zoals ze daar stonden in de zon, liefde en licht uitstraalden en dat ze daar op de een of andere manier trots op waren. Ze schitterden met een warm schijnsel als van gloeilampen en wiegden zachtjes heen en weer in de bries. Ze maalden er niet om dat de mensen zich langs hen heen haastten, met hun aandacht bij hun bekertjes hete koffie en de gesprekken die ze voerden. Het maakte hen gelukkig om daar rechtop te staan in hun bloembed, met hun bloemblaadjes fier omhooggeheven naar de zon. Het is moeilijk om het gevoel dat mij trof uit te leggen, maar ik wist zo zeker als maar kon dat ze zich trots voelden en dat het hen gelukkig maakte om hun schoonheid aan de wereld te schenken, ook al zagen de meeste mensen het niet in hun haast om hun leven te leven.

Ik liep door en passeerde een ander bloembed; dit was gevuld met rode tulpen. Hetzelfde... met hun fluwelen bloemblaadjes waardig uitgestrekt straalden ze met hun schoonheid een en al liefde en energie uit. Ik voelde het leven in hen stromen en de trots die zij putten uit hun zuivere zijn. Mijn hart zwol van vreugde en mijn ogen vulden zich met tranen. Het was een overweldigende ervaring. Op dat moment wilde ik dat iedereen daar in het park die ervaring met me kon delen. De natuur biedt ons vrijelijk haar wondere schoonheid, we hoeven er alleen maar oog voor te hebben én er zorg voor te dragen, zodat we er ook in de toekomst van kunnen blijven genieten.

GROOTSTE LIEFDE

Kitten Grayson heeft een bloemenstudio met filialen in Londen en Somerset en koestert een diepe liefde voor bloemen en planten. Al vanaf jonge leeftijd voelt ze zich tot de natuur aangetrokken. Als kind hoorde ze de planten en bomen om haar heen leven en zag ze hoe de bladeren met kleur waren omlijst. Tot op de dag van vandaag kan Kitten hun levendige kleuren en stralende licht zien wanneer ze naar planten en bomen kijkt. Op school had ze moeite zich te concentreren en tijdens de lessen zat ze gebiologeerd uit het raam te staren naar de bomen die in de wind heen en weer wiegden. Elke dag na schooltijd was ze buiten te vinden, op het platteland waar ze opgroeide. Samen met haar broers en zussen bouwde ze hutten bij de beek en dwaalde ze rond, altijd blij om buiten in de natuur te zijn. Het lijdt voor haar geen twijfel dat ze was voorbestemd om het werk te doen dat ze doet.

Kitten vertelt ook over hoe de natuur haar tot steun is in moeilijke perioden. Wanneer ze soms het gevoel heeft dat ze nergens thuishoort, schenkt de natuur haar altijd weer vertrouwen in zichzelf; ze omschrijft haar relatie met de natuur als haar grootste liefde, een liefde die haar elke dag tot steun is. Haar werk met bloemen en planten schenkt haar dag na dag zo veel vreugde omdat ze de tijd neemt om de natuur te raadplegen. Ze vraagt de planten en de bloemen en het landschap wat ze voor hen kan betekenen. Kitten zegt dat haar relatie met de natuur essentieel is voor haar welzijn. Door haar werk in de natuur, het planten en het zaaien, is ze direct verbonden met de levensenergie. Het schenkt haar zo'n puur geluk en ongeëvenaarde blijdschap dat ze niet zonder zou kunnen. De dialoog met de natuur is daarbij de sleutel. Ze zegt: 'Het is een relatie die blijft groeien en die zich blijft ontwikkelen en die ons kan helpen te leren om voor onze planeet en voor elkaar zorg te dragen.'

Ik vind het geweldig hoe Kitten haar doorlopende gesprek met de natuur beschrijft. Het inspireert me om mijn eigen dialoog te voeren met de bloemen en planten in en rond mijn huis. Ik ben geen plantenexpert zoals Charlie Dimmock, maar ik heb wel een paar kamerplanten waar ik om geef. Laatst viel het mij op dat de bladeren van de vijgenboom die in de kamer staat met een laagje stof bedekt waren, waarop ik ze een voor een voorzichtig heb schoongeveegd terwijl ik ondertussen tegen de plant aan het praten was. **Elke dag kunnen we talloze lessen leren van de natuur**, die ons kunnen helpen betekenis en verbinding in het leven te vinden en die onze ziel kunnen verrijken.

HET GROTE AFDRIJVEN

De harde waarheid wordt vaak genegeerd maar is pijnlijk duidelijk. We zijn steeds verder van de natuur afgedreven. Natuurlijk zijn er verspreid over de wereld nog veel culturen en leefgemeenschappen die hun relatie met de aarde en hun leefomgeving de eerste prioriteit geven, maar in de moderne wereld zijn er helaas maar weinig mensen die zich werkelijk druk maken over die ontkoppeling. We beschouwen de planeet als een leverancier van grondstoffen in plaats van als een levend iets wat respect en eerbied verdient voor wat het ons schenkt. We gaan ervan uit dat er eeuwig supermarkten zullen zijn met volle schappen en dat de oceanen eeuwig gevuld zullen zijn met vis, ook al zijn we nog zo hard bezig om de natuur uit te putten en de natuurlijke cycli te verstoren. Ik heb serieuze pogingen ondernomen om mijn eigen verantwoordelijkheid hierin te nemen door plantaardig te eten, te recyclen en zo veel mogelijk gerecyclede producten te gebruiken, maar daarmee is mijn levensstijl nog niet duurzaam te noemen en ik weet dat het niet genoeg is. Deze inspanningen zijn miniem en onbetekenend wanneer we naar het veel grotere plaatje kijken. Alle statistieken, documentaires en rapporten over klimaatverandering, overbeviste zeeën en de plasticsoep tonen aan hoezeer we onze planeet bevuilen en beschadigen. We weten het, maar wat kunnen we eraan doen? Het is soms moeilijk om de moed niet te verliezen bij de gedachte aan deze overweldigende problemen die door regeringen niet voldoende worden aangepakt.

Mijn gedachtegang was altijd dat er van bovenaf ingegrepen moest worden, totdat ik met David Katz sprak, die aan het hoofd staat van een fantastische organisatie, de Plastic Bank. Wereldwijd heeft hij banken opgezet in de armste landen om mensen die onder de armoedegrens leven de mogelijkheid te bieden om zwerfplastic in te leveren in ruil voor een inkomen en vaak ook een opleiding. Hij hield mij twee baanbrekende juweeltjes voor. Het eerste was dat we het milieuprobleem pas kunnen oplossen wanneer we het armoedeprobleem hebben aangepakt; het tweede was dat verandering begint op individueel niveau. We kunnen stemmen met ons geld. Als we stoppen met het kopen van drinken in plastic flesjes, zullen bedrijven zich genoodzaakt zien om hun producten op een andere manier aan te bieden. Als we bij de supermarkt waar we onze boodschappen halen aandringen op recyclebare verpakkingen of, beter nog, het afschaffen van alle plastic verpakkingen, zullen ze die positieve verandering doorvoeren.

Ik voelde me gesterkt door mijn gesprek met David over deze verschrikkelijke kwesties om zelf een stap verder te zetten en een paar extra milieuvriendelijke veranderingen door te voeren die ook nog eens economisch voordeliger zijn. Ik heb websites ontdekt zoals My Green Pod die handig zijn voor het vinden van verantwoorde producten. Ik ben helemaal verguld met mijn nieuwe sprayfles-voor-het-leven, waarvoor ik navullingen koop in recyclebare papieren zakjes. Ik giet de navulling over in de fles en vul hem af met water, waarna ik naar hartenlust mijn aanrechtblad kan schoonspuiten. Ik hoef nooit meer een grote plastic spuitbus met reinigingsmiddel te kopen en ik ben al met al nog minder geld kwijt ook. Vaak lijken duurzame keuzes enkel weggelegd voor mensen die het zich kunnen veroorloven, maar als je goed zoekt, zul je ontdekken dat er veel bedrijven zijn die graag willen meewerken aan toegankelijke, redelijk geprijsde, positieve verandering. Ik geloof niet dat ik een volwaardige spirituele verbinding kan onderhouden met de aarde als ik tegelijkertijd met mijn gedrag de aarde schade toebreng. Ik ben verre van perfect: ik heb in de loop der jaren al meerdere nieuwe telefoons aangeschaft die ik veel gebruik voor mijn werk en voor mezelf, ik bestel dingen online die bezorgd moeten worden, en ik kan niet zeggen dat ons gezin zich niet schuldig maakt aan voedselverspilling, om maar een paar dingen te noemen waarvan ik weet dat die schadelijk zijn. Maar ik blijf met plezier zoeken naar manieren om kleine veranderingen door te voeren om met respect invulling te geven aan mijn relatie met de planeet waarop we leven. We moeten ons er niet door mogelijke schuldgevoelens over onze huidige levensstijl van laten weerhouden te zoeken naar nieuwe oplossingen.

HARDOP LACHEN

Lachen is een van de makkelijkste manieren om vreugde en verbondenheid te ervaren. Denk maar eens terug aan de laatste keer dat je schuddebuikend van het lachen naar adem snakte. Daar kan weinig tegenop. Na twee zwangerschappen gaan zulke lachbuien bij mij weliswaar gepaard met het risico dat ik mezelf onder plas, maar daar hebben we het nu niet over. Lachen kan zelfs een vorm van bidden zijn, zoals Donna eerder al zei. Wanneer je oprecht lacht, is er geen ruimte voor andere gedachten in je hoofd of spanning in je lichaam. Je wordt slap van de lach en moet je vasthouden om niet om te vallen. Puur genot. Beter dan een massage.

Gisteren moest mijn man zichzelf filmen voor een auditie-opname, waarbij ik de rol van cameravrouw kreeg toebedeeld met de instructie niet te lachen. Je kunt wel raden wat er gebeurde. Jesse zou zich door onze kamer bewegen en net doen alsof hij plotseling tegenover een identieke tweelingbroer kwam te staan door een blik van verbazing en blijdschap op zijn gezicht te toveren. Ik was er klaar voor en nam mijn rol uiterst serieus. Ik telde zelfs terug vanaf vijf, waarbij ik met mijn hand het signaal gaf wanneer hij moest beginnen. Wat een pro, hè? Die eerste take kwamen we niet verder dan acht seconden voordat we allebei huilend van het lachen op de bank lagen. Pure vreugde. De geest gezuiverd van problemen. Alle gedachten aan vergelijkingen met anderen en zelfverachting vergeten. Op dat doldwaze moment stroomden we over van blijdschap.

De meeste leermeesters, wijsgeren, opinieleiders en spirituele gidsen zullen zeggen dat we het leven niet te serieus moeten nemen en ik weet dat dat een valkuil voor mij is. Maar al te vaak neem ik het leven te zwaar en ga ik voorbij aan wat het licht kan maken. De eenvoudigste manier om onszelf en het leven wat minder serieus te nemen is om de humor van de dingen in te zien. En daar ben ik zeker voor in.

BEVRIJDING

Je kunt helemaal zelf invulling geven aan de manier waarop je een spiritueel leven wilt leven. Je kunt zelf kiezen hoe je de verbinding met het leven aangaat en in welke relatie je tot het leven wilt staan, maar ik hoop dat de wijze mensen in dit boek je op een paar nieuwe ideeën hebben gebracht. Zoals ik meteen al aan het begin van deze ontdekkingstocht zei, heeft het schrijven van dit boek mijn leven veranderd. Hoewel spiritualiteit mij al van jongs af aan intrigeert, is dit hele proces voor mij een katalysator geweest om het leven vanuit een totaal ander perspectief te bekijken. Het heeft me in de gelegenheid gesteld om dieper te graven en meer lagen weg te pellen om mijn zelfbeperkende gedachten bloot te leggen en te ontmantelen en een helderdere relatie op te bouwen met mijn eigen ego. Een grote verandering in dat opzicht is dat ik langzaam de overtuiging kwijtraak dat ik het goede niet waard ben of dat een positief resultaat alleen kan volgen op de nodige worsteling. Ik ben pas halverwege deze opgaande lijn, een weg van leren, loslaten en streven naar bevrijding, maar ik heb geen gillende haast. Het voelt al bevrijdend om die weg te zijn ingeslagen in plaats van vast te zitten waar ik was, in een systeem van overtuigingen die me gevangenhielden en mijn relaties en dynamiek met anderen ondermijnden. **Welke zelfbeperkende overtuigingen heb jij leren loslaten of misschien leren herkennen tijdens het lezen van dit boek?**

Ik heb veel van de adviezen van de wijze mensen in dit boek in mijn dagelijkse leven geïntegreerd. Elke avond voordat ik in slaap val, bid ik volgens het drieledige proces zoals Donna dat heeft uitgelegd. Ik houd mijn negatieve gedachten zo scherp als een havik in het oog, zoals Rhonda heeft geadviseerd. Dankzij Paula en Kitten wekken de natuur en haar cycli mijn voortdurende ontzag, en zoals Jambo mij opdroeg, ben ik bereid om dagelijks het gesprek met mijn ego aan te gaan. Niets van dit alles is makkelijk, maar het is noodzakelijk. Elke stap vereist enige discipline en een bereidheid om stukjes los te laten van de verhalen waar we ons in genesteld hebben, ook al zijn ze soms pijnlijk. Vast blijven zitten in stilstand en beperking, hoe akelig ook, is de makkelijke weg. Het is veel moeilijker om te veranderen. Soms voelt het als een stap te ver om gedrag of gedachtegangen te veranderen. We zijn dan zo gewend om ons te voelen zoals we ons voelen dat we vergeten dat er andere opties zijn. Maar weet dat niets moet. Of we dingen veranderen of niet, is ieders eigen keuze. Het is helemaal aan onszelf hoe diep we willen gaan in dit ene prachtige leven.

Dit hangt samen met een andere les die ik tijdens het schrijven van dit boek heb geleerd – er is geen goed of verkeerd, de ene persoon is niet spiritueler dan de andere. Het bewandelen van deze weg is geen wedstrijd in goedheid of volgzaamheid. Als we onze ziel willen koesteren en een diepe verbondenheid met het leven willen voelen, kunnen we niet voortdurend gaven van het universum verwachten of de uitkomsten waar we om gevraagd hebben. Het is geen spel waarbij we door een mythisch wezen in de lucht worden beloond voor goed gedrag. Het gaat hier om een waarachtige verbondenheid met het leven, **een bereidheid om ons open te stellen en te blijven proberen**, om problemen en verdriet te gebruiken als een kans om te groeien en wijzer te worden, om niet bang te zijn voor de lessen die de toekomst mogelijk in petto heeft. Om spirituele aansluiting te vinden gaat het er niet om puur of perfect te worden, het gaat erom de chaotische, rommelige, gebrekkige aspecten van het menselijke leven te omarmen en ervan te leren. Ik weet dat ik in de toekomst fouten zal maken, dingen zal doen waar ik spijt van krijg, onnadenkend zal handelen, boos zal worden op mijn medeweggebruikers, ongeduldig zal worden wanneer mijn kinderen niet hun schoenen aan willen doen, en zo kan ik nog wel even doorgaan. De verbinding met het leven aangaan betekent niet dat ik mijn feilbare kanten kan uitwissen; het betekent alleen dat ik het mezelf wat minder kwalijk moet nemen dat ik nu eenmaal feilbaar ben.

HET BEHOUD VAN DE MYSTIEK

Dit boek is niet bedoeld om het mystieke van zijn mystiek te ontdoen. Zelfs de meest spiritueel verzadigde, op het universum afgestemde en van wijsheid doordesemde geest zal er niet in slagen de geheimen en mysteries van het universum en het leven te verklaren en dat is nu juist het mooie ervan. Het is niet mijn bedoeling geweest om je onweerlegbare antwoorden te geven op de vraag hoe de magie van het leven en het universum werkt, omdat dat het plezier zou wegnemen. De schoonheid is gelegen in het mysterie.

Als je als spirituele cynicus aan dit boek bent begonnen, hoop ik dat je inziet dat spiritualiteit niet betekent dat je in een glazen bol moet kijken voordat je besluit wat je gaat eten of dat je een rozenkwarts bij jezelf moet inbrengen om verlichting te bereiken, maar dat het puur om verbinding gaat. Zonder verbinding voelen we ons bedrukt, hopeloos, hulpeloos en energieloos. **Zonder verbinding is er geen betekenis.** Ook zonder verbinding kunnen we dingen ervaren, maar alleen wanneer we een volwaardige relatie aangaan met het leven en het universum zal het ontbrekende puzzelstukje binnen ons bereik zijn – betekenis.

En dat is wat ik wil, een leven met betekenis. Een leven waarin ik mijn eigen fouten kan onderzoeken en er de waarde van kan inzien. Een leven waarin ik mijn pijn en verdriet uit elkaar kan pluizen om er de wijze les in te ontdekken. Een leven waarin ik pure pracht en vreugde zie in de eenvoudige, dagelijkse dingen. Een wereld waarin ik weet dat ik behalve mijn geest en mijn lichaam ook mijn ziel koester. Daarvoor moet ik mijn aandacht richten op alles wat groter is dan ik – op dat wonderschone, mystieke, soms onverklaarbare iets wat groter is dan wij zijn. Zo groot dat we de omvang ervan niet kunnen berekenen. Zo groot dat de overvloed ervan voor ons niet altijd voorstelbaar is. Zo groot dat het zich niet hoeft te laten gelden wanneer we vergeten ons nederig en respectvol op te stellen. Zo groot dat we het voor lief nemen en blind zijn voor de magie die zich dagelijks voltrekt. Zo groot en toch ook aanwezig in ons eigen menselijke lichaam. De liefde, de energie en de overvloed ervan, om ons heen en in onszelf. Het maakt niet uit welke benamingen we gebruiken, betekenis en verbinding zijn er voor wie het zoekt.

Zoals we hebben ontdekt, openen liefde, bewustzijn en communicatie de weg naar verbinding en kunnen we verbinding vinden in het gewone, alledaagse leven. Spiritualiteit is een belofte van liefde. Van liefde voor onszelf en voor de planeet. Het is een belofte van bewustzijn. Van ons bewust zijn van onszelf, van anderen en van de planeet. Het is een belofte van communicatie. Van communicatie met onszelf, met anderen, met de planeet en met iets wat groter is dan wij zijn. Het is een belofte waar ik me aan wil houden.

VERDIEPING

Om verder te lezen en je te informeren

DEEL 1: LIEFDE

Sjamanen

Wendy Mandy, wendymandy.uk
Gerad Kite, geradkite.com
@geradkite dear friend, practices five element acupuncture
Under The Skin, Russell Brand, Luminary Podcasts
Revelation, Connecting with the Sacred in Everyday Life, Russell Brand, Audible Originals
@russellbrand
Let It Go, Rebecca Dennis, Happy Place Books
@breathing.tree
First, We Make the Beast Beautiful, Sarah Wilson, Corgi Books
@_sarahwilson_
Je kunt je leven helen, Louise Hay, AnkhHermes
@louise_hay_affirmations

Meditatie en yoga

Headspace.com @headspace
Jambo Truong, Jambodragon.com
@jambodragon
'Daily Breath with Deepak Chopra', Deepak Chopra
@deepakchopra
De kracht van het nu. Gids voor een bewust en gelukkig leven; Een nieuwe aarde. De uitdaging van deze tijd, Eckhart Tolle, AnkhHermes

@eckharttolle
Word gelukkig als een boeddhistische monnik. Meditatie in het smartphonetijdperk, Gelong Thubten, Ten Have
@gelongthubten
Emeraldandtiger.com, Jasmin Harsono
@emeraldandtiger and @breathe__love

De wet van aantrekking
The Secret. Het geheim van voorspoed en geluk; The Greatest Secret. Als je het weet, ben je vrij, Rhonda Byrne, Kosmos en HarperCollins
@rhondabyrne_thesecret
Fuck it 2. Het maakt allemaal niet zo veel uit, John C. Parkin, Ten Have
Hygge; *Lykke*; *De kunst van herinneringen maken,* Meik Wiking, Lev.
@meikwiking

DEEL 2: BEWUSTZIJN
Energie
Giselle La Pompe-Moore, gisellelpm.com
@gisellelpm
The Reiki Association, reikiassociation.net
Wees eerlijk tegen jezelf en luister naar wat je écht wilt, Fearne Cotton, Volt
Becoming Supernatural, Hoe gewone mensen het ongewone doen, dr. Joe Dispenza, Succesboeken.nl
@drjoedispenza
Craig David craigdavid.com
@craigdavid
Kim Eng, presencethroughmovement.com
De Goddelijke Matrix, Gregg Braden, Paradigma

Enneagrammen

To Shake the Sleeping Self: A Quest for a Life with No Regret, Jedidiah Jenkins, Rider

Leven vol overgave; Het universum staat achter je; Super Attractor; Happy Days: The Guided Path from Trauma to Profound Freedom and Inner Peace, Gabrielle Bernstein, Lev., Palaysia Productions en Hay House

@gabbybernstein

Robert Holden, robertholden.com

@drrobert_holden

Astrologie en de beweging van de planeten

Paula Shaw, soulfulguiding.com

@soulfulguiding

Lunar Living, Working with the Magic of the Moon Cycles, Kirsty Gallagher, Yellow Kite

@kirsty_gallagher_

DEEL 3: COMMUNICATIE

Gebed

Donna Lancaster, deepeningintolife.com en thebridgeretreat.com

Love(d), Pinstripe Films, Amazon Prime

@donnalancs

Tekens

Jane Goodall, janegoodall.org

@drjanegoodallinst

Celeste Barber

@celestebarber

Bryony Gordon

@bryonygordon en @mentalhealthmates

How to Fail: Everything I've Learned from Things Going Wrong, Elizabeth Day, Fourth Estate

How to Fail, podcast
@elizabday
Annie Price
Out of the Ashes, BBC Three
@anniejprice and @wellwomanclub
Good Vibes, Good Life. De perfecte gids voor een mooier en zinvoller leven; Healing is the New High. De gids voor het (her)vinden van innerlijke rust en vrijheid, Vex King, Kosmos
@vexking
Sterker dan ooit; Verlangen naar verbinding; De kracht van kwetsbaarheid, Brené Brown, Lev.
@brenebrown
Alex Bedoya, beoneagain.com
@ayebedoya

Mediums en intuïtie

Daarna. Wat nabij-de-doodervaringen onthullen over het leven en ons bewustzijn, Bruce Greyson, Spectrum
Shine On, David Ditchfield, O-Books
shineonthestory.com
@david_ditchfield
Yvonne Williams, yvonne-williams.com

DEEL 4: ELKE DAG IETS GROTERS

What Drives Us, Dave Grohl, Roswell Films and Therapy Studios, Amazon Prime
Shore, Fleet Foxes, Anti Records
De jongen, de mol, de vos en het paard, Charlie Mackesy, Kokboekencentrum
@charliemackesy
Jonathan Yeo, jonathanyeo.com
@jonathanyeo
'Remember Her?', *The Right Words*, Donna Ashworth, in eigen beheer uitgegeven

@donnaashworthwords en donnaashworth.com
Kitten Grayson, kittygrayson.com
@kittygraysonflowers

Nog meer goede boeken

Met radicale compassie naar de wereld kijken. De RAIN*-methode*, Tara Brach, Kosmos
Naar binnen, Yung Pueblo, Kosmos
De monnik die zijn Ferrari verkocht, Robin Sharma, Elmar B.V.
The Little Guide Book: Bringing the Spirit into the Body, Bonny Kinloch, CreateSpace Independent Publishing
Everyday Grace: Having Hope, Finding Forgiveness and Making Miracles, Marianne Williamson, Bantam Books
Rebirthing: Freedom from your Past, Deike Begg, North Atlantic Books

DANKJEWELS

Er is op dit punt in mijn leven zo veel om dankbaar voor te zijn. Nu ik aan het eind ben gekomen van mijn mystieke avontuur, stroom ik over van dankbaarheid dat ik de tijd, ruimte en gelegenheid heb gekregen om dit boek te schrijven.

Mijn eerste dankjewel is voor iedereen bij Ebury, omdat jullie zijn meegegaan in het toch wel enigszins out of the box idee voor dit boek. Dank je wel Lizzy, Anna, Ellie, Joel en Laura voor de vrijheid die jullie me hebben gegeven om in dit onderwerp te duiken en om me als schrijver op een volkomen nieuw en spannend terrein te wagen. Ik heb me gedurende het hele proces zo vrij als een vogeltje gevoeld en de smaak van vrijheid is werkelijk onovertroffen. Dank je wel Lorraine, Belinda en Jennifer voor jullie redactionele aandacht voor detail. Dank je wel Heike Schüssler voor het ontwerpen van het prachtige, etherische omslag dat zo treffend verwijst naar dat grotere iets. Het is verbijsterend en schitterend en alleen al door ernaar te kijken voel ik me rustig worden. Dank je wel Loulou en Serena van Ebury en Jonathan van Seagull Design voor het omtoveren van woorden in een prachtig gedrukt boek.

Amanda Harris, de gedroomde literair agent, waar zou ik zijn zonder jou? Altijd ben je als een motiverende kracht op de achtergrond aanwezig om me bij het schrijven in de juiste richting te sturen. Ik ben zo ongelooflijk trots op wat we met Happy Place Books aan het opbouwen zijn als platform voor nog vele andere stemmen en verhalen.

Holly Bott van de YMU Group, dank je wel voor het beantwoorden van elk van mijn onzinnig lange ingesproken berichten en het luisteren naar al mijn zorgen; en zorgen zijn er altijd wel. Sarah White van de YMU Group, dank je wel voor het organiseren van mijn werkende bestaan, zodat ik me rustig kan bezighouden met creatief zijn en rituelen uitvoeren in mijn tuin. Mary Bekhait van de YMU Group, dank je wel voor je niet aflatende inzicht in de missie van Happy Place en voor het signaleren van mogelijkheden voor ons om nieuw publiek te trekken en nieuwe dingen uit te proberen. Holly, Sarah en Mary, ik prijs me gelukkig dat jullie me helpen de Happy Place-boodschap uit te dragen en verder te ontwikkelen.

Een enorm dankjewel voor elk van de wijze zielen die bereid waren aan dit boek mee te werken. Sommigen van jullie ken ik al jaren en anderen verschenen precies op het juiste moment in mijn leven. Ik heb van jullie geleerd, ik heb me gekoesterd in jullie wijsheid en ik ben ontzettend blij dat ik jullie ken. Zonder jullie zou dit boek enkel een verzameling zijn van bizarre verhalen over mezelf over witte veren en brokken jade.

Een enorm dankjewel voor Mumma Cotton, die me voor het eerst met dit soort dingen in contact heeft gebracht. Zonder jouw ongeëvenaarde gedrevenheid om de enormiteit van het leven en alle mogelijkheden die het te bieden heeft te ontdekken, zou ik dit boek nu nooit hebben geschreven. Dank je wel papa voor je no-nonsense, rake humor; ik heb dit project met plichtsgetrouwe behoedzaamheid benaderd (maar ik wil wel gezegd hebben dat je helderziende gaven groots zijn – ik zal nooit vergeten dat je raadde dat ik mijn eerstgeboren zoon Rex zou gaan noemen!). Dank je wel Jamie voor je treffende Tolle-oneliners, die je wanneer het erop aankomt woordelijk paraat hebt.

Dank je wel Jesse – die gelukkig net zo geïnteresseerd is in en geïntrigeerd is door spiritualiteit als ik – voor het halen en brengen van de kinderen van en naar school wanneer ik het te